HEIKO KLOER

Gestaltung und Bemessung der Entschädigung bei dem Ausschluß einer Rückübertragung von Eigentumsrechten wegen investiver Zwecke (Art. 41 Abs. 2 Einigungsvertrag)

Schriften zum Öffentlichen Recht

Band 726

Gestaltung und Bemessung der Entschädigung bei dem Ausschluß einer Rückübertragung von Eigentumsrechten wegen investiver Zwecke

(Art. 41 Abs. 2 Einigungsvertrag)

Von

Heiko Kloer

Duncker & Humblot · Berlin

Die Deutsche Bibliothek – CIP-Einheitsaufnahme

Kloer, Heiko:
Gestaltung und Bemessung der Entschädigung bei dem Ausschluss einer Rückübertragung von Eigentumsrechten wegen investiver Zwecke : (Art. 41 Abs. 2 Einigungsvertrag) / von Heiko Kloer. – Berlin : Duncker und Humblot, 1997
(Schriften zum öffentlichen Recht ; Bd. 726)
Zugl.: München, Univ., Diss., 1996
ISBN 3-428-09001-2

Fotoprint: Werner Hildebrand, Berlin
Printed in Germany

ISSN 0582-0200
ISBN 3-428-09001-2

Gedruckt auf alterungsbeständigem (säurefreiem) Papier
entsprechend ISO 9706 ♾

Meinen Eltern

Vorwort

An erster Stelle danke ich sehr herzlich Herrn Professor Dr. Peter Badura. Ohne seine Anregung und Unterstützung wäre diese Arbeit nicht entstanden. Herrn Professor Dr. Rupert Scholz danke ich für seinen anerkennenden Zweitbericht. An Frau Heike Vaupel und Herrn Christian Thalhammer, die bei der Erstellung des Manuskripts geholfen haben, richte ich meinen Dank ebenso wie an meine Eltern für ihr Verständnis und ihre großzügige Hilfe.

München, am 22. November 1996

Heiko Kloer

Inhaltsverzeichnis

Abkürzungsverzeichnis

ALR	Allgemeines Landrecht für die Preußischen Staaten von 1794
Alt.	Alternative
AnmV	Anmeldeverordnung
AnwBl.	Anwaltsblatt
AöR	Archiv des öffentlichen Rechts
BAnZ	Bundesanzeiger
BauGB	Baugesetzbuch
BauGBMaßnG	Maßnahmengesetz zum Baugesetzbuch
BauZVO	Bauplanungs- und Zulassungsverordnung der Deutschen Demokratischen Republik
BayVBl.	Bayerische Verwaltungsblätter
BB	Der Betriebs-Berater
ber.	bereinigt
Bes. Teil	Besonderer Teil
BezG	Bezirksgericht
BGB	Bürgerliches Gesetzbuch
BGBl.	Bundesgesetzblatt
BGH	Bundesgerichtshof
BInvG	Bundesinvestitionsgesetz
BRats-Drucks.	Bundesratsdrucksache
Bt.-Drucks.	Bundestagsdrucksache
BVerfG	Bundesverfassungsgericht
BVerfGG	Bundesverfassungsgerichtsgesetz
BVerwG	Bundesverwaltungsgericht
DB	Der Betrieb
DDW	Deutsche Wohnungswirtschaft
DMBilG	D-Markbilanzgesetz
DÖV	Die Öffentliche Verwaltung
DtZ	Deutsch-Deutsche Rechts-Zeitschrift
DVBl.	Deutsches Verwaltungsblatt
EALG	Entschädigungs- und Ausgleichsleistungsgesetz
EDV	Elektronische Datenverarbeitung
EntschG	Entschädigungsgesetz
ErgBd.	Ergänzungsband
EVertr	Einigungsvertrag
G	Gesetz
GBl.	Gesetzblatt

GBO	Grundbuchordnung
GemErkl	Gemeinsame Erklärung
GG	Grundgesetz
GG-K	Grundgesetz-Kommentar
GrE	Das Grundeigentum
GVG	Gerichtsverfassungsgesetz
GVO	Grundstücksverkehrsordnung
HemmnisbeseitigungsG	Hemmnisbeseitigungsgesetz
InvG	Investitionsgesetz
InVorG	Investitionsvorranggesetz
Jura	Jura/Juristische Ausbildung
JuS	Juristische Schulung
JZ	Juristen-Zeitung
KG	Kammergericht
KO	Konkursordnung
KreisG	Kreisgericht
LAG	Lastenausgleichsgesetz
LKV	Landes- u. Kommunalverwaltung
MünchKomm	Münchener Kommentar
NJ	Neue Justiz
NJW	Neue Juristische Wochenschrift
OVG	Oberverwaltungsgericht
RegVBG	Registerverfahrensbeschleunigungsgesetz
SBZ	Sowjetische Besatzungszone
StMBG	Mißbrauchsbekämpfungs- und Steuerbereinigungsgesetz
StVertr	Staatsvertrag
TreuhG	Treuhandgesetz
URüV	Unternehmensrückgabeverordnung
VermG	Vermögensgesetz
VermRÄndG	Vermögensrechtsänderungsgesetz
VG	Verwaltungsgericht
VIZ	Zeitschrift für Vermögens- und Investitionsrecht
VO	Verordnung
VwGO	Verwaltungsgerichtsordnung
VwVfG	Verwaltungsverfahrensgesetz
VZOG	Vermögenszuordnungsgesetz
ZIP	Zeitschrift für Wirtschaftsrecht; bis 1982: Zeitschrift für Wirtschaftsrecht u. Insolvenzpraxis
ZOV	Zeitschrift für offene Vermögensfragen
ZPO	Zivilprozeßordnung

Einleitung

Die nachfolgende Abhandlung beleuchtet einen Teilbereich des Rechts der offenen Vermögensfragen. Einigen Alteigentümern bleibt die Rückgabe verwehrt, weil ihre ehemaligen Vermögenswerte für investive Zwecke gebraucht werden. Der Einigungsvertrag sieht in Art. 41 II vor, daß „nach Maßgabe einer besonderen gesetzlichen Regelung ... eine Rückübertragung von Eigentumsrechten“ nicht stattfindet, „wenn das betroffene Grundstück ... für dringende, näher festzulegende Investitionszwecke benötigt wird ... .“ Dem Gesetzgeber wird eigens aufgegeben, „in dem Gesetz auch ... die Entschädigung des früheren Eigentümers zu regeln.“ Die Ausgestaltung und Bemessung dieser Entschädigung bildet den Gegenstand der Untersuchung.

Mit der Entstehungsgeschichte der geltenden Vorschriften beginnt die Darstellung. Die historische Entwicklung zeigt, wie der Gesetzgeber den einigungsvertraglichen Regelungsauftrag umgesetzt hat, und bietet gleichzeitig einen guten Zugang zu dem komplexen Normengeflecht des Vermögensrechts. Beginnend bei der gesetzlichen Regelung des investiven Rückgabeausschlusses geht der Hauptteil der Arbeit der Frage nach, in welcher Weise der frühere Eigentümer für den Verlust der Rückgabe zu entschädigen ist. Damit scheint thematisch nur ein Teilproblem der offenen Vermögensfragen angesprochen zu sein. Die vermeintlich enge Frage nach der Entschädigung des Alteigentümers kann freilich nicht beantwortet werden, ohne den Blick auf die verfassungsrechtlichen Grundlagen des Vermögensrechts zu richten. Indem die Gestaltung und Bemessung dieser staatlichen Ersatzleistung am Grundgesetz gemessen wird, erschließt sich am Ende möglicherweise ein leichterer Zugang zum Verständnis der beitrittsbedingten Verfassungsänderungen in den Art. 135a II, 143 III GG.

A. Vom Staatsvertrag zum Investitionsvorranggesetz

Der Prozeß der Wiedervereinigung Deutschlands, der mit der friedlichen Revolution im Herbst 1989 und der Öffnung des Eisernen Vorhangs durch Ungarn und die ehemalige CSSR begann, wurde wesentlich mitgetragen vom Wunsch nach wirtschaftlicher Besserung. Der Wille, vierzigjährige kommunistische Mangelwirtschaft abzulösen und in einer freiheitlichen Ordnung mit kaufkräftiger Währung eigenen Wohlstand zu erarbeiten, entwickelte sich zunehmend zu einer entscheidenden Triebfeder der Vereinigung.[1]

I. Vereinbarungen im Staatsvertrag (StVertr)

Der erste der Vereinigungsverträge diente daher dazu, eine Währungs-, Wirtschafts- und Sozialunion zwischen den beiden deutschen Staaten zu verwirklichen.[2] Der Staatsvertrag sollte auf völkerrechtlicher und staatsrechtlicher Basis den Bürgern der DDR die Möglichkeit geben, an den Chancen einer freiheitlichen Wirtschafts- und Gesellschaftsordnung teilzuhaben.[3] Gleichzeitig unternahm er „einen ersten bedeutsamen Schritt in Richtung auf die Herstellung der staatlichen Einheit nach Art. 23 des Grundgesetzes der Bundesrepublik Deutschland" (Abs. 4 der Präambel des StVertr). Grundlage des Vertrages war demgemäß nicht nur der Wunsch, die Soziale Marktwirtschaft als Fundament für die weitere wirtschaftliche und gesellschaftliche Entwicklung einzuführen, sondern auch der Wille der Vertragspartner zur Vollendung der staatlichen

---

1 I. v. Münch, dtv-Textausgabe: Die Verträge zur Einheit Deutschlands, München 1990, Einleitung S. XVIII.

2 Vertrag über die Schaffung einer Währungs-, Wirtschafts- und Sozialunion zwischen der Bundesrepublik Deutschland und der DDR vom 18.5.1990, BGBl. 1990 II S. 537; die Zustimmung ist mit Vertragsgesetz vom 25.6.1990 erfolgt, BGBl. 1990 II S. 518; der Vertrag ist am 30.6.1990 in Kraft getreten, BGBl. 1990 II S. 700.

3 S. Begründung zum StVertr in der Denkschrift zum StVertr, Bt-Drucks. 11/7350, A.I., abgedruckt bei: Stern/Schmidt-Bleibtreu, Der Staatsvertrag zur Währungs-, Wirtschafts- und Sozialunion, München 1990, S. 101.

Einheit Deutschlands.[4] Die Einigung sollte einhergehen mit der Verbesserung der Lebens- und Beschäftigungsbedingungen der Bevölkerung der DDR auf der Grundlage der Sozialen Marktwirtschaft (Abs. 2, 3 der Präambel des StVertr).

Dementsprechend enthält Art. 1 III S.1 StVertr ein Bekenntnis zur Sozialen Marktwirtschaft und Art. 1 III S.2 StVertr eine Garantie der bislang unterdrückten wirtschaftlichen Freiheiten: Privateigentum, Leistungswettbewerb, freie Preisbildung und grundsätzlich volle Freizügigkeit von Arbeit, Kapital, Gütern und Dienstleistungen.[5] Gem. Art. 2 I S.2 StVertr war das Eigentum privater Investoren an Grund und Boden sowie an Produktionsmitteln nach Maßgabe der Anlage IX zum Staatsvertrag gewährleistet. In der Anlage IX brachte die DDR zum Ausdruck, welche Maßnahmen sie während der Übergangszeit bis zur Wiedervereinigung ergreifen wollte, um privaten Investoren den Erwerb von Grund und Boden sowie von Investitionsgütern zu ermöglichen.[6]

Zwar konnte der Staatsvertrag nur ansatzweise vorgeben, wie marktwirtschaftliche Bedingungen aus den Resten des gescheiterten sozialistischen Systems zu schaffen sein sollten. Ein Aspekt des wirtschaftlichen Aufbaus trat allerdings in dem verpflichtenden Maßnahmenkatalog der Anlage IX schon zu diesem frühen Zeitpunkt besonders hervor: Zur Verwirklichung der Marktwirtschaft bedurfte es unabdingbar der Initiative privater Investoren (vgl. Einl. zu Anlage IX StVertr). Solange Privatunternehmer keine Möglichkeit hatten, Betriebsgrundstücke oder anderes Anlagevermögen zu erwerben, konnte ein marktwirtschaftlicher Umbau nicht stattfinden. Die Voraussetzungen dafür mußten dringend geschaffen werden. Art. 2 I S.2 StVertr i.V.m. Anlage IX StVertr trug dem Rechnung. Danach sollten zunächst rechtliche Hindernisse fallen, die einen Grund- oder Produktionsmittelerwerb ausländischer und bundesrepublikanischer Investoren bislang vereitelten (Anlage IX Abs. 2, 3

---

[4] B. Schmidt-Bleibtreu, in: Stern/Schmidt-Bleibtreu, Der Staatsvertrag zur Währungs-, Wirtschafts- und Sozialunion, München 1990, S. 53.

[5] S. Begründung zu Art. 1 StVertr in der Denkschrift zum StVertr, Bt-Drucks. 11/7350, abgedruckt a.a.O. (Fn. 3), S. 106. Zur Aufwertung der Sozialen Marktwirtschaft durch den StVertr zur bindenden Wirtschaftsordnung s. I. v. Münch, NJW 1991, 865, 869; vgl. dazu auch H. Raeschke-Kessler, in: Brachmann (Hrsg.), Die Wiedervereinigung und die damit zusammenhängenden Rechtsprobleme, Heidelberg 1991, S. 68.

[6] S. Begründung zu Art. 2 StVertr in der Denkschrift zum StVertr, Bt-Drucks. 11/7350, abgedruckt a.a.O. (Fn. 3), S. 107 u. Begründung zu Anlage IX des StVertr in der Denkschrift zum StVertr, abgedruckt a.a.O. (Fn. 3), S. 238.

StVertr). Zudem verpflichtete sich die DDR, gewerbliche Grundstücke für investive Zwecke bereitzustellen (Anlage IX Nr. 1, 2 StVertr), da man befürchtete, daß ein ausreichendes Angebot an geeigneten Immobilien nicht alsbald verfügbar sein würde (vgl. Anlage IX Nr. 4 S.1 StVertr).

Diese - wie sich später zeigen würde - berechtigte Befürchtung beruhte zumindest teilweise auf einem Problemkreis, der in dem Maßnahmenkatalog der Anlage IX nicht angesprochen wurde und auch sonst im Staatsvertrag gänzlich ausgeklammert war: den sog. offenen Vermögensfragen. Zwar wurde ihre Regelung in den vorausgehenden innerdeutschen Verhandlungen ausgiebig erörtert.[7] Gleichwohl enthielt der Staatsvertrag zu diesem wichtigen Komplex nichts. In der ersten parlamentarischen Debatte zur Annahme des Vertragsgesetzes wurde diese Lücke ausdrücklich beanstandet.[8] Dennoch war es gerechtfertigt, das Problem der offenen Vermögensfragen zunächst nicht zu behandeln. Der Staatsvertrag mußte angesichts des stets steigenden Stroms von Übersiedlern schnell geschlossen werden und bildete damit nicht den geeigneten Rahmen, die schwierigen und konfliktträchtigen Fragen des Vermögensrechts anzugehen.[9] Dieser Problemkreis sollte stattdessen gesondert behandelt werden.[10] Dazu gaben beide Regierungen noch vor der Ratifizierung des Staatsvertrags eine Gemeinsame Erklärung ab, die die Eckwerte für die künftige Regelung des Vermögensrechts festlegte. In den beiden abschließenden Beratungen zur Annahme des Staatsvertrags bestand danach im Bundestag erstmals die Gelegenheit, sich mit dem Zusammenspiel zwischen dem marktwirtschaftlichen Aufbau und der Wiedergutmachung vergangenen Unrechts zu

[7] S. P. Brunner, in: Clemm/Etzbach u.a. (Hrsg.), Rechtshandbuch Vermögen und Investitionen in der ehemaligen DDR, Stand Oktober 1993, Bd. 1, Systematische Darstellungen I, Rdnr. 11.

[8] Abgeordneter Mischnick (FDP), Dt. Bundestag am 23.5.1990, Verhandlungen des Dt. Bundestages Bd. 153, S. 16693: „Ich spreche das Problem des Eigentums an, des Eigentums in den verschiedensten Formen. Wir hätten es gern gesehen, wenn im Vertrag selbst oder im Begleittext diesbezüglich noch mehr Klarheit geschaffen worden wäre. Wir wissen, daß es in der DDR - in der Regierung, in der Volkskammer - noch unterschiedliche Meinungen gibt. Ich habe den Eindruck, hier ist ein Entwicklungsprozeß noch im Gange. Aber seien wir uns über eines im Klaren: Klare Verhältnisse im Bereich des Eigentums sind weitgehend die Voraussetzung für die Bereitschaft zu investieren.".

[9] S. K. Stern, in: Stern/Schmidt-Bleibtreu, Der Staatsvertrag zur Währungs-, Wirtschafts- und Sozialunion, München 1990, S. 46, Fn. 172.

[10] S. Bt.-Drucks. 11/7351 (Stellungnahme des Bundesrates zum Gesetzentwurf und Gegenäußerung der Bundesregierung) u. B. Schmidt-Bleibtreu, a.a.O. (Fn.4), S. 70.

befassen. Festgestellt wurde, daß der erfolgreiche Aufbau einer freiheitlichen Wirtschaftsordnung entscheidend davon abhing, die sozialistische Eigentumsordnung zu überwinden.[11] Dies wiederum konnte nur durch die Bereinigung von Unrechtslasten geschehen, die aus der vom sozialistischen Regime systematisch betriebenen Enteignung und Entwertung privaten Vermögens herrührten.[12]

II. Eckwerte in der Gemeinsamen Erklärung der Regierungen der Bundesrepublik Deutschland und der DDR zur Regelung offener Vermögensfragen vom 15. Juni 1990 (GemErkl)

Die von beiden Regierungen am 15. Juni 1990 zu den offenen Vermögensfragen abgegebene Gemeinsame Erklärung enthielt die Eckwerte für die künftige Gesetzgebung.[13] Die Gemeinsame Erklärung war zum damaligen Zeitpunkt ihrer Natur nach eine politische Absichtserklärung, wurde aber später in den Einigungsvertrag einbezogen und wandelte sich dadurch zu geltendem

---

[11] Abgeordneter Bötsch (CSU), Dt. Bundestag am 21.6.1990, Verhandlungen des Dt. Bundestages Bd. 153, S. 17170: „Wir begrüßen ..., daß die Volkskammer ... den Sozialismus in allen seinen Variationen aus der DDR-Verfassung gestrichen und den Beschluß gefaßt hat, jegliche sozialistische Relikte zu eliminieren, die der Einführung der Sozialen Marktwirtschaft und den Erfordernissen des Staatsvertrages entgegenstehen könnten. Wir begrüßen auch die Festlegung, daß in der DDR Privateigentum einschließlich des Erwerbs von Eigentum und eigentumsgleichen Rechten an Grund und Boden sowie Produktionsmitteln nunmehr gewährleistet wird; denn Kern der Sozialen Marktwirtschaft ist das Eigentum und die Gewährleistung des Eigentums privater Investoren an Grund und Boden.".

[12] Abgeordneter Graf Lambsdorff (FDP), Dt. Bundestag am 21.6.1990, Verhandlungen des Dt. Bundestages Bd. 153, S. 17183: „Privates Eigentum auch an Produktionsmitteln ist ein konstitutives Element einer freien Wirtschaftsordnung und einer freien Gesellschaftsordnung. ‚Frei ist nur der, der Eigentum hat oder Eigentum erwerben kann' hat ... Immanuel Kant geschrieben. ... . Für die FDP, meine Damen und Herren, war deshalb die Behandlung der zahllosen Eigentumsverletzungen in der DDR und im vorkonstitutionellen Zeitraum der DDR eine Voraussetzung für ihre Zustimmung zum Staatsvertrag."

[13] Gemeinsame Erklärung der Regierungen der Bundesrepublik Deutschland und der DDR zur Regelung offener Vermögensfragen v. 15. Juni 1990, veröffentlicht als Anlage III zum Einigungsvertrag, BGBl. 1990 II S. 889, 1237.

Bundesrecht (Art. 45 II EVertr).[14] Die Gemeinsame Erklärung hielt die Ergebnisse fest, die in Hinblick auf die offenen Vermögensfragen in den Verhandlungen mit den Regierungen Modrow und de Maizière erzielt wurden.

1. Ausgangslage bei den innerdeutschen Verhandlungen

Den Verhandlungspartnern der Vereinigung stellte sich die Aufgabe, Eigentumsverhältnisse zu bewältigen, die am Ende einer vierzigjährigen sozialistischen Herrschaft standen. Das Regime in der SBZ/DDR hatte mit verschiedenen Mitteln darauf hingearbeitet, eine sozialistische Wirtschafts- und Eigentumsordnung zu schaffen. Marxistischer Ideologie folgend wurden Produktionsmittel in „sozialistisches Eigentum" überführt. Das Privatvermögen sollte demgegenüber als „persönliches Eigentum" in den Randbereich der persönlichen Bedürfnisbefriedigung zurückgedrängt werden. Als Werkzeug diente dazu neben Enteignungs- und Zwangsverwaltungsmaßnahmen die planmäßige Entwertung des Privateigentums durch eine eigentumsrechtliche Nebengesetzgebung, die die Verkehrsfähigkeit einschränkte und Preisbindungen auf niedrigstem Niveau bei Veräußerung und Vermietung vorsah. Viele Eigentumsrechte waren so zum nudum ius herabgesunken.[15]

Diese Politik staatlicher Eigentumsverletzung hatte eine vermögensrechtliche Lage geschaffen, die als ungerecht empfunden wurde und nicht hingenommen werden konnte. Zudem konnten die sozialistischen Eigentumsverhältnisse in einer freiheitlichen Wirtschafts- und Rechtsordnung keinen Bestand haben. Die Reprivatisierung von Eigentum war so eine der Hauptaufgaben, die sich bei der Umwandlung der gescheiterten sozialistischen Planwirtschaft in eine Soziale Marktwirtschaft stellte.[16]

Bei der Lösung dieser Aufgabe war dreierlei zu berücksichtigen. Zunächst war denjenigen, die zuvor tiefgreifende Eigentumsverletzungen erdulden mußten, Wiedergutmachung zu leisten. Daneben war auf der anderen Seite gerechtfertiges Vertrauen auf Eigentumsverhältnisse zu schützen, die sich teilweise vierzig Jahre lang entwickelt hatten. Schließlich mußten Gefahren gebannt

---

[14] S. dazu F. J. Säcker/B. Hummert, in: MünchKomm.-ErgBd., Zivilrecht im EVertr, Rdnr. 1044 ff.

[15] S.dazu ausführlich mit weiterführenden Hinw. S. Jung/M. Vec JuS 1991, 714 ff.

[16] S. Jung/M. Vec, a.a.O. (Fn. 15), S. 714.

werden, die für den erhofften wirtschaftlichen Aufschwung entstehen könnten, wenn Vermögensgegenstände, die für Investitionsvorhaben benötigt wurden, aufgrund von ungeklärten Wiedergutmachungsansprüchen vormaliger Eigentümer nicht sicher zu erwerben waren. Auszugleichen waren die Belange der Bereinigung geschehenen Unrechts, des Vertrauensschutzes für wohlerworbene Rechte und des wirtschaftlichen Anliegens an zügigen Investitionen. Die Vermögensfragen zählten damit zu den heikelsten Problemen, die sich im Zusammenhang mit der Vereinigung gestellt hatten und heute weiterhin stellen.[17] Die Eckwerte der Gemeinsamen Erklärung bilden eine Lösungsgrundlage.

2. Inhalt der Gemeinsamen Erklärung

In der Präambel der Gemeinsamen Erklärung gehen beide Regierungen davon aus, daß ein sozial verträglicher Ausgleich unterschiedlicher Interessen zu schaffen ist. Rechtssicherheit und Rechtseindeutigkeit sowie das Recht auf Eigentum sind Grundsätze, von denen sich beide Seiten bei der Lösung der anstehenden Vermögensfragen leiten lassen wollen (Abs. 2 S.1 und 2 der Präambel zur GemErkl). Nach den Eckwerten sollen entzogene Vermögenswerte grundsätzlich den ehemaligen Eigentümern oder deren Erben zurückgegeben werden (Nr. 3, 4, 7 und 8 GemErkl). Ausgenommen davon sind Vermögenswerte, die auf besatzungsrechtlicher bzw. besatzungshoheitlicher Grundlage zwischen 1945 und 1949 enteignet wurden (Nr. 1 GemErkl).[18] Wiedergutma-

---

[17] Bundesinnenminister Schäuble (CDU), Dt. Bundestag am 5.9.1990, Verhandlungen des Dt. Bundestages Bd. 154, S. 17487: „Zu dem was an Erbe, zu dem, was an Problemen aus unterschiedlichen Erfahrungen in beiden Teilen Deutschlands nach 40 Jahren Teilung kommt, was uns auch in der Zukunft Probleme macht und was in diesem Vertrag schwierig zu regeln war, gehören die Regelungen dessen, was schon in der gemeinsamen Regierungserklärung vom 15. Juni als offenen Vermögensfragen bezeichnet worden ist. Es geht um die Frage: Wie kann das Unrecht von Enteignungen in diesen 45 Jahren in einer solchen Weise bewältigt und wiedergutgemacht werden, daß Gegenwart und Zukunft nicht allzusehr Schaden leiden und daß aus altem Unrecht nicht neues Unrecht wird? Das ist die schwierige, mit die schwierigste Frage bei der Regelung offener Vermögensfragen.“ S. dazu auch G. Fieberg/H. Reichenbach, NJW 1991, 321, 322.

[18] S. zu diesem Komplex G. Biehler, Die Bodenkonfiskationen in der sowjetischen Besatzungszone Deutschlands 1945 nach Wiederherstellung der gesamtdeutschen Rechtsordnung 1990, Diss. Speyer, 1993.

chung erfolgt also prinzipiell durch Rückgabe der Eigentumsrechte nach dem Prinzip „Rückgabe vor Entschädigung."[19]

Gem. Nr. 3 GemErkl wird enteignetes Grundvermögen den ehemaligen Eigentümern oder ihren Erben zurückgegeben. Entsprechendes gilt für Hausgrundstücke, die aufgrund ökonomischen Zwangs in Volkseigentum übernommen wurden (Nr. 4 GemErkl). Die Frage des Ausgleichs von Wertveränderungen der Immobilien bleibt einer besonderen Regelung vorbehalten (Nr. 3 a.E. GemErkl). Allerdings unterliegt die Rückgabe von Immobilienvermögen mehreren Ausschlußtatbeständen. Die Rückübertragung von Grundstücken und Gebäuden, die dem Gemeingebrauch gewidmet, im komplexen Wohnungs- und Siedlungsbau verwendet, der gewerblichen Nutzung zugeführt oder in eine neue Unternehmenseinheit einbezogen wurden, ist „von der Natur der Sache her nicht möglich" (Nr. 3 a) GemErkl). Weiter findet keine Rückgabe statt, wenn Bürger der DDR an den zurückzuübereignenden Immobilien inzwischen Eigentum oder dingliche Nutzungsrechte in redlicher Weise erworben haben (Nr. 3 b) GemErkl). Schließlich bleibt es den ehemaligen Eigentümern, denen ein Rückgabeanspruch zusteht, unbenommen, stattdessen Entschädigung zu wählen (Nr. 3 c) GemErkl).

Der Unternehmensrückgabe widmet sich ein eigener Eckwert. Bei Unternehmen und Beteiligungen, die zwischen 1949 und 1972 durch Beschlagnahme in Volkseigentum überführt worden sind, werden dem früheren Eigentümer - unter Berücksichtigung der Wertentwicklung - das Unternehmen als Ganzes oder Gesellschaftsanteile bzw. Aktien des Unternehmens rückübertragen, soweit er keine Entschädigung in Anspruch nehmen will (Nr. 7 GemErkl). Ausschlußtatbestände für die Unternehmensrückgabe sieht die Gemeinsame Erklärung nicht vor.

Darüber hinaus sind Vermögenswerte, gleich ob Immobilien oder Unternehmen, die aufgrund unlauterer Machenschaften wie z.B. Machtmißbrauch, Korruption, Nötigung oder Täuschung von seiten des Erwerbers erlangt worden sind, zurückzugeben (Nr. 8 GemErkl). Dazu, wie investitionshemmende Effekte zu verhindern sind, die von der künftigen Belastung vieler Vermögenswerte mit Rückgabeansprüchen ausgehen könnten, äußern sich die Eckwerte nicht.

---

[19] Zu den Eckwerten i.e. s. G. Fieberg/H. Reichenbach, a.a.O. (Fn. 17), S. 322 f.

3. Interessenkollision zwischen Restitution und wirtschaftlichem Aufbau

Die Klärung und Erledigung der konkreten Rückgabeansprüche würde geraume Zeit benötigen. Früh zeichnete sich ab, daß eine große Vielzahl von Anfragen und Anträgen auf Rückübereignung anstanden, für deren zügige Bearbeitung die behördlichen Voraussetzungen nicht vorhanden waren. Zudem würden Nachweisschwierigkeiten die künftige Verwaltungsarbeit behindern, da nach der Überführung von Grundstücken in Volkseigentum die Grundbuchakten von den DDR-Behörden geschlossen wurden.[20] Es war daher zu befürchten, daß Grundstücke ohne rechtliche Altlasten für investive Zwecke nicht in ausreichender Anzahl zur Verfügung stehen würden. Die Rückübertragungsansprüche würden den Grundstücksverkehr blockieren und so die dringend benötigte Investitionsbereitschaft von Unternehmen hemmen können.[21]

Dies war den Vertretern beider Regierungen bewußt.[22] Der Zielkonflikt zwischen Wiedergutmachung und Investitionsförderung mußte gelöst werden. Die Eckwerte behandeln diese Frage nicht ausdrücklich. Gleichwohl war man sich in den der Gemeinsamen Erklärung vorangegangenen innerdeutschen Verhandlungsrunden darüber einig, daß die offenen Vermögensfragen nicht zu einem Hemmnis für den wirtschaftlichen Aufbau im Osten werden durften. Der Konflikt zwischen dem Restitutionsinteresse des Einzelnen und dem Interesse der Allgemeinheit an Investitionen in Ostdeutschland sollte zugunsten investiver Vorhaben gelöst werden. Es bestand daher in den Verhandlungen zur Gemeinsamen Erklärung Einverständnis, die administrativen und rechtlichen Rahmenbedingungen so zu gestalten, daß investitionshemmende Auswirkungen möglichst vermieden werden. Hierzu sollten Regelungen gehören, die Investitionen auch dann ermöglichen, wenn die benötigten Immobilien wegen ungeklärter Eigentumsverhältnisse nicht verkehrsfähig sind.[23]

---

[20] S. Jung/M. Vec, a.a.O. (Fn. 15), S. 715.

[21] G. Fieberg/H. Reichenbach, a.a.O. (Fn.17), S. 328; vgl. auch H. D. Kittke, DtZ 1990, 179, 182.

[22] P. Brunner, a.a.O. (Fn.7), Rdnr. 12.

[23] G. Fieberg/H. Reichenbach, dtv-Textausgabe: Vermögensgesetz, 5. Aufl., Einf. S. XVI a.E.

4. Gemeinsame Erklärung und Investitionsvorrang

Diese in der Gemeinsamen Erklärung fehlende Normierung des Investitionsvorrangs findet sich später im Einigungsvertrag.[24] Das heißt aber nicht, daß die Gemeinsame Erklärung für die nachfolgende Regelung des Investitionsvorrangs keine Bedeutung hätte. Die Gemeinsame Erklärung ist als Ganzes Bestandteil des Einigungsvertrages geworden und wandelte sich so von einer politischen Absichtserklärung zu einer Norm des einfachen Bundesrechts.[25] Dadurch erhielt sie die Funktion einer verbindlichen gesetzlichen Auslegungsrichtlinie. Treten bei der Auslegung vermögensrechtlicher Vorschriften Zweifel auf, müssen die Vereinbarungen der Gemeinsamen Erklärung zur Lösung mit herangezogen werden.[26] Die Präambel zur Gemeinsamen Erklärung ist dabei als Auslegungsmaßstab von besonderer Bedeutung, da sie die grundlegenden Gedanken der vermögensrechtlichen Wiedergutmachung beschreibt.[27] Sie gibt eine gesetzliche Auslegungshilfe für das gesamte Vermögensrecht. Das folgt aus ihrem Wortlaut,[28] dem systematischen Zusammenhang[29] und ihrem Zweck,

---

[24] Die Zustimmung zum Einigungsvertrag erfolgte mit Vertragsgesetz vom 23.9.1990 (BGBl. II S. 885). Der Einigungsvertrag ist am 29.9.1990 in Kraft getreten (BGBl. 1990 II S. 1360).

[25] Art. 41 I EVertr: „Die von der Regierung der Bundesrepublik Deutschland und der Regierung der Deutschen Demokratischen Republik abgegebene Gemeinsame Erklärung vom 15. Juni 1990 zur Regelung offener Vermögensfragen (Anlage III) ist Bestandteil dieses Vertrages.“ Art. 45 II EVertr: „Der Vertrag bleibt nach Wirksamwerden des Beitritts als Bundesrecht geltendes Recht.“; s. dazu Th. Maunz, BayVBl. 1991, 545, 549.

[26] So in Bezug auf die Auslegung des VermG J. Wasmuth, in: Clemm/Etzbach u.a. (Hrsg.), Rechtshandbuch Vermögen und Investitionen in der ehemaligen DDR, Stand Februar 1995, Bd. 2, B 100, Einf VermG Rdnr. 137 u. F. J. Säcker/B. Hummert, a.a.O. (Fn. 14), Rdnr. 1048.

[27] S. allg. zur rechtlichen Bedeutung von Präambeln für die Verfassungsauslegung P. Badura, Staatsrecht, München 1986, B, Rdnr. 2.

[28] Abs. 2 S.1 der Präambel zur GemErkl: „Bei der Lösung der anstehenden Vermögensfragen gehen beide Regierungen davon aus ..."; Abs. 2 S.2 der Präambel zur GemErkl: „... sind Grundsätze, von denen sich die Regierungen der Deutschen Demokratischen Republik und der Bundesrepublik Deutschland bei der Lösung der anstehenden Vermögensfragen leiten lassen."

einen Rahmen für die Lösung der anstehenden Vermögensfragen zu zeichnen. Die gegenteilige Auffassung, die die spätere konkrete gesetzliche Ausgestaltung der Gemeinsamen Erklärung als lex spezialis betrachtet, mit der Folge, daß dem Inhalt der Gemeinsamen Erklärung gemäß den Sätzen „lex specialis derogat legi generali" und „lex posterior derogat legi priori" keine eigenständige Bedeutung mehr zukommen soll, verkennt, daß die beiden Regeln aufgrund der einigungsvertraglichen Bindung nicht ohne weiteres anwendbar sind.[30] Art. 41 III EVertr, der besagt, daß „... die Bundesrepublik Deutschland keine Rechtsvorschriften erlassen (wird), die der in Absatz 1 genannten Gemeinsamen Erklärung widersprechen.", entzieht die Gemeinsame Erklärung nämlich ausdrücklich einer *einseitigen* Abänderung durch den gesamtdeutschen Gesetzgeber.[31] Darüberhinaus widerspräche es dem Zweck, der mit der Aufnahme der Gemeinsamen Erklärung in den Einigungsvertrag verfolgt wurde, wenn ihr nicht einmal der Rang einer verbindlichen Auslegungsrichtlinie zugebilligt wird. Sie sollte nämlich sicherstellen, daß Rechtsvorschriften, die künftig zur Regelung offener Vermögensfragen ergehen, die Eckwerte der Gemeinsamen Erklärung befolgen.[32]

Für die Regelung zum Investitionsvorrang folgt daraus, daß die in der Präambel zur Gemeinsamen Erklärung formulierten Leitsätze - sozial verträglichen Ausgleich unterschiedlicher Interessen, Rechtssicherheit und Rechtseindeutigkeit sowie das Recht auf Eigentum (Abs. 2 S.1 und 2 der Präambel zur

---

29 Art. 41 EVertr trägt die Überschrift „Regelung von Vermögensfragen". Damit kommt zum Ausdruck, daß auch der in Abs. 2 behandelte Investitionsvorrang nach der gesetzgeberischen Vorstellung zu diesem Komplex zählt. Systematisch steht innerhalb der Vorschrift des Art. 41 EVertr der Verweis in Abs. 1 auf die Gemeinsame Erklärung am Beginn und legt die Leitlinien fest, die bei der Regelung der Vermögensfragen zu beachten sind. In der Gemeinsamen Erklärung selbst wiederum steht die Präambel am Anfang.

30 S. VG Berlin ZOV 1991,101; Th. Schweisfurth, BB 1991, 281, 283.

31 Zur Bindung an Art. 41 EVertr und zu seiner einvernehmlichen Abänderbarkeit s. i.e.unten A)IV)2).

32 S. Denkschrift der Bundesregierung zum Einigungsvertrag, Bt.-Drucks. 11/7760, zu Art. 41, abgedruckt bei: Clemm/Etzbach u.a. (Hrsg.), Rechtshandbuch Vermögen und Investitionen in der ehemaligen DDR, Stand Februar 1995, Bd. 3, E 20.1, S. 43.

GemErkl) - bei der Auslegung zu berücksichtigen sind.[33] Die Rechtsanwendung muß den unterschiedlichen sozialen Interessen Rechnung tragen, nämlich sowohl dem dringenden volkswirtschaftlichem Interesse an Investitionen als auch dem Interesse des vormals Berechtigten an der Rückgabe des verlorenen Vermögenswertes.

Zugunsten des Altberechtigten legt dabei die Formulierung „Recht auf Eigentum" (Abs. 2 S.2 der Präambel zur GemErkl) eine subjektiv-rechtliche Gewährleistung nahe. Das Problem allerdings, wie genau die Rechtsposition des Berechtigten ausgestaltet ist, ob nur als einfachrechtlicher Wiedergutmachungsanspruch, oder als eigentumsgrundrechtlich geschützte Rückgabeberechtigung, kann der Wortlaut der Präambel nicht abschließend klären.[34] Denn zum einen weist die Formulierung „Recht auf Eigentum" nicht zwangsläufig auf eine grundrechtlich geschützte Position hin, sondern kann auch einen staatlicherseits eingeräumten Wiedergutmachungsanspruch meinen, der selbst keinen Eigentumsschutz genießt.[35] Zum anderen muß die Auslegung des Grundgesetzes selbst entscheiden, ob die Rückgabeberechtigung grundrechtlichen Schutz genießt oder nicht.[36] Insofern enthält die Gemeinsame Erklärung keine Lösung. Zumindest aber folgt aus der Formulierung „Recht auf Eigentum", daß dem Altberechtigten eine Stellung eingeräumt ist, die im Fall der Kollision mit einem Investitionsvorhaben als gewichtiges Interesse zu berücksichtigen ist.

---

33 Abs. 2 S.1 u. 2 Präambel zur GemErkl: „Bei der Lösung der anstehenden Vermögensfragen gehen beide Regierungen davon aus, daß ein sozial verträglicher Ausgleich unterschiedlicher Interessen zu schaffen ist. Rechtssicherheit und Rechtseindeutigkeit sowie das Recht auf Eigentum sind Grundsätze, von denen sich die Regierungen der Deutschen Demokratischen Republik und der Bundesrepublik Deutschland bei der Lösung der anstehenden Vermögensfragen leiten lassen."

34 Ob der Rückgabeanspruch des ehemals Berechtigten eigentumsgrundrechtlichen Schutz genießt, ist zweifelhaft (s. unten C)I); D)I),II) u. III)).

35 S. R. Motsch, VIZ 1993, 41, 42, der das Eigentum lediglich als Rechtsinstitut angesprochen sieht, hingegen nicht als spezielles subjektives Recht dieser oder jener Gruppe.

36 S. dazu unten D)I),II) u. III).

III. Anmeldeverordnung (AnmV) und Grundstücksverkehrsordnung (GVO)

Den ersten Schritt zur Umsetzung der Gemeinsamen Erklärung vollzog der Ministerrat der DDR mit dem Erlaß der Verordnung über die Anmeldung vermögensrechtlicher Ansprüche - Anmeldeverordnung - vom 11.7.1990.[37] Die Anmeldeverordnung enthält zunächst Bestimmungen darüber, wer welche Ansprüche wo und innerhalb welcher Frist anmelden kann (§§ 1 ff. AnmV; vgl. Nr. 13 b) GemErkl). Sie regelt nicht, unter welchen Voraussetzungen angemeldete Ansprüche berechtigt sind oder wie das Verfahren zur Prüfung der Berechtigung ausgestaltet sein soll (vgl. Nr. 13 a) GemErkl).[38] Vielmehr dient sie nur der Erfassung von Ansprüchen, um künftig die Eigentumsverhältnisse rasch klären zu können. Trotz des Beschleunigungszwecks ist die in ihr vorgesehene Anmeldefrist vom 15.7.1990 bis zum 13.10.1990 bzw. bis zum 31.3.1991 (§ 3 AnmV) nicht als Ausschlußfrist gedacht.[39]

Zur Sicherung von Rückgabeansprüchen war in dem bis zum 22.7.1992 geltenden § 6 II S.1 AnmV vorgesehen, daß bei Grundstücksveräußerungen das nach der Grundstücksverkehrsordnung erforderliche Genehmigungsverfahren auszusetzen sei (§ 2 GVO), wenn frühere Eigentumsrechte ungeklärt sind (vgl. Nr. 13 d) GemErkl).[40] Als ungeklärt galt ein Fall vor allem dann, wenn ein Restitutionsanspruch angemeldet war (§ 6 II S.2 AnmV i.d.F-bis zum

---

[37] GBl DDR I 1990, 718, als fortgeltendes Recht in den EVertr aufgenommen in Anlage II Kapitel III Sachgebiet B Abschnitt I Nr. 2, abgedruckt in: NJW 1990, 2240; Neubekanntmachung der AnmV vom 11.7.1990 in der seit dem 22.7.1992 geltenden Fassung am 3.8.1992 (BGBl. 1992 II S. 1257, 1481).

[38] S. zur AnmV in ihrer urspr.F. Merkblatt des Bundesjustizministeriums über die Anmeldung vermögensrechtlicher Ansprüche vom 3.10.1990, abgedruckt in: NJW 1990, 2241 ff.; Arbeitsanleitung des Bundesjustizministeriums zur Bearbeitung der nach der Anmeldeverordnung angemeldeten vermögensrechtlichen Ansprüche, abgedruckt in: DtZ 1991, 22 ff. sowie G. Fieberg/H. Reichenbach, a.a.O. (Fn. 17), S. 324 f.

[39] Zur Funktion der Anmeldefrist s. G. Fieberg/H. Reichenbach, a.a.O. (Fn. 17), S. 324.

[40] Verordnung über den Verkehr mit Grundstücken - Grundstücksverkehrsordnung - (GVO) vom 15.8.1977, GBl. DDR I 1978, 73, geänd. fortgeltend gem. Anlage II Kapitel III Sachgebiet B Abschnitt II Nr. 1 EVertr, BGBl. 1990 II S. 885, 1167, Neubekanntmachung in der seit dem 22.7.1992 geltenden Fassung am 3.8.1992, BGBl. 1992 I S. 1257, 1477, neu gefaßt durch das RegVBG v. 20.12.1993, BGBl. 1993 I S. 2182.

22.7.1992).[41] Dadurch wurde bei Grundstücken ein weitreichender Schutz für mögliche Rückgabeansprüche geschaffen. Denn die Verfügung war ohne die Genehmigung schwebend unwirksam, und bei endgültiger Versagung war auch der zugrundeliegende Kaufvertrag nichtig.[42] Eine Vielzahl von Grundstücken verloren durch diese faktische Grundbuchsperre ihre Verkehrsfähigkeit. Die einschneidende Gestaltung war eine Reaktion auf zahlreiche Käufe volkseigener Grundstücke, nachdem es ab März 1990 möglich war, diese zu erwerben. Tausende von Kaufanträgen wurden gestellt. Die staatlichen Notariate und Liegenschaftsdienste konnten den Geschäftsanfall nicht bewältigen. Es war offensichtlich, daß in vielen Fällen noch Fakten geschaffen werden sollten und manche Seilschaft des untergehenden Regimes von den absehbaren Wertzuwächsen profitieren wollte.[43] So geriet bereits hier das Anliegen, vergangenes Unrecht wiedergutzumachen, mit dem Ziel in Konflikt, die Voraussetzungen für zügige Investitionen zu schaffen.

IV. Einigungsvertrag (EVertr)

Der Einigungsvertrag enthielt in den Art. 4 und 41 ein ganzes Bündel vermögensrechtlicher Vorschriften.[44] Art. 41 II EVertr beschreibt erstmals die Grundkonzeption der investiven Nichtrückgaberegelung. Die Grundgesetzänderungen in Art. 4 Nr. 4 und 5 EVertr wiederum stecken den verfassungsrechtlichen Rahmen für die einfachgesetzliche Ausgestaltung des Rückgabeaus-

---

[41] § 6 II S.1, 2 AnmV i.d.F. bis zum 22.7.1992: „Das Genehmigungsverfahren nach der Grundstücksverkehrsordnung ist solange auszusetzen, bis abschließend geklärt ist, daß durch die vorgesehene oder mit der vorgesehenen Rechtsänderung oder Rechtsbegründung kein Grundstück betroffen ist, an dem die früheren Eigentumsrechte ungeklärt sind. Als ungeklärt gelten Fälle, in denen Grundstücke nach dem 6. Oktober 1949 durch Beschlagnahme, aus vorläufiger staatlicher Verwaltung oder staatlicher Treuhandverwaltung in Volkseigentum überführt oder an Dritte veräußert worden sind sowie Fälle, in denen Ansprüche Berechtigter angemeldet worden sind.“; abgedruckt bei: Clemm/Etzbach u.a. (Hrsg.), Rechtshandbuch Vermögen und Investitionen in der ehemaligen DDR, Stand Februar 1995, Bd. 1, A.140, S. 3.

[42] S. W. Försterling, DVBl. 1992, 497, 502 m.w.N.

[43] S. J. Kohler, NJW 1991, 465, 466 ff. u. J. Schmidt-Räntsch, DtZ 1991, 169, 171.

[44] BGBl. 1990 II S. 889; die Zustimmung zum Einigungsvertrag erfolgte mit Vertragsgesetz vom 23.9.1990, BGBl. 1990 II S. 885; der Einigungsvertrag ist am 29.9.1990 in Kraft getreten, BGBl. 1990 II S.1360.

schlusses wegen investiver Zwecke und die dafür zu leistende Entschädigung ab.[45]

1. Grundgesetzänderungen in Art. 4 Nr. 4, 5 EVertr

Mit Art. 4 Nr. 4 EVertr wurde der Art. 135a GG a.F. um einen zweiten Absatz ergänzt.[46] Die Verfassungsbestimmung soll dem gesamtdeutschen Gesetzgeber vor allem bei der Regelung der Entschädigungsmodalitäten in Zusammenhang mit der Umsetzung der Gemeinsamen Erklärung unabhängig von Art. 14 GG Gestaltungsspielraum geben.[47] Daneben wurde mit Art. 4 Nr. 5 EVertr in das Grundgesetz ein neuer Art. 143 eingefügt. Art. 143 III GG bestimmt, daß Art. 41 EVertr und Regelungen zu seiner Durchführung auch insoweit Bestand haben, als sie vorsehen, daß Eingriffe in das Eigentum auf dem Gebiet der neuen Länder nicht mehr rückgängig gemacht werden.[48] Die Vorschrift dient dazu, den verfassungsmäßigen Bestand der in und aufgrund von Art. 41 EVertr ergangenen Regelungen zu sichern.[49]

2. Art. 41 II EVertr als variabler Rahmen für den Investitionsvorrang

Die aufgrund der Anmeldeverordnung i.V.m. der Grundstücksverkehrsordnung bestehende Genehmigungssperre und die dadurch befürchtete Blockie-

---

[45] S. K. H. Friauf/M. Horscht, Rechtsfolgen der Enteignung von Grundbesitz und Wohngebäuden in der ehemaligen DDR zwischen 1949 und 1990, Stuttgart 1993, S. 81 f.; Zur Verfassungsmäßigkeit der Gestaltung und Bemessung der Entschädigung für den investiven Rückgabeausschluß im InVorG s. unten D).

[46] Zur Auslegung von Art. 135a II GG u. zu seiner Bedeutung für die Regelungen zum investiven Rückgabeausschluß s. unten D)II).

[47] Denkschrift der Bundesregierung zum Einigungsvertrag, Bt.-Drucks. 11/7760, zu Art. 4 Nr.4, abgedruckt a.a.O. (Fn. 32), S.9 f.; dazu kritisch Abgeordneter Graf Lambsdorff (FDP), Dt. Bundestag am 5.9.1990, Verhandlungen des Dt. Bundestages Bd. 154, S. 17513: „Jetzt versucht der Einigungsvertrag in den Art. 4 und 41 gar, die damaligen Enteignungen dem Schutz des Art. 14 GG zu entziehen. Nach unserer Auffassung wird das nicht gelingen. Ich lasse dahingestellt, ..., ob es für besatzungsrechtliche Enteignungen gelingt."

[48] Zur Auslegung von Art. 143 III GG s. unten D)I).

[49] Denkschrift der Bundesregierung zum Einigungsvertrag, Bt.-Drucks. 11/7760, zu Art. 4 Nr.5, abgedruckt a.a.O. (Fn. 32), S. 10.

rung des Immobilienmarktes drohten, erhoffte Investitionen zu hemmen.[50] Art. 41 II S.1 EVertr bestimmt daher in Abweichung von den Eckwerten der Gemeinsamen Erklärung: „Nach Maßgabe besonderer gesetzlicher Regelung findet eine Rückübertragung von Eigentumsrechten an Grundstücken oder Gebäuden nicht statt, wenn das betroffene Grundstück oder Gebäude für dringende, näher festzulegende Investitionszwecke benötigt wird, insbesondere der Errichtung einer gewerblichen Betriebsstätte dient und die Verwirklichung dieser Investitionsentscheidung volkswirtschaftlich förderungswürdig ist, vor allem Arbeitsplätze schafft oder sichert."[51] Gem. Art. 41 II S.2 EVertr hat der Investor dafür „... einen die wesentlichen Merkmale des Vorhabens aufzeigenden Plan vorzulegen und sich zur Durchführung des Vorhabens auf dieser Basis zu verpflichten". Art. 41 II S.3 EVertr fordert: „In dem Gesetz ist auch die Entschädigung des früheren Eigentümers zu regeln." Art. 41 II S.1, S.3 EVertr sieht also für Grundstücke und Gebäude die Möglichkeit vor, die Rückgabe auszuschließen und den Alteigentümer auf eine Entschädigung zu verweisen, wenn es für „näher festzulegende" Investitionszwecke benötigt wird.[52]

Die Formulierung in Art. 41 II EVertr überläßt dem gesamtdeutschen Gesetzgeber die Ausfüllung dieses Rahmens. Danach kann er die vorranggewährenden Investitionswecke enger oder weiter fassen und die Anforderungen an die Dringlichkeit der Investition strenger oder großzügiger gestalten.[53] Allerdings verpflichtet sich die Bundesrepublik in Art. 41 III EVertr gleichzeitig „im übrigen ... keine Rechtsvorschriften (zu) erlassen, die der in Absatz 1 genannten Gemeinsamen Erklärung widersprechen". Auf den ersten Blick scheint

---

[50] Denkschrift der Bundesregierung zum Einigungsvertrag, Bt.-Drucks. 11/7760, zu Art. 41, abgedruckt a.a.O. (Fn. 32), S. 43 f. u. s. oben A)II)3).

[51] Durch Art. 41 II EVertr sollte nach Vorstellung der Bundesregierung insbesondere den Kommunen die Möglichkeit gegeben werden, auf die investitionsbedingte Nachfrage nach Grund und Boden flexibel zu reagieren (s. Denkschrift der Bundesregierung zum Einigungsvertrag, Bt.-Drucks. 11/7760, zu Art. 41, abgedruckt a.a.O. (Fn. 32), S. 43 f.).

[52] S. Bundesinnenminister Schäuble (CDU), Dt. Bundestag am 5.9.1990, Verhandlungen des Dt. Bundestages Bd. 154, S. 17493: „Wer Grundstücke zum Zwecke von Investitionen erwirbt, wird ... in Zukunft sicher sein, daß sein Eigentum daran nicht bestritten wird. Etwaige frühere Eigentümer werden insoweit auf Entschädigungsansprüche verwiesen. Auch dies scheint mir dringend notwendig zu sein, damit der Mangel an Grundstücken, bei denen die Eigentumsverhältnisse unbestritten sind, nicht eine dauerhafte Investitionsbremse in der DDR bleibt. Wir haben das im Einigungsvertrag geregelt."

[53] K. H. Friauf/M. Horscht, a.a.O. (Fn. 45), S. 160.

Art. 41 III EVertr den gesamtdeutschen Gesetzgeber darauf festzulegen, nur im Rahmen der in Art. 41 II EVertr normierten Ausnahmebestimmung von der Gemeinsamen Erklärung abzuweichen.[54] Inwieweit trotzdem eine erweiternde Änderung möglich ist, mußte alsbald ausgelotet werden. Aufgrund der drängenden wirtschaftlichen Schwierigkeiten wurde der Investitionsvorrang nämlich später in zwei eng aufeinanderfolgenden Novellen erheblich ausgeweitet.[55] Beispielsweise ermöglichten es die Neuregelungen, ganze Unternehmen zu investiven Zwecken zu veräußern, was der Wortlaut von Art. 41 II EVertr, der einen Rückgabeausssschluß nur für Grundstücke und Gebäude vorsieht, nicht zuläßt.

Den Gestaltungsrahmen einfach durch eine entsprechende Anwendung von Art. 41 II EVertr auf Unternehmen zu erweitern, gelingt schwerlich. Denn die Gemeinsame Erklärung, auf die Art. 41 III EVertr Bezug nimmt, unterscheidet genau zwischen Grund- und Betriebsvermögen (Nr.3, 6 und 7 GemErkl), was nicht auf eine planwidrige Regelungslücke schließen läßt. Gleichwohl gelingt es Art. 41 III EVertr nicht, den gesamtdeutschen Gesetzgeber für alle Zukunft auf den Inhalt der Gemeinsamen Erklärung festzulegen und die Fortschreibung des Investitionsvorrangs nur im Rahmen des Art. 41 II EVertr zuzulassen.[56]

Zwar erwächst dem Einigungsvertrag aus seiner vertraglichen Natur (vgl. Art. 44 EVertr) grundsätzlich eine über über die Gesetzeskraft (Art. 45 II EVertr) hinausgehende Bindung und der Vertragscharakter kann eine Ausnahme von dem Satz begründen, wonach ein späteres dem früheren Gesetz derogiert.[57] Jedoch lassen Verträge stets eine einvernehmliche Abweichung zu (volenti non fit iniuria), insbesondere wenn sich zeigt, daß die vereinbarten Lösungsansätze zu kurz greifen. Die von Art. 41 III EVertr angeordnete Festlegung auf den in Art. 41 II EVertr beschriebenen Ausnahmetatbestand ist folglich abänderbar. Einer ausdrücklichen Zustimmung der neuen Bundesländer

---

[54] Denkschrift der Bundesregierung zum Einigungsvertrag, Bt.-Drucks. 11/7760, zu Art. 41, abgedruckt a.a.O. (Fn. 32), S. 44: „In Absatz 3 verpflichtet sich die Bundesrepublik Deutschland, - abgesehen von Maßnahmen nach Absatz 2 - keine Rechtsvorschriften zu erlassen, die der Gemeinsamen Erklärung widersprechen. Darin liegt eine Bindung des gesamtdeutschen Gesetzgebers, ..."

[55] S. sogleich unten A)VII) u. VIII).

[56] S. G. Fieberg/H. Reichenbach, a.a.O. (Fn. 17), S. 326; allg. zur Bindungskraft des EVertr s. H. Weis, AöR 1991 (116), 1, 14 f.; U. Fastenrath, DtZ 1991, 429 ff.

[57] S. Th. Höch, Der Einigungsvertrag zwischen völkerrechtlichem Vertrag und nationalem Gesetz: Untersuchungen zur Bestandskraft des Vertrags über die Herstellung der Einheit Deutschlands, Berlin 1995, zugl. Freiburg (Breisgau) Diss. 1994, S. 77.

bedarf es dazu nicht. Das ergibt sich mittelbar aus Art. 44 EVertr. Die Vorschrift räumt den neuen Bundesländern anknüpfend an die sog. Coburg-Rechtsprechung des BVerfG ein Klagerecht zur Wahrung der zugunsten der untergegangenen DDR vertraglich vereinbarten Rechte ein.[58] Da Art. 44 EVertr ein ausdrückliches Einverständnis nicht verlangt, ist insoweit eine Änderung des Einigungsvertrages bereits dadurch möglich, daß sich die neuen Länder passiv verhalten und ihre Vetorechte aus Art. 44 EVertr nicht wahrnehmen.[59] Sie können es unterlassen, Beanstandungen geltend zu machen - ebenso hätte der untergegangene Vertragspartner auf Rechte aus dem Vertrag verzichten oder bestimmten Änderungen zustimmen können.[60] Im Ergebnis gewinnt der gestalterische Rahmen, den Art. 41 II EVertr vorgibt, erst dann wirklich an Bedeutung, wenn ein neues Bundesland tatsächlich nach Art. 44 EVertr i.V.m. Art. 41 III EVertr seine Überschreitung bemängeln würde; das war bislang nicht der Fall und wird es auch kaum jemals sein. Entschieden wesentlicher ist daher die Frage nach dem *verfassungsrechtlichen* Rahmen, den der Gesetzgeber beim investiven Rückgabeausschluß beachten muß.[61]

V. Gesetz zur Regelung offener Vermögensfragen (sog. Vermögensgesetz, VermG)

Das im Einigungsvertrag in Anlage II Kapitel III Sachgebiet B Abschnitt I Nr. 5 räumlich nach dem Investitionsgesetz aufgenommene Vermögensgesetz, das zeitgleich mit dem Investitionsgesetz als Teil des Einigungsvertrags in Kraft trat, gestaltete den Rückgabeanspruch des Altberechtigten gesetzlich

---

[58] Denkschrift der Bundesregierung zum Einigungsvertrag, Bt.-Drucks. 11/7760, zu Art. 44, abgedruckt a.a.O. (Fn. 32), S. 45: „Die Notwendigkeit für eine solche Regelung ergibt sich im Hinblick auf die Rechte der Deutschen Demokratischen Republik daraus, daß sie mit diesem Vertrag als Völkerrechtssubjekt und als Gebietskörperschaft untergeht. In Anknüpfung an eine gemeindeutsche Rechtstradition wird klargestellt, daß solche Rechte künftig von den Selbstverwaltungskörperschaften prozessual geltend gemacht werden können, die als Repräsentanten der Bevölkerung der untergegangenen Deutschen Demokratischen Republik angesehen werden können.“; s. auch Th. Höch, a.a.O. (Fn. 57), S. 80 m.w.N.; zu dieser Rspr. s. BVerfG 22, 221, 229 ff.; 34, 216, 226 f.; 38, 231, 234 ff.; 42, 345, 355 ff.

[59] Th. Höch, a.a.O. (Fn. 57), S. 138, Fn. 173.

[60] G. Fieberg/H. Reichenbach, a.a.O. (Fn. 17), S. 326.

[61] S. dazu unten D).

aus.[62] Beide Regelungen sind miteinander verzahnt, da Rückübertragung und Investitionsvorrang zueinander in einem Regel-/Ausnahmeverhältnis stehen (Art. 41 I EVertr i.V.m. Nr. 3, 7, 8 GemErkl; Art. 41 II EVertr) und die Entschädigung des früheren Eigentümers im Investitionsvorrangfall die Rückgabe des verlorenen Vermögenswertes kompensiert (Art. 41 II S.3 EVertr). Bildlich gesprochen ist die Entschädigung die Rechtsfortsetzung zur verlorenen Restitution. Art und Höhe der Entschädigungsleistung hängen deshalb unmittelbar ab vom Umfang des genommenen Restitutionsanspruchs.

1. Rückübertragung in natura als eigentumsrechtliche Wiedergutmachung

Wie bereits in der Gemeinsamen Erklärung vom 15.6.1990 vorgezeichnet (vgl. Nr. 3 und Nr. 7 GemErkl), hat sich der Gesetzgeber für eine Wiedergutmachung in Form der Einräumung eines Rückgabeanspruchs entschieden (§ 3 I S.1 VermG). Grund, das geschehene Unrecht auf diese Weise auszugleichen, war der Gedanke, daß es der Wertentscheidung des Grundgesetzes zugunsten des Privateigentums am ehesten entspricht, wenn die enteigneten Vermögenswerte zurückgegeben werden.[63] Die Rückgabe in natura wurde nach Vorstellung des Gesetzgebers dem Gedanken einer tatsächlichen Wiedergutmachung am ehesten gerecht.[64]

2. Öffentlich-rechtlicher obligatorischer Rückgabeanspruch

Die Wiedergutmachung erfolgt nicht unmittelbar kraft Gesetzes (vgl. § 34 I S.1 VermG), sondern wird durch die Gewährung eines schuldrechtlichen Anspruchs auf Rückübereignung der entzogenen Vermögenswerte verwirklicht (§ 3 I S.1 VermG). Aus dem Zweck des Rückgabeanspruchs, hoheitlich bewirkte oder zumindest veranlaßte Vermögensverluste auszugleichen, folgt seine öf-

---

62 VermG i.d.F.-EVertr, BGBl. II 1990, S. 1159; i.d.F.-HemmnisbeseitigungsG, BGBl. I 1991, S. 957, ber. S. 1958; i.d.F. v. 3.8.1992, BGBl. I 1992, S. 1446, ber. BGBl. I 1993, S. 1811, geänd. d. Art. 15 § 2 RegVBG v. 20.12.1993, BGBl. I 1993, S. 2182, u. Art. 19 StMBG v. 21.12.1993, BGBl. I 1993, S. 2310; Neubekanntmachung in der seit dem 1.10.1994 geltenden F. BGBl. I 1994, S. 3610.

63 Bericht und Beschlußfassung des Rechtsausschusses, Bt-Drucks. 12/2944, S. 143.

64 Bericht und Beschlußfassung des Rechtsausschusses, Bt-Drucks. 12/2944, a.a.O. (Fn. 63).

fentlich-rechtliche Natur.[65] Denn ungeachtet der Tatsache, daß ein anderer Hoheitsträger diese rechtsstaatswidrigen Vermögenseingriffe vorgenommen hat, hat die Wiedergutmachung als Kehrseite staatlich gesetzten Unrechts öffentlich-rechtlichen Charakter.[66] Der Anspruch ist mittels Antrag geltend zu machen (§§ 3 I S.1, 30 I S.1 VermG). Über ihn wird im verwaltungs- bzw. im verwaltungsgerichtlichen Verfahren entschieden (§§ 30 ff. VermG, § 37 VermG; § 40 I S.1 VwGO).

3. Wertausgleichs-, Erstattungs- und Ersatzansprüche

Die Rückgabe geht einher mit einer Reihe von Wertausgleichs-, Erstattungs- und Ersatzansprüchen (§§ 6 I S.2, 7, 7a, 18 ff. VermG). Das gilt insbesondere bei der Rückgabe von Unternehmen (§ 6 I S.1, 2 VermG), für die das Vermögensgesetz eigene Vorschriften enthält (§§ 6 bis 6b VermG), die von der Unternehmensrückgabeverordnung (URüV) ergänzt werden.[67] Diese Ansprüche müssen sich bei der Bemessung der Entschädigung nach Art. 41 II S.3 EVertr niederschlagen, da sie in Rechtsfortsetzung zur verlorenen Restitution gewährt wird und gleichsam die Rückgabe surrogiert.[68]

---

[65] Die Restitutionsberechtigung als öffentlich-rechtlichen Anspruch einzuordnen ist allg. Meinung; s. BGH NJW 1992, 1757, 1758; KG DtZ 1991, 191, 192; OVG Berlin NJW 1991, 715, 716; Bt-Drucks. 11/7831, S. 4; F. J. Säcker/J. Busche, in: MünchKomm.-ErgBd., Zivilrecht im EVertr, Rdnr. 1165; H. Stapenhorst, VIZ 1991, 85, 86.

[66] S. J. Wasmuth, a.a.O. (Fn. 26), § 3 Rdnr. 8.

[67] §§ 6a, 6b VermG wurden durch das Hemmnisbeseitigungsgesetz aufgenommen sowie § 6 VermG teilweise neu gefaßt, BGBl. I 1991, S. 766 ff.; URüV, BGBl. I 1991 S. 1542 ff. Als lebende Wirtschaftseinheiten mit unterschiedlichen Rechtsformen und Beteiligungsverhältnissen bedurften Unternehmen einer besonderen Rückgaberegelung (s. W. Wellhöfer, in: Clemm/Etzbach u.a. (Hrsg.), Rechtshandbuch Vermögen und Investitionen in der ehemaligen DDR, Stand Februar 1995, Bd. 2, 100 B, vor § 6 VermG Rdnr. 8). Zur Unternehmensrestitution nach dem VermG i.d.F.-EVertr s. E. Niederleitinger, ZIP 1991, 62 ff. u. zur URüV i.d.urspr.F. s. R. Bährwald/J. Kraffel, DtZ 1991, 336 ff.

[68] S. zur Berücksichtigung der genannten Ansprüche bei der Entschädigungsbemessung unten C)V)4)a),b) u. c).

4. Investitionshemmende Sicherung des Rückgabeanspruchs

Neben der bereits angesprochenen nur für Grundstücke eingreifenden Genehmigungssperre (§ 2 GVO i.V.m. § 6 II S.1 AnmV i.d.F.-bis zum 22.7.1992) schuf das Vermögensgesetz ein weiteres Veräußerungshemmnis für die in seinen Geltungsbereich fallenden Vermögenswerte (§§ 1 I, 2 II VermG). Denn es sichert den Rückgabeanspruch des Altberechtigten durch ein schuldrechtliches Verfügungsverbot (§ 3 III S. 1 VermG), das den Verfügungsberechtigten verpflichtet, den Abschluß dinglicher Rechtsgeschäfte oder die Eingehung langfristiger vertraglicher Verpflichtungen ohne Zustimmung des Berechtigten zu unterlassen, sofern die Rückgabe beantragt ist.[69] Das erschwerte den Erwerb von Investitionsgütern in den neuen Ländern zusätzlich. Insbesondere behinderte § 3 III S.1 VermG anfangs die Veräußerung anmeldebelasteter Unternehmen, da hierfür keine Investitionsbescheinigung nach § 2 II InvG i.d.F.-EVertr erteilt werden konnte, weil das Investitionsgesetz i.d.F.-EVertr nur für Grundstücke und Gebäude galt (vgl. § 1 I InvG i.d.F.-EVertr).[70]

VI. Gesetz über besondere Investitionen in der DDR (sog. Investitionsgesetz, InvG i.d.F.-EVertr)

Das in Art. 41 II EVertr avisierte Gesetz trat als Teil des Einigungsvertrags in Kraft (Anlage II Kapitel III Sachgebiet B Abschnitt I Nr. 4 EVertr).[71] Das Investitionsgesetz i.d.F.-EVertr wurde erst am Tage der Unterzeichnung am 31.8.1990 in den Vertrag aufgenommen und durchlief nicht gesondert das Ge-

---

[69] § 3 III S.1 VermG enthält dabei kein absolut wirkendes gesetzliches Verbot, das zur Nichtigkeit des Geschäfts führen würde (§ 134 BGB). Die Vorschrift bildet lediglich eine im Innenverhältnis zwischen dem derzeit Verfügungs- und dem Altberechtigtem wirkende schuldrechtliche Verpflichtung, die benannten Rechtsgeschäfte zu unterlassen (vgl. § 137 BGB). Im Außenverhältnis zu Dritten bleiben Rechtshandlungen, die dem Verbot zuwiderlaufen, wirksam, so daß die Verkehrsfähigkeit der Vermögenswerte grundsätzlich erhalten bleibt. Der privatrechtliche Unterlassungsanspruch des § 3 III S.1 VermG kann aber im Wege einer einstweiligen Verfügung (§ 938 II ZPO) oder durch Erlaß eines Verfügungsverbotes nach § 136 BGB gesichert werden. Zudem begründet die Verletzung des Unterlassungsgebots eine Schadensersatzpflicht des Verfügenden gegenüber dem Rückgabeberechtigten (s. F. J. Säcker/J. Busche, a.a.O. (Fn. 65), Rdnr. 1169 ff.; J. Busche, VIZ 1991, 48, 49 f. u. ders., DtZ 1991, 294 f.).

[70] S. soeben oben A)VI)2) u. sogleich unten A)VI)1).

[71] BGBl. II 1990, S. 1157.

setzgebungsverfahren der DDR-Volkskammer bzw. des Bundestages, sondern wurde zusammen mit dem Einigungsvertrag beschlossen.[72] Es handelte sich beim Investitionsgesetz i.d.F.-EVertr nicht um weitergeltendes ehemaliges Recht der DDR, sondern um ein „Gesetz der DDR", das in den Einigungsvertrags eingegliedert wurde.

1. Grundmuster für die investive Inanspruchnahme von anmeldebelasteten Vermögenswerten und deren Entschädigung

Die Regelung erlaubte es dem derzeit Verfügungberechtigten, bei Vorliegen besonderer Investitionszwecke unabhängig von der durch die Anmeldung des Alteigentümers ausgelösten Genehmigungssperre über Grundstücke und Gebäude zu verfügen (§§ 1 I, II und 2 I InvG i.d.F.-EVertr), wenn er von der zuständigen Behörde auf Antrag eine Investitionsbescheinigung erhalten hatte (§ 2 II S.2 InvG i.d.F.-EVertr).[73] Besondere Investitionszwecke lagen nach § 1 II InvG i.d.F.-EVertr vor, wenn ein Vorhaben dringlich und geeignet für die Sicherung oder Schaffung von Arbeitsplätzen war, insbesondere durch die Errichtung einer gewerblichen Betriebsstätte oder eines Dienstleistungsunternehmens (§ 1 II a) InvG i.d.F.-EVertr), oder für die Deckung eines erheblichen Wohnbedarfs der Bevölkerung (§ 1 II b) InvG i.d.F.-EVertr) oder schließlich für die für derartige Vorhaben nötigen Infrastrukturmaßnahmen (§ 1 II c) InvG i.d.F.-EVertr). Darüber hinaus mußte die Inanspruchnahme des Grundstücks

---

72 S. H. Körner, Offene Vermögensfragen in den neuen Bundesländern, München 1991, S. 134.

73 § 1 I InvG i.d.F.-EVertr: „Grundstücke und Gebäude, die ehemals in Volkseigentum standen und Gegenstand von Rückübertragungsansprüchen sind oder sein können, können von dem gegenwärtigen Verfügungsberechtigten auch bei Vorliegen eines Antrags nach der Verordnung über die Anmeldung vermögensrechtlicher Ansprüche vom 11. Juli 1990 (GBl. I Nr. 44 S. 718) veräußert werden, wenn besondere Investitionszwecke vorliegen.";

§ 2 I InvG i.d.F.-EVertr: „Die Genehmigung nach der Verordnung über den Verkehr mit Grundstücken - Grundstücksverkehrsverordnung - ... ist zu erteilen, wenn eine Bescheinigung gemäß Absatz 2 (die Bescheinigung über das Vorliegen eines besonderen Investitionszwecks, Anm.d.Verf.) vom Antragsteller vorgelegt wird; § 6 Absatz 2 und § 7 der Verordnung über die Anmeldung vermögensrechtlicher Ansprüche vom 11. Juli 1990 ... finden keine Anwendung.";

§ 2 II S.1 InvG i.d.F.-EVertr: „Das Landratsamt oder die Stadtverwaltung haben auf Antrag des Veräußerers ... das Vorliegen eines besonderen Investitionszwecks zu bescheinigen, ..."

oder Gebäudes erforderlich sein.[74] Der besondere Investitionszweck setzte sich also aus drei Elementen zusammen, die kumulativ vorliegen mußten: die Eignung für einen der drei besonderen investiven Zwecke, die Dringlichkeit des Vorhabens und die Erforderlichkeit der Inanspruchnahme des Grundstücks oder Gebäudes.

Konnte danach eine Veräußerung des Grundstücks erfolgen, war eine Rückübertragung von Eigentumsrechten an den Altberechtigten ausgeschlossen (§ 3 I S.1 InvG i.d.F.-EVertr).[75] Stattdessen konnte der Altberechtigte gem. § 3 InvG i.d.F.-EVertr Entschädigung beanspruchen. Die Entschädigungsregelung in § 3 I S.1 InvG i.d.F.-EVertr sah vor, daß der ehemals Berechtigte vom Veräußerer die Zahlung eines Geldbetrages in Höhe des Erlöses aus der Veräußerung des Grundstücks verlangen konnte.[76] Anstelle der Erlösauskehr durfte der Berechtigte gem. § 3 I S.2 InvG i.d.F.-EVertr die Zahlung des Verkehrswertes vom Veräußerer fordern, wenn der erzielte Erlös den Verkehrswert nicht unwesentlich unterschritt.[77] § 3 II InvG i.d.F.-EVertr erstreckte den Anspruch auf Erlösauskehr auch auf im Kaufvertrag ausbedungene nachträgliche Kaufpreis-

---

[74] § 1 II InvG i.d.F.-EVertr: „Besondere Investitionszwecke liegen vor, wenn ein Vorhaben dringlich und geeignet ist für

a) die Sicherung oder Schaffung von Arbeitsplätzen, insbesondere durch die Errichtung einer gewerblichen Betriebsstätte oder eines Dienstleistungsunternehmens,

b) die Deckung eines erheblichen Wohnbedarfs der Bevölkerung oder

c) die für derartige Vorhaben erforderlichen Infrastrukturmaßnahmen

und die Inanspruchnahme dieses Grundstücks oder Gebäudes hierfür erforderlich ist."

[75] § 3 I S.1 InvG i.d.F.-EVertr: „Ein Berechtigter, bei dem eine Rückübertragung von Eigentumsrechten an einem Grundstück oder Gebäude nach diesen Vorschriften ausgeschlossen ist, ..."

[76] § 3 I S.1 InvG i.d.F.-EVertr: „..., kann vom Veräußerer die Zahlung eines Geldbetrages in Höhe des Erlöses aus der Veräußerung des Grundstücks oder Gebäudes verlangen."

[77] § 3 I S.2 InvG i.d.F.-EVertr: „Unterschreitet der Erlös den Verkehrswert, den das Grundstück oder Gebäude im Zeitpunkt der Veräußerung hatte, nicht unwesentlich, so kann der Berechtigte Zahlung des Verkehrswertes verlangen."; zu den besonderen Schwierigkeiten der Grundstücksbewertung in den neuen Bundesländern kurz nach der Wiedervereinigung s. R. Vogel, BB 1990, Beilage 33, S. 8 ff.

erhöhungen, allerdings nach oben auf den Verkehrswert begrenzt.[78] Der Alteigentümer sollte also statt der Rückgabe den Gegenwert des veräußerten Vermögensgegenstandes erhalten. Dem lag die gesetzgeberische Annahme zugrunde, daß für investive Veräußerungen eine selbständige, von der allgemeinen Entschädigungsregelung unabhängige Lösung zu bilden war.[79]

Die beiden späteren Novellierungen halten weitgehend am Aufbau und an den Tatbestandsmerkmalen des InvG i.d.F.-EVertr fest und bemühen sich im wesentlichen nur darum, den Investitionsvorrang effizienter zu gestalten.[80] Daher sind die zur ursprünglichen Fassung der Entschädigungsregelung gewonnenen Auslegungsergebnisse nicht überholt.[81] Sie erklären vielmehr das grundlegende Entschädigungskonzept und erleichtern so das Verständnis der späteren Gesetzesnovellierungen.[82]

2. Kein praktischer Erfolg des Investitionsgesetzes i.d.F.-EVertr

Von den Regelungen des Investitionsgesetzes in seiner ursprünglichen Fassung wurde kaum Gebrauch gemacht.[83] Ein Grund dafür war die Rechtsunsicherheit der in sachlicher und persönlicher Hinsicht noch unzureichend ausge-

---

[78] § 3 II InvG i.d.F.-EVertr: „Ist in dem Veräußerungsvertrag eine nachträgliche Erhöhung des Kaufpreises ausbedungen und wird der Kaufpreis aufgrund dieser Vereinbarung erhöht, so erhöht sich auch der Anspruch des Berechtigten nach Absatz 1 Satz 1 entsprechend; in den Fällen des Absatzes 1 Satz 2 kann der Berechtigte jedoch nicht mehr verlangen als den Betrag des gesamten Erlöses aus der Veräußerung.“; Dies nahm Bezug auf Nr. 4 der Anlage IX zum Staatsvertrag. Dem Berechtigten sollte auch die dort vorgesehene spätere Kaufpreisanpassung gebühren (Erläuterungen der Bundesregierung zum Investitionsgesetz in der Fassung des Einigungsvertrages, Bt-Drucks. 11/7817, zu § 3, abgedruckt bei: Clemm/Etzbach u.a. (Hrsg.), Rechtshandbuch Vermögen und Investitionen in der ehemaligen DDR, Bd. 3, E 130.1, S. 3).

[79] Erläuterungen der Bundesregierung zum Investitionsgesetz in der Fassung des Einigungsvertrages, Bt-Drucks. 11/7817, zu § 3, abgedruckt a.a.O. (Fn. 78).

[80] S. M. Uechtritz, in: Clemm/Etzbach u.a. (Hrsg.), Rechtshandbuch Vermögen und Investitionen in der ehemaligen DDR, Stand Februar 1995, Bd. 2, B 130, Einf InVorG Rdnr. 24.

[81] Zur Auslegung des InvG i.d.F.-EVertr s. J. Schmidt-Räntsch, ZIP 1991, 125 ff.; G. Fieberg/H. Reichenbach, a.a.O. (Fn. 17), S. 328 f. u. Empfehlung der Bundesregierung zur Anwendung des Gesetzes über besondere Investitionen (InvestG) - Hinweise für Gemeinden, Städte und Landkreise vom 11.12.1990, abgedruckt in ZIP 1991, 129 ff.

[82] Vgl. W. Försterling, Recht der offenen Vermögensfragen, München 1993, Rdnr. 5.

[83] E. Wittmann, DtZ 1991, 174.

statteten Behörden in den neuen Ländern.[84] Die Verwaltung in der ehemaligen DDR war teilweise anfangs noch nicht daran gewöhnt, selbständig und eigenverantwortlich Gesetze auszulegen und umzusetzen.[85] Dazu kamen zunächst auch „moralische Bedenken" gegen die „2. Enteignung" der Alteigentümer.[86] Zum Teil blockierte die unzulängliche Gestaltung des Gesetzes selbst seinen praktischen Erfolg.[87] Es überging vor allem die investive Veräußerung anmeldebelasteter Unternehmen. Weil das Investitionsgesetz i.d.F.-EVertr nur für Grundstücke und Gebäude galt (vgl. § 1 I InvG i.d.F.-EVertr), konnte für die Veräußerung eines ganzen Betriebes keine Investitionsbescheinigung nach § 2 II InvG i.d.F.-EVertr erteilt werden. Ein kaum überwindliches Anwendungshindernis lag schließlich in den ungeklärten Zuordnungsfragen.[88]

VII. Gesetz zur Beseitigung von Hemmnissen bei der Privatisierung von Unternehmen und zur Förderung von Investitionen (sog. Hemmnisbeseitigungsgesetz)

Das Prinzip „Rückgabe vor Entschädigung", das die Wiedergutmachung leitete, sah sich in der Folgezeit heftiger öffentlicher Kritik ausgesetzt. Zu Beginn des Jahres 1991 entbrannte eine sehr kontroverse Debatte über die Umkehrung dieses Grundsatzes, der von vielen Kritikern als Hauptursache für den schleppenden wirtschaftlichen Aufbau im Osten gebrandmarkt wurde. Gefordert wurde von ihnen eine Umkehrung des Prinzips im Sinne eines Vorrangs der Entschädigung, um die ungeklärten Eigentumsverhältnisse als Investitionshemmnis zu beseitigen. Bei der Vielzahl von Faktoren, die eine unternehmerische Investitionsentscheidung beeinflussen, waren die offenen Vermögensfragen jedoch sicherlich nicht die allein maßgebliche Ursache für die zunächst enttäuschende wirtschaftliche Entwicklung. Eines der größten Probleme für den Aufschwung war die vorgefundene veraltete Wirtschaftsstruktur. Die un-

---

[84] Vgl. G. Dornberger/U. Dornberger, DB 1990, 3154, 3158.

[85] G. Fieberg/H. Reichenbach, a.a.O. (Fn. 17), S. 328.

[86] M. Uechtritz, a.a.O. (Fn. 80), Einf InVorG Rdnr. 23 m.w.N.

[87] M. Uechtritz, a.a.O. (Fn. 80), Einf InVorG Rdnr. 23.

[88] In vielen Fällen war unklar, welchem Träger der öffentlichen Verwaltung ehemals volkseigenes Vermögen zugefallen war (Art. 21, 22 EVertr). So scheiterte die Anwendung des Investitionsgesetzes oft schon daran, daß der gegenwärtig Verfügungsberechtigte, der das Grundstück zu investiven Zwecken hätte veräußern können (§§ 1 I, 2 II InvG i.d.F.-EVertr), nicht feststand (J. Schmidt-Räntsch, a.a.O. (Fn. 43), S. 172).

geklärten Eigentumsverhältnisse bildeten daher nur eines von mehreren Hemmnissen, die raschen Investitionen in den neuen Bundesländern entgegenstanden.[89]

1. Ergänzung des Entwurfs im Gesetzgebungsverfahren

Dem Hemmnisbeseitigungsgesetz lag ein Regierungsentwurf vom 7.3.1991 zugrunde.[90] Diese Initiative begegnete dem politischen Druck des Teils der öffentlichen Meinung, der einen Systemwechsel vom Restitutions- zum Entschädigungsgrundsatz verlangte. Für eine solch grundlegende Umkehr fand sich allerdings - ganz abgesehen von der Frage, inwieweit sie überhaupt zulässig gewesen wäre - keine Mehrheit.[91] Die auf die Gesetzesvorlage folgende Diskussion zeigte aber, daß nicht nur die Opposition die zunächst vorgeschlagene Regelung als unzureichend empfand. Auch zwischen den Ressorts bestand anfangs keine Einigkeit darüber, wie weit die Rückgabe zurückzudrängen sei. Ein wesentlicher Teil der Neuregelung ist daher das Ergebnis eines erst zuletzt unter äußerstem Zeitdruck gefundenen Kompromisses.[92] In der Eile, in der die Ergänzungen eingebracht wurden, schlichen sich jedoch Schwachstellen in das Gesetz, die bereits im Ansatz den Keim für neuen Reformbedarf legten.[93] Das rasch durchlaufene Gesetzgebungsverfahren endete am 29.3.1991 mit Inkrafttreten des Hemmnisbeseitigungsgesetzes.[94] Es ändert in 15 Artikeln insgesamt 12 Gesetze. Hier von Bedeutung sind in Art. 1 die Änderung des Vermögensgesetzes, in Art. 2 die Änderung des Investitionsgesetzes und in

---

89 S. zu der Vielzahl hemmender Faktoren in der Anfangsphase der Deutschen Einheit G. Dornberger/U. Dornberger, DB 1991, 897.

90 Regierungsentwurf des Hemmnisbeseitigungsgesetzes mit Begründung, Bt.-Drucks. 12/103, abgedruckt bei: Clemm/Etzbach u.a. (Hrsg.), Rechtshandbuch Vermögen und Investitionen in der ehemaligen DDR, Stand Februar 1995, Bd. 3, E 100.2 u. E 130.2; s. zur Kritik am Gesetzesentwurf der Bundesregierung W. Knüpfer, Wirtschaftsrecht 1991, 137, 139 u. R. Liebs/P. Preu, ZIP 1991, 216, 217 ff.

91 S. dazu G. Fieberg/H. Reichenbach, in: Fieberg/Reichenbach/Messerschmidt/Neuhaus (Hrsg.), VermG, Komm., Stand Mai 1994, § 3 Rdnr. 2.

92 S. B. Scheifele, BB 1991, 1350, 1351.

93 S. W. Försterling, a.a.O. (Fn. 42), S. 504 u. vgl. K. H. Groth/H. Gassner/M. Karnetzki, ZOV 1991, 27 ff.

94 BGBl. 1991 I, S. 766.

Art. 7 ein neues Vermögenszuordnungsgesetz, das unter anderem bezweckte, die ungeklärten Zuordnungsfragen als Investitionshemmnis zu beseitigen.

2. Investitionsvorrangregelungen im Vermögensgesetz

Wichtige Teile des erweiterten Investitionsvorrangs wurden nicht in das Investitionsgesetz, sondern in das Vermögensgesetz aufgenommen. Wohl psychologische Gründe haben den Gesetzgeber veranlaßt, die Vorschriften zum Ausbau des Investitionsvorrangs auf zwei Gesetze aufzuteilen, um vom äußeren Eindruck her die Zurückdrängung der Restitution nicht zu einschneidend erscheinen zu lassen.[95] Der Preis für den kosmetischen Eingriff waren ein gesetzessystematischer Bruch und eine unübersichtliche Aufsplitterung der gesamten Materie.

a) Beschleunigung durch Verfahrenserleichterung - „Supervorfahrt" gem. § 3a VermG i.d.F.-HemmnisbeseitigungsG

§ 3a VermG i.d.F-HemmnisbeseitigungsG war das Ergebnis der politischen Auseinandersetzung während des Gesetzgebungsverfahrens und wurde als Zugeständnis gegenüber der Forderung nach weiterer Zurückdrängung der Restitution erst ganz zuletzt mit aufgenommen.[96] Ziel war es insbesondere, den Privatisierungsauftrag der Treuhandanstalt zu erleichtern, der wegen der Rückgabe von Unternehmen und Grundstücken und der häufig unklaren Eigentumsverhältnisse an Grund und Boden beeinträchtigt war.[97] Die Vorschrift enthielt eine zweite selbständige Investitionsvorrangregelung.[98] Als Verfügungsberechtigte hatten die Treuhandanstalt und öffentlich-rechtliche Gebietskörperschaften nunmehr die Möglichkeit, Grundstücke, Gebäude und insbesondere auch Unternehmen zu investiven Zwecken zu veräußern (§ 3 I

---

[95] S. W. Försterling, a.a.O. (Fn. 42), S. 497.

[96] S. B. Scheifele, a.a.O. (Fn. 92), S. 1351.

[97] S. Begründung zum Regierungsentwurf des Hemmnisbeseitigungsgesetzes, Bt.-Drucks.12/103, A.I.1, abgedruckt a.a.O. (Fn. 90), E 100.2, S. 9.; zu § 3a VermG i.d.F.-HemmnisbeseitigungsG s. R. Weimar, DB 1991, 2527 ff.

[98] Zu der zu § 3a VermG ergangenen Rspr. s. B. Messerschmidt, NJW 1993, 1682, 1686.

S.1. VermG i.d.F-HemmnisbeseitigungsG).[99] Der entscheidende Unterschied zwischen der Vorfahrtsregelung im Investitionsgesetz und der „Supervorfahrt" nach § 3a VermG i.d.F-HemmnisbeseitigungsG war ein verfahrensrechtlicher: Beim Investitionsgesetz mußte der gegenwärtig Verfügungsberechtigte bei der zuständigen Behörde (Landkreis oder kreisfreie Stadt; § 2 I S.1 InvG i.d.F.-HemmnisbeseitigungsG) die Durchführung eines Verwaltungsverfahrens auf Erteilung einer Investitionsbescheinigung beantragen, während bei § 3a VermG i.d.F.-HemmnisbeseitigungsG die Treuhandanstalt und öffentlich-rechtliche Gebietskörperschaften als Verfügungsberechtigte selbst durch feststellenden Bescheid über den Vorrang der Investition entschieden.[100]

Als neue Investitionsformen führte § 3a VermG i.d.F.-HemmnisbeseitigungsG zudem die Vermietung und die Verpachtung ein, die sich im geltenden Investitionsvorranggesetz wiederfinden (§ 2 I Nr. 1, II Nr. 1 InVorG). Die investive Vermietung oder Verpachtung schließt jedoch die Rückgabe des Vermögenswertes nicht aus, sondern führt nur zu einer gesetzlichen Vertragsübernahme, verbunden mit einem Anspruch auf Herausgabe der bereits gezogenen Erträge (§ 3a VI VermG i.d.F.-HemmnisbeseitigungsG i.V.m. § 1a V InvG i.d.F.-HemmnisbeseitigungsG; §§ 11 III, 16 II InVorG).

Für Grundstücke schrieb § 3a I S.2 Nr. 1 VermG i.d.F.-HemmnisbeseitigungsG die investiven Zwecke aus § 1 II InvG i.d.F.-EVertr wortgleich fort.[101]

---

99 § 3a I S.1 VermG i.d.F.-HemmnisbeseitigungsG: „§ 3 Abs. 3 bis 5 ist nicht anzuwenden, wenn eine öffentlich-rechtliche Gebietskörperschaft oder die Treuhandanstalt Verfügungsberechtigter über ein Grundstück, Gebäude oder Unternehmen ist und ein solcher Vermögenswert an einen Dritten oder Berechtigten für nachfolgende investive Zwecke veräußert, vermietet oder verpachtet wird."

100 W. Försterling, a.a.O. (Fn. 42), S. 502; s. zu den übrigen verfahrensrechtlichen Fragen, die die Vorrangvorschriften i.d.F.-HemmnisbeseitigungsG aufwarfen, E. Wittmann, a.a.O. (Fn. 83), S. 174 ff.

101 § 3a I S.2 Nr. 1 VermG i.d.F.-HemmnisbeseitigungsG: „Investive Zwecke liegen vor,

1. bei Grundstücken und Gebäuden, wenn die Veräußerung, Vermietung oder Verpachtung zur

a) Sicherung oder Schaffung von Arbeitsplätzen, insbesondere durch Errichtung einer gewerblichen Betriebsstätte oder

eines Dienstleistungsunternehmens,

b) Deckung eines erheblichen Wohnbedarfs der Bevölkerung,

c) Schaffung der für derartige Vorhaben erforderlichen Infrastrukturmaßnahmen

erfolgt und wenn das Grundstück diesem Vorhaben dienen soll und in einem angemessenen Verhältnis zu dem angestrebten Vorhaben steht; ..."

§ 3a I S.2 Nr. 1 VermG i.d.F.-HemmnisbeseitigungsG setzte im übrigen jedoch gegenüber dem Investitionsgesetz i.d.F.-EVertr vordergründig die weiteren Eingriffsvoraussetzungen herab, indem er die Dringlichkeit des Vorhabens, die Geeignetheit und die Erforderlichkeit der Inanspruchnahme des Grundstücks oder Gebäudes nicht mehr verlangte.[102] Es genügte die Dienlichkeit und das angemessene Verhältnis des Grundstücks zum Vorhaben.

§ 3a V VermG i.d.F.-HemmnisbeseitigungsG regelte schließlich die Entschädigung für eine investive Veräußerung und wiederholte dazu sinngemäß die Vorschrift des § 3 I S.1, 2 InvG i.d.F.-EVertr, ordnete also Erlösauskehr bzw. Verkehrswertzahlung an.[103]

b) Eigeninvestition des Verfügungsberechtigten in ein Unternehmen gem. § 3 VIII VermG i.d.F.-HemmnisbeseitigungsG

Die durch das Hemmnisbeseitigungsgesetz neu angefügten Absätze 6 bis 8 in § 3 VermG i.d.F.-HemmnisbeseitigungsG sollten eine Lücke des Investitionsgesetzes schließen, das bislang einen Investitionsvorrang nur für Grundstücke und Gebäude vorgesehen hatte, nicht aber für Unternehmen, was als wesentliches Investitionshindernis empfunden wurde.[104] § 3 VI VermG i.d.F.-HemmnisbeseitigungsG ermöglichte bei Vorliegen investiver Zwecke die Veräußerung oder langfristige Verpachtung anmeldebelasteter Unternehmen, nachdem die zuständige Behörde dies auf Antrag gestattet hatte.[105] Die Bestimmung

---

[102] Vgl. J. Schmidt-Räntsch, a.a.O. (Fn. 43), S. 172.

[103] § 3a V VermG i.d.F.-HemmnisbeseitigungsG: „Ist dem Verfügungsberechtigtem die Rückübertragung nicht möglich, weil er den Vermögenswert nach Absatz 1 veräußert hat, so kann der Berechtigte vom Verfügungsberechtigten die Zahlung eines Geldbetrages in Höhe aller Geldleistungen aus der Veräußerung verlangen. Ist ein Erlös nicht erzielt worden oder unterschreitet dieser den Verkehrswert nicht unwesentlich, den der Vermögensgegenstand im Zeitunkt der Veräußerung hatte, so kann der Berechtigte Zahlung des Verkehrswertes verlangen.“

[104] S. Begründung zum Regierungsentwurf des Hemmnisbeseitigungsgesetzes, Bt.-Drucks.12/103, B. zu Nr. 3; abgedruckt a.a.O. (Fn. 90), E 100.2, S. 16 u. R. Liebs/P. Preu, DB 1991, 145, 153.

[105] § 3 VI S.1 VermG i.d.F.-HemmnisbeseitigungsG: „Die für die Rückgabe zuständige Behörde hat dem Verfügungsberechtigten über ein Unternehmen, ..., innerhalb von drei Monaten nach Antragstellung zu gestatten, dieses trotz Vorliegens eines Antrags auf Rückgabe an einen Dritten zu veräußern oder langfristig zu verpachten, ... wenn

1. die Maßnahme geeignet ist,

hatte aber wegen der Vorrangigkeit des § 3a VermG i.d.F.-Hemmnisbeseitigungs G (§ 3a IX VermG i.d.F.-HemmnisbeseitigungsG) von Anfang an keinen wesentlichen Anwendungsbereich und blieb weitgehend bedeutungslos.[106] Anders allerdings § 3 VII VermG i.d.F.-HemmnisbeseitigungsG, der unter den gleichen Voraussetzungen eine sog. Eigeninvestition durch den derzeit Verfügungsberechtigten erlaubte und der nicht von § 3a VermG i.d.F.-HemmnisbeseitigungsG verdrängt wurde, da die Eigeninvestition im Rahmen der „Supervorfahrt" nicht vorgesehen war (§ 3a IX VermG i.d.F.-HemmnisbeseitigungsG).[107]

Bei der Eigeninvestition richtete sich die Entschädigung nach § 3 VII S.7 VermG i.d.F.-HemmnisbeseitigungsG.[108] Der Berechtigte hatte danach Anspruch auf Ersatz des Verkehrswertes des Unternehmens, das zum Zeitpunkt des Entfallens des Rückübertragungsanspruchs zurückzugeben gewesen wäre, wobei er stattdessen auch die Entschädigung nach § 6 VII VermG i.d.F.-HemmnisbeseitigungsG wählen konnte.

Für die wenig bedeutsame Unternehmensveräußerung nach § 3 VI VermG i.d.F.-HemmnisbeseitigungsG fand sich die Entschädigungsregelung etwas

a) Arbeitsplätze zu schaffen oder zu sichern oder

b) die Wettbewerbsfähigkeit sichernde Investitionen zu ermöglichen oder

2. der Berechtigte keine Gewähr dafür bietet, daß er das Unternehmen fortführen oder sanieren wird."

[106] § 3a IX VermG i.d.F.-HemmnisbeseitigungsG: „Die Vorschrift ist auf Verträge anzuwenden, die bis zum 31. Dezember 1992 abgeschlossen werden. Das Investitionsgesetz sowie § 3 VI dieses Gesetzes sind auf Veräußerungen, Vermietungen und Verpachtungen, die nach dieser Vorschrift zulässig sind, für die Dauer ihrer Geltung nicht anzuwenden."; s. M. Uechtritz, a.a.O. (Fn. 80), Einf InVorG Rdnr. 30.

[107] § 3 VII S.1 VermG i.d.F.-HemmnisbeseitigungsG: „Unter den Voraussetzungen des Absatzes 6 hat die zuständige Behörde dem Verfügungsberechtigten selbst zu erlauben, Maßnahmen zur Erreichung von in Absatz 6 Satz 1 Nr. 1 bezeichneten Zwecken durchzuführen, wenn er bereit ist, dem Unternehmen das hierfür erforderliche Eigenkapital zuzuführen und er dieses innerhalb einer von der Behörde zu bestimmenden Frist einbringt." S. 5: „Der Anspruch auf Rückgabe entfällt mit der Bestandskraft der Investitionserlaubnis."

[108] § 3 VII S.7 VermG i.d.F.-HemmnisbeseitigungsG: „Entfällt der Anspruch auf Rückübertragung, so hat der Berechtigte Anspruch auf Ersatz des Verkehrswerts des Unternehmens, das zurückzugeben gewesen wäre, im Zeitpunkt des Entfallens des Rückgabeanspruchs, sofern der Berechtigte nicht Entschädigung nach § 6 Abs. 7 verlangt."

versteckt in § 6 VIa S.4, 5 VermG i.d.F.-HemmnisbeseitigungsG.[109] Wiederum bestand ein Anspruch auf den Veräußerungserlös; verbunden mit der Möglichkeit, Zahlung des Verkehrswertes zu verlangen, sollte der Erlös hinter letzterem zurückbleiben. Der Berechtigte konnte stattdessen aber auch Entschädigung nach § 6 VII VermG i.d.F.-HemmnisbeseitigungsG wählen. Im Gegensatz zu anderen Wahlmöglichkeiten bestand hier schon zum damaligen Zeitpunkt eine Entscheidungsgrundlage, da § 6 VII VermG i.d.F.-HemmnisbeseitigungsG die zu erwartende Entschädigungshöhe konkretisierte.[110]

3. Änderung des Investitionsgesetzes

Das Investitionsgesetz wurde verbessert, zum einen durch die Effektivierung der Verfahrensvorschriften und zum anderen durch die Einbeziehung neuer Investitionsformen.[111] Die Investitionszwecke selbst blieben unverändert. Für die Neuerungen blieb jedoch nur ein schmaler Anwendungsbereich. Denn das InvG i.d.F.-HemmnisbeseitigungsG galt lediglich für Grundstücke, die privaten Verfügungsberechtigten gehörten, sowie für die neuen besonderen Investitionsformen bei Grundstücken, wie z.B. Eigeninvestition, Erbbaurechtsbestellung, Begründung von Teil- und Wohnungseigentum (§ 3a IX VermG i.d.F.-HemmnisbeseitigungsG).[112]

109 § 6 VIa S.4, 5 VermG i.d.F.-HemmnisbeseitigungsG: „Ist dem Verfügungsberechtigten die Rückgabe nicht möglich, weil er das Unternehmen ... ganz oder teilweise veräußert hat ..., so können die Berechtigten vom Verfügungsberechtigten die Zahlung eines Geldbetrages in Höhe des ihrem Anteil entsprechenden Erlöses aus der Veräußerung verlangen, sofern sie sich nicht für die Entschädigung nach Absatz 7 entscheiden. Ist ein Erlös nicht erzielt worden oder unterschreitet dieser den Verkehrswert, den das Unternehmen ... im Zeitpunkt der Veräußerung hat(ten; Einklammerung durch den Verf.), so können die Berechtigten Zahlung des Verkehrswerts verlangen."

110 § 6 VII VermG i.d.F.-HemmnisbeseitigungsG: „... entscheidet sich der Berechtigte für eine Entschädigung, so ist der Wert des Unternehmens zum Zeitpunkt der Übernahme in Volkseigentum ... in Deutscher Mark zu erstatten. Ein damals erhaltener Kaufpreis oder Ablösungsbetrag ist im Verhältnis zwei Mark der Deutschen Demokratischen Republik zu einer Deutschen Mark umzurechnen und vom Betrag der Entschädigung abzusetzen. Leistungen nach Absatz 6a werden auf den verbleibenden Entschädigungsanspruch voll angerechnet."

111 Zu den Verfahrensvorschriften s. J. Hübner, DtZ 1991, 161, 167.

112 E. Wittmann, a.a.O. (Fn. 83), S. 177; J. Schmidt-Räntsch, a.a.O. (Fn. 43), S. 172.

Durch die neuen Investitionsformen war es nunmehr möglich, an ehemals volkseigenen Grundstücken zu investiven Zwecken Wohnungseigentum zu begründen, ein Erbbaurecht zu bestellen, sie längerfristig zu vermieten oder zu verpachten, sie mit Dienstbarkeiten zu belasten oder eine Eigeninvestition des gegenwärtig Verfügungsberechtigten zuzulassen (§§ 1 IV S.1, 1a-e InvG i.d.F.-HemmnisbeseitigungsG).[113] All dies hat das Investitionsvorranggesetz übernommen (§ 2 I S.1, II InVorG). Bis auf die Eigeninvestition des Verfügungsberechtigten schließen diese Maßnahmen jedoch nicht insgesamt die Rückgabe des verlorenen Vermögenswertes aus.

Entsprechend den hinzugekommenen investiven Maßnahmen wurde die Entschädigungsregelung erweitert und um zusätzliche Wahlmöglichkeiten ergänzt, ohne an den Grundsätzen der Erlösauskehr und der Verkehrswertzahlung etwas zu ändern.[114] War beispielsweise ein Erbbaurecht bestellt bzw. Teil- oder Wohnungseigentum begründet worden, konnte sich der Berechtigte auf die Verkehrswertentschädigung verlegen und ganz auf die Rückgabe verzichten

---

[113] § 1 IV S.1 InvG i.d.F.-EVertr: „Anstelle der Veräußerung eines Grundstücks kann der gegenwärtige Verfügungsberechtigte auch ein Erbbaurecht an dem Grundstück bestellen oder Teil- oder Wohnungseigentum ... begründen und veräußern."

§ 1a I S.1 InvG i.d.F.-EVertr: „Unter den Voraussetzungen des § 1 ist dem gegenwärtig Verfügungsberechtigten durch eine Investitionsbescheinigung abweichend von § 3 Abs. 3 des Vermögensgesetzes für die Dauer von höchstens zwölf Jahren zu gestatten, das Grundstück oder Gebäude oder Teile hiervon zum ortsüblichen Zins zu vermieten oder zu verpachten."

§ 1b S.1 InvG i.d.F.-EVertr: „Dem gegenwärtig Verfügungsberechtigten ist durch eine Investitionsbescheinigung die Bestellung einer darin näher festzulegenden Dienstbarkeit, insbesondere Wege- und Leitungsrechte, zu gestatten, wenn dies zu Nutzung eines Grundstücks oder Gebäudes für ein Vorhaben, bei dem die Voraussetzungen des § 1 Abs. 2 vorliegen, erforderlich ist."

§ 1c I S.1 1.HS InvG i.d.F.-EVertr: „Dem gegenwärtig Verfügungsberechtigten ist die Errichtung von Bauwerken oder der Ausbau einer vorhandenen Betriebsstätte auf einem Grundstück der in § 1 Abs. 1 bezeichneten Art durch eine Investitionsbescheinigung zu gestatten, wenn ein besonderer Investitionszweck (§ 1 Abs. 2) vorliegt; ..."

[114] Vgl. Begründung zum Regierungsentwurf des Hemmnisbeseitigungsgesetzes, Bt.-Drucks.12/103, zu Nr. 5; abgedruckt a.a.O. (Fn. 90), E 130.2, S. 14.

(§ 1 IV S.2, 3 InvG i.d.F.-EVertr).[115] Bei einer Eigeninvestition durch den gegenwärtig Verfügungsberechtigten richtete sich der Anspruch gem. § 3 Ia S.1 InvG i.d.F-HemmnisbeseitigungsG auf Ersatz des Verkehrswerts des Grundstücks zur Zeit der Inanspruchnahme oder wahlweise auf eine Entschädigung nach anderen Vorschriften (§ 3 Ia S.2, I S.1 InvG i.d.F-HemmnisbeseitigungsG).[116] Das geltende Investitionsvorranggesetz führt die Vielfalt investiver Maßnahmen (§ 2 I S.1, II InVorG) mit den zugehörigen Entschädigungsregelungen weiter (§§ 16, 17 InVorG).

4. Vermögenszuordnungsgesetz (VZOG)

Die ungeklärten Eigentumszuordnungsfragen hatten sich als ein wesentliches Investitionshemmnis entpuppt.[117] Art. 21, 22 EVertr ordnete das öffentliche Vermögen der ehemaligen DDR verschiedenen Verwaltungsträgern zu. Allerdings war die Rechtsträgerschaft aufgrund der auslegungsbedürftigen Verteilungskriterien vielfach zweifelhaft. Ein Streitpunkt war insbesondere die Zuordnung früheren Reichsvermögens nach Art. 21 EVertr.[118] Selbst wenn der richtige Rechtsträger der öffentlichen Hand feststand, konnte dies im Grundbuch oft nicht vollzogen werden, da ein Nachweis durch öffentliche oder öffentlich beglaubigte Urkunden meist nicht möglich war (§§ 22, 29 GBO). Die Anwendung der Investitionsvorrangvorschriften scheiterte deshalb in vielen Fällen schon daran, daß der gegenwärtig Verfügungsberechtigte, der eine investive Maßnahme hätte beantragen und durchführen können, nicht fest-

---

[115] § 1 IV S.2, 3 InvG i.d.F.-EVertr: „Ist ein Erbbaurecht bestellt worden, so kann der Berechtigte anstelle der Rückgabe des Grundstücks die Zahlung des Verkehrswerts verlangen, den das Grundstück im Zeitpunkt der Bestellung des Erbbaurechts hatte. Ist Teil- oder Wohnungseigentum begründet worden, so kann der Berechtigte auf die Rückübertragung der nicht veräußerten Miteigentumsanteile verzichten und stattdessen die Zahlung des Verkehrswertes verlangen, den das Grundstück im Zeitpunkt der Begründung des Teil- oder Wohnungseigentums hatte."

[116] § 3 Ia S.1 InvG i.d.F.-HemmnisbeseitigungsG: „Entfällt der Anspruch auf Rückübertragung gemäß § 1c (die Vorschrift regelt Eigeninvestitionen; Anm. des Verf.), so steht dem Berechtigten gegen den gegenwärtig Verfügungsberechtigten ein Anspruch auf Ersatz des Verkehrswerts zu, den das in Anspruch genommene Grundstück im Zeitpunkt der Inanspruchnahme für das bescheinigte Vorhaben hatte. Absatz 1 Satz 3 gilt entsprechend."

[117] S. bereits oben A)VI)3) a.E.

[118] Vgl. BVerwG DÖV 1996, 213 ff.; L. Eckert, VIZ 1995, 78 ff.

stand.[119] Das in Art. 7 Hemmnisbeseitigungsgesetz enthaltene Vermögenszuordnungsgesetz regelte daher ein besonderes Zuordnungsverfahren, das mit einem Zuordnungsbescheid endete, der den Grundbuchvollzug erlaubte.[120] Um der Gefahr einer Blockierung entgegenzuwirken, die die Zuordnungsverfahren auf dem Immobilienmarkt hätte auslösen können, da sie wegen der zumeist noch erforderlichen Grundstücksvermessung geraume Zeit in Anspruch nehmen würden, bestimmten die §§ 6, 7 VZOG i.d.F-HemmnisbeseitigungsG, daß unter bestimmten Voraussetzungen bereits vor Erlaß des Zuordnungsbescheides eine Verfügung über das Grundstück möglich war.[121]

a) Vorläufige Verfügungsbefugnis bis zur Erteilung des Zuordnungsbescheids (§ 6 VZOG i.d.F.-HemmnisbeseitigungsG)

Vor Erteilung des Zuordnungsbescheides räumte § 6 I VZOG i.d.F-HemmnisbeseitigungsG öffentlichen Gebietskörperschaften unter bestimmten Voraussetzungen vorläufig die Verfügungsbefugnis über ehemals volkseigene Grundstücke und Gebäude ein.[122] Die Kommune oder das Land wurden durch § 6 I VZOG i.d.F-HemmnisbeseitigungsG zum gegenwärtig Verfügungsberechtigten im Sinne der Investitionsvorrangvorschriften. Dadurch weitete sich insbesondere der Anwendungsbereich von § 3a VermG i.d.F.-HemmnisbeseitigungsG ganz entscheidend aus. Die sog. Supervorfahrtregelung in § 3a VermG

---

119 J. Schmidt-Räntsch, a.a.O. (Fn. 43), S. 172.

120 BGBl. I 1991, 784 ff.

121 Vgl. J. Schmidt-Räntsch, a.a.O. (Fn. 43), S. 173.

122 § 6 I VZOG i.d.F-HemmnisbeseitigungsG: „Zur Verfügung über Grundstücke und Gebäude, die im Grundbuch noch als Eigentum des Volkes eingetragen sind, sind befugt:

a) die Gemeinden, Städte und Landkreise, wenn sie selbst oder ihre Organe...im Zeitpunkt der Verfügung als Rechtsträger des betroffenen Grundstücks oder Gebäudes eingetragen sind,

b) die Länder, wenn die Bezirke aus denen sie...gebildet worden sind, oder deren Organe als Rechtsträger des betroffene Grundstücks eingetragen sind."

§ 6 III VZOG i.d.F-HemmnisbeseitigungsG: „Die Verfügungsbefugnis nach Absatz 1 endet, wenn

a) in Ansehung des Grundstücks oder Gebäudes ein Bescheid nach §§ 2, 4 oder 7 unanfechtbar geworden und

b) eine öffentliche oder öffentlich beglaubigte Urkunde hierüber dem Grundbuchamt vorgelegt worden ist."

i.d.F-HemmnisbeseitigungsG gewann ihre Bedeutung gleichsam erst i.V.m. § 6 VZOG i.d.F-HemmnisbeseitigungsG.[123]

Für die Behandlung des erzielten Erlöses galt bei einer Veräußerung nach § 6 VZOG i.d.F-HemmnisbeseitigungsG die Besonderheit, daß er zunächst auf ein Sonderkonto beim jeweiligen Landesinnenminister hinterlegt werden mußte (§ 6 IV VZOG i.d.F-HemmnisbeseitigungsG), da noch offen war, welchem Träger der öffentlichen Hand als Eigentümer er letztlich gebührte.[124] Der entgültige Zuweisungsbescheid, der klärte, an welche juristische Person des öffentlichen Rechts der Erlös auszukehren war, bestimmte dann später mittelbar den entschädigungspflichtigen Verwaltungsträger. Die nach der Eigentumszuordnung berechtigte öffentlich-rechtliche Körperschaft oder Anstalt trat nämlich in die Pflicht gegenüber dem Alteigentümer ein.[125] Das Vermögenszuordnungsgesetz in seiner geltenden Fassung hat diese Regelungen fortgeführt (§ 8 VZOG), die unzweckmäßige Hinterlegungspflicht, die erhebliche Beträge aus investiven Veräußerungen der Verwendung in der öffentlichen Aufgabenerfüllung entzog, jedoch abgemildert (§ 8 IV, V VZOG).[126]

b) Investive Zuweisung (§ 7 VZOG i.d.F.-HemmnisbeseitigungsG)

Das investive Zuweisungsverfahren gem. § 7 VZOG i.d.F-HemmnisbeseitigungsG bot sich an, wenn ein Investor mit seinem Vorhaben an eine Gemeinde oder an einen Landkreis herantrat, diese aber weder nach § 6 VZOG verfü-

---

[123] Vgl. G. Fieberg/H. Reichenbach, NJW 1991, 1977, 1981.

[124] § 6 IV VZOG i.d.F-HemmnisbeseitigungsG: „Die auf Grund der Verfügungsbefugnis nach Absatz 1 veräußerten Grundstücke und Gebäude sowie das Entgelt sind in einer Liste von den Innenministerien der Länder zu erfassen. Das Entgelt ist bis zu einer unanfechtbaren Entscheidung über die Zuordnung nach §§ 1 und 2 dieses Gesetzes auf ein Sonderkonto des jeweils zuständigen Innenministeriums einzuzahlen. Es ist danach dem in den Bescheid festgestellten Berechtigten (d.h. dem berechtigten Verwaltungsträger gem. dem VZOG, nicht dem Berechtigten im Sinne des VermG; Anm.d.Verf.) unverzüglich auszuzahlen."; vgl. dazu G. Fieberg/H. Reichenbach, a.a.O. (Fn. 123), S. 1981.

[125] Vgl. Empfehlungen des Bundesjustizministeriums zur Anwendung des InVorG für Immobilien, Infodienst Kommunal Nr. 57 v. 25.9.1992, Teil 2 VII.4., abgedruckt bei: Rodenbach/Söfker/Lochen (Hrsg.), InVorG, Anhang 1, S. 48 f.; zum Eintritt des Zuordnungsbegünstigten in die Entschädigungspflicht gegenüber dem Alteigentümer s. unten C)IV)2).

[126] S. W. Försterling, a.a.O. (Fn. 82), Rdnr. 262.

gungsbefugt noch Eigentümer des erforderlichen ehemals volkseigenen Grundstücks waren.[127] Dann konnte der Kommune auf ihren Antrag hin das Grundstück zum Zweck der investiven Veräußerung als Eigentum zugewiesen werden (§ 7 I VZOG i.d.F-HemmnisbeseitigungsG), wenn die materiellen Voraussetzungen des Investitionsgesetzes vorlagen.[128] Dabei kannte § 7 I VZOG i.d.F-HemmnisbeseitigungsG als Investitionsform nur die Veräußerung. War das zuzuweisende Grundstück anmeldebelastet, galt der Zuordnungsbescheid als Investitionsbescheinigung (§ 7 III S.2 VZOG i.d.F-HemmnisbeseitigungsG) und die Verfahrensvorschriften in § 4 InvG i.d.F-HemmnisbeseitigungsG sowie die Entschädigungsregelung in § 3 InvG i.d.F-HemmnisbeseitigungsG waren entsprechend anzuwenden (§ 7 III S.1 VZOG i.d.F-HemmnisbeseitigungsG).[129] Ebenso wie bei der Veräußerung aufgrund von § 6 VZOG i.d.F-HemmnisbeseitigungsG mußte der erzielte Erlös auf ein Sonderkonto des Landesinnenministers überwiesen werden (§ 7 II S.1 VZOG i.d.F-HemmnisbeseitigungsG).[130] Die investive Zuweisung nach § 7 VZOG i.d.F-HemmnisbeseitigungsG, die ebenso wie die Regelung in § 6 VZOG i.d.F-HemmnisbeseitigungsG Zweifel an der Verfügungbefugnis der veräußernden Körperschaft beseitigen sollte, bot allerdings gegenüber dem gewöhnlichen Investitionsvorrangverfahren keine wesentlichen Vorteile, da sowohl für die materiellen Voraussetzungen als auch für die verfahrensrechtliche Ausgestaltung auf das Investitionsgesetz verwiesen wurde. Die Praxis verfuhr deshalb nach Möglichkeit viel einfacher gem. § 6 VZOG i.d.F-HemmnisbeseitigungsG i.V.m. der entsprechenden Investitionsvorrangregelung.[131] So kam § 7 VZOG i.d.F-Hemm-

---

[127] J. Schmidt-Räntsch, a.a.O. (Fn. 43), S. 173.

[128] § 7 I VZOG i.d.F-HemmnisbeseitigungsG: „Zum Zweck der Veräußerung für einen besonderen Investitionszweck (§ 1 Abs. 2 des Investitionsgesetzes) kann ein ehemals volkseigenes Grundstück oder Gebäude ungeachtet der sich aus den in § 1 genannten Vorschriften ergebenden Zuordnung einer Gemeinde, einer Stadt oder einem Landkreis auf deren oder dessen Antrag als Eigentum zugewiesen werden.“

[129] § 7 III VZOG i.d.F-HemmnisbeseitigungsG: „Handelt es sich um ein Grundstück oder Gebäude, das Gegenstand von Rückübertragungsansprüchen ist oder sein kann, so gelten auch §§ 3 und 4 des Investitionsgesetzes entsprechend Der Bescheid gilt als Investitionsbescheinigung.“; s. zur investiven Zuweisung nach § 7 VZOG i.d.F-HemmnisbeseitigungsG J. Schmidt-Räntsch, NJ 1991, 250, 251.

[130] § 7 II S.1 VZOG i.d.F-HemmnisbeseitigungsG: „§ 1 Abs. 3 des Investitionsgesetzes sowie § 1 Abs. 1 Nr. 2, § 2, § 3 und § 6 Abs. 4 dieses Gesetzes finden entsprechende Anwendung.“; zum Eintritt des nach dem endgültigen Zuweisungsbescheid berechtigten Verwaltungsträgers in die Entschädigungsverpflichtung gegenüber dem Alteigentümer s. unten C)IV)2).

[131] W. Försterling, a.a.O. (Fn. 82), Rdnr. 270 f.

nisbeseitigungsG kaum zur Anwendung. Gleichwohl übernimmt das geltende VZOG die investive Zuweisung (§ 9 VZOG).[132]

5. Schwächen des Hemmnisbeseitigungsgesetzes

Das Hemmnisbeseitigungsgesetz hatte den Investitionsvorrang effektuiert, schuf aber auf der anderen Seite neue Unstimmigkeiten, Wertungswidersprüche und vor allem eine anwendungsfeindliche Unübersichtlichkeit, die die erreichten Verbesserungen teilweise wieder zunichte machten.[133] Insbesondere die Verdoppelung der Investitionsvorschriften führte zu einem nicht ausreichend abgestimmten Nebeneinander der Normen.[134]

Wie sehr die Übersichtlichkeit unter der unsystematischen Aufsplitterung der Vorfahrtsregelungen auf insgesamt drei Gesetze litt, verdeutlichen beispielhaft die Vorschriften, die die Entschädigung des Alteigentümers bei Nichtrückgabe wegen investiver Zwecke regelten. Ein weitgehend übereinstimmender Sachverhalt wurde an sieben verschiedenen Stellen (§§ 1 IV, 1a V S.2, 3, 3 InvG i.d.F.-HemmnisbeseitigungsG; §§ 3 VII S.7, 3a V, VI, 6 VIa S.4, 5 VermG i.d.F.-HemmnisbeseitigungsG; § 7 III S.1 VZOG i.d.F.-HemmnisbeseitigungsG) in drei Gesetzen (Investitionsgesetz, Vermögensgesetz, Vermögenszuordnungsgesetz) jeweils mit kleinen inhaltlichen Abweichungen behandelt.

Weil die Vorschriften so kompliziert waren, stießen gerade kleinere Kommunen, die personell und organisatorisch nur über eingeschränkte Möglichkeiten verfügen, an die Grenzen ihrer Verwaltungskraft. Die ihnen durch § 3a VermG i.d.F.-HemmnisbeseitigungsG eingeräumte Entscheidungsbefugnis entpuppte sich so als Entscheidungslast, der sie sich nicht entledigen konnten, da § 3a IX VermG i.d.F.-HemmnisbeseitigungsG ein Ausweichen auf das An-

---

132 § 9 VZOG wurde durch Art. 16 Nr. 13 RegVBG v. 20.12.1993 (BGBl. 1993 I, S. 2182, 2228) ohne textliche Änderung übernommen, wodurch die Verweisungen in § 9 VZOG z.T. nicht mehr die richtigen Vorschriften benennen.

133 Allg. zu den Gründen für die erneute Novellierung s. Begründung zum Regierungsentwurf des 2. VermRÄndG, Bt.-Drucks. 227/92, A.II., abgedruckt bei: Clemm/Etzbach u.a. (Hrsg.), Rechtshandbuch Vermögen und Investitionen in der ehemaligen DDR, Stand Februar 1995, Bd. 3, E 100.3, S. 22 ff.; zu den praktischen Problemen bei der Anwendung der Vorrangvorschriften i.d.F.-HemmnisbeseitigungsG s. M. Keil, VIZ 1992, 21, 24 f.

134 S. J. Hübner, a.a.O. (Fn. 111), S. 169.

tragsverfahren nach dem Investitionsgesetz, in dem der Landkreis zur Entscheidung berufen gewesen wäre (§ 2 I S.1 InvG i.d.F.-HemmnisbeseitigungsG), verbot. Das hatte zur Folge, daß kleine kreisangehörige Gemeinden oft gar keine Investitionsvorfahrtentscheidungen mehr trafen.[135]

Die als Vereinfachung gedachte gesetzliche Verfügungsbefugnis für öffentliche Gebietskörperschaften in § 6 VZOG i.d.F.-HemmnisbeseitigungsG hatte den gewichtigen Nachteil der Erlöshinterlegungspflicht (6 IV VZOG i.d.F-HemmnisbeseitigungsG), die den Kommunalhaushalten selbst dann dringend benötigte Geldmittel zunächst entzog, wenn das anschließende Zuweisungsverfahren mit einen Bescheid zugunsten der veräußernden Kommune endete.[136]

Schließlich mußten verfahrensrechtliche Unstimmigkeiten bereinigt werden, die sich aufgrund der eiligen Erarbeitung des Gesetzes eingeschlichen hatten.[137] Beispielweise leuchtete nicht ein, warum ein öffentlich-rechtlicher Verfügungsberechtigter bei der einschneidendsten Investitionsform der Veräußerung selbst entscheiden konnte (§ 3a VermG i.d.F.-HemmnisbeseitigungsG), er hingegen bei einer viel weniger belastenden Wegerechtsbestellung eine Investitionsentscheidung beantragen mußte (§§ 1b S.1, 2 I S.1 InvG i.d.F.-HemmnisbeseitigungsG).[138] Noch widersprüchlicher gestaltete sich der gerichtliche Instanzenzug im einstweiligen Rechtsschutzverfahren:[139] Hatte das Verwaltungsgericht den Antrag des Altberechtigten, die Vollziehung auszusetzen, abgelehnt (vgl. §§ 3 VIII, 3a IV VermG i.d.F.-HemmnisbeseitigungsG; § 4 II InvG i.d.F.-HemmnisbeseitigungsG; §§ 80 II Nr. 3, IV, 80a III, I Nr. 2 VwGO), war die Beschwerde dagegen nur bei einer Vorrangentscheidung aufgrund der sog. Supervorfahrt nach § 3a VermG i.d.F.-HemmnisbeseitigungsG statthaft (§ 37 II S.2 VermG i.d.F.-HemmnisbeseitigungsG), nicht aber bei einer „einfachen" Vorfahrtsentscheidung (§ 5 II S.1 InvG i.d.F.-HemmnisbeseitigungsG). Im einstweiligen Rechtsschutz konnte also das Verfahren nach dem Investitionsgesetz das beschleunigte Verfahren nach § 3a VermG i.d.F.-HemmnisbeseitigungsG überholen.

[135] W. Försterling, a.a.O. (Fn. 82), Rdnr. 399.

[136] Vgl. soeben oben A)VII)4) u. W. Försterling, a.a.O. (Fn. 82), Rdnr. 400.

[137] Vgl. K. Redeker, VIZ 1991, 81, 82.

[138] W. Försterling, a.a.O. (Fn. 82), Rdnr. 400.

[139] S. dazu W. Försterling, a.a.O. (Fn. 42), S. 504.

Angesichts dieser Schwächen ebbte die Diskussion um eine Novellierung der investiven Vorrangregelungen nicht ab.[140] Vielmehr suchte man die Vorfahrtregelungen für Investitionen erneut zu verbessern.[141]

VIII. Investitionsvorranggesetz (InVorG)

Die unübersichtlichen und teilweise unstimmigen Vorschriften des Hemmnisbeseitigungsgesetzes erschwerten eine praxisgerechte Anwendung.[142] Um endlich eine effektive Vorfahrt für Investitionen zu schaffen, mußten vor allem die tatbestandlichen Voraussetzungen und die verfahrensrechtlichen Bestimmungen der Vorfahrtsregelungen des Investitionsgesetzes und des Vermögensgesetzes vereinheitlicht und möglichst in einem Gesetz zusammengefaßt werden. Eine gemeinsame Initiative der Länder Brandenburg und Nordrhein-Westfalen formulierte diese Forderung und führte am 3. April zu einer Entschließung des Bundesrates, in der die Bundesregierung zu einer baldigen Novellierung der investiven Vorfahrtsregelungen aufgefordert wurde, um die vorhandenen Mängel zu beseitigen.[143] Ein erster Diskussionsentwurf hierzu war vom Bundesjustizministerium bereits am 3. März 1992 vorgelegt worden, dem der Regierungsentwurf des 2. Vermögensrechtsänderungsgesetzes (VermRÄndG) vom 3. April 1992 folgte.[144] Die Entwurfsfassung erfuhr im kontroversen Gesetzgebungsverfahren auf Vorschlag des Bundesrates zahlreiche Änderungen, um der Forderung nach einer verstärkten Stellung des Verfügungsberechtigten und einer Ausdehnung der investiven Vorfahrt zu entsprechen.[145] Nach Beratung der Änderungsvorschläge im Bundestag und Bundesrat wurde das 2. Vermögensrechtsänderungsgesetz am 14. Juli 1992 verabschiedet.

---

[140] Vgl. B. Bischoff, ZOV 1992, 68 ff. u. H. R. Horst, DWW 1991, 206 ff.

[141] S. Begründung zum Regierungsentwurf des 2. VermRÄndG, Bt.-Drucks. 227/92, A.II., abgedruckt a.a.O. (Fn. 133), S. 22 ff.

[142] S. soeben oben A)VII)5).

[143] BRats-Drucks. 146/92; s. dazu W. Försterling, a.a.O. (Fn. 82), Rdnr. 402.

[144] Regierungsentwurf des 2. VermRÄndG mit Begründung, Bt.-Drucks. 227/92, abgedruckt a.a.O. (Fn. 133); zur Entwurfsfassung s. J. Schmidt-Räntsch, VIZ 1992, 169 ff. u. R. Weimar/J. Alfes, DB 1992, 1075 ff.

[145] S. Bt-Drucks. 12/2695; zu den Ergänzungen im Gesetzgebungsverfahren s. G. Dornberger/U. Dornberger, DB 1992, 1613, 1614.

Seit dem 22. Juli 1992 ist es in Kraft.[146] In insgesamt 15 Artikeln ändert es etliche Gesetze.

1. Zusammenfassung der bislang verstreuten Normen

Einer der Schwerpunkte des 2. Vermögensrechtsänderungsgesetzes ist eine deutliche Verbesserung der Vorfahrtsregelung für Investitionen. Durch eine Zusammenfassung und Straffung aller Normen in einem einheitlichen neuen Gesetz (Art. 6 des 2. VermRÄndG), dem Investitionsvorranggesetz, soll das Thema übersichtlicher und leichter zugänglich geordnet sowie der verfahrensrechtliche Ballast, der sich verzögerlich ausgewirkt hatte, abgeworfen werden.[147] Die alten Vorschriften, also Investitionsgesetz und §§ 3 VI-VIII, 3a VermG i.d.F.-HemmnisbeseitigungsG, werden aufgehoben (Art. 3 I, 1 Nr. 4, 1 Nr. 3 e) des 2. VermRÄndG).

2. Überleitungsbestimmung

Art. 14 V S.1, 2 i.V.m. IV S.1 des 2. VermRÄndG grenzt als Übergangsvorschrift den zeitlichen Anwendungsbereich des Investitionsvorranggesetzes gegenüber den alten Normen ab.[148] Danach ist ingesamt das neue Recht auf bereits eingeleitete Verfahren dann anzuwenden, wenn ein Bescheid bislang überhaupt nicht ergangen ist, da es dann an einer „abschließenden Entscheidung“ i.S.d. Art. 14 V S.1, 2 i.V.m. IV S.1 des 2. VermRÄndG unzweifelhaft fehlt.[149] Ist aber nach alten Recht schon verbeschieden, dagegen jedoch zuläs-

---

[146] BGBl. 1992 I, S. 1257.

[147] Begründung zum Regierungsentwurf des 2. VermRÄndG, Bt.-Drucks. 227/92, A.II., abgedruckt a.a.O. (Fn. 133), S. 23.

[148] Art. 14 IV S.1 des 2. VermRÄndG: „Artikel 1, 4, 5, 9 und 11 dieses Gesetzes sind auch auf Verfahren anzuwenden, die vor Inkrafttreten dieses Gesetzes begonnen, aber noch nicht durch eine abschließende Entscheidung abgeschlossen worden sind.“

Art. 14 V S.1, 2 des 2. VermRÄndG: „Absatz 4 gilt für Artikel 6 entsprechend; erfolgte Anhörungen brauchen nicht wiederholt zu werden. Investitionsbescheinigungen nach dem Investitionsgesetz und Entscheidungen nach § 3a des Vermögensgesetzes in der vor dem Inkrafttreten dieses Gesetzes geltenden Fassung stehen Investitionsvorrangbescheiden nach dem Investitionsvorranggesetz gleich.“

[149] Insoweit unstreitig s. M. Uechtritz, a.a.O. (Fn. 80), Einf InVorG Rdnr. 43.

sigerweise Widerspruch oder Anfechtungsklage erhoben worden, ist heftig umstritten, wie die Begriffe „abschließende Entscheidung" in Art. 14 IV S.1 des 2. VermRÄndG auszulegen sind.[150] Mit abschließender Entscheidung kann die behördliche Ausgangsentscheidung gemeint sein, der Widerspruchsbescheid oder erst der bestandskräftige Verwaltungsakt. Letzterenfalls dürfte in bereits anhängigen Widerspruchs- oder Gerichtsverfahren allein neues Recht Anwendung finden, da es dann an einer abschließenden Entscheidung bislang fehlt. Dieses Auslegungsproblem beinhaltet eine wichtige Weichenstellung. Je nach vertretener Ansicht finden entweder die Vorfahrts- und Entschädigungsvorschriften i.d.F. des Hemmnisbeseitigungsgesetzes Anwendung oder die des Investitionsvorranggesetzes. Für die Lösung empfiehlt es sich, drei Fragen voneinander zu trennen: Zuerst, welche Vorschriften für das künftige Verwaltungshandeln gelten,[151] weiter anhand welcher Normen die Begründetheit bereits erhobener Rechtsbehelfe zu prüfen ist,[152] und daneben welcher Zeitpunkt für die Beurteilung der Sachlage bei Bemessung der Entschädigung maßgeblich ist.[153]

a) Auf den Erlösauskehrbescheid und anstehende Ausgleichsleistungen anzuwendendes Recht

Ist bislang noch kein Vorrangbescheid ergangen, so richten sich die Rechtmäßigkeitsanforderungen an künftige Bescheide nach dem Investitionsvorranggesetz (Art. 14 V S.1, 2 i.V.m. IV S.1 des 2. VermRÄndG).[154] Bei der Anwendung von Art. 14 V S.1, 2 i.V.m. IV S.1 des 2. VermRÄndG ist allerdings zwischen dem Investitionsvorrangbescheid und dem Bescheid, der den Auskehranspruch des Berechtigten regelt (§ 16 I S.2 InVorG), zu trennen, da es sich um gesonderte Verfahren handelt, die auf zwei verschiedene Verwaltungsakte gerichtet sind. Das auf die Verbescheidung des Auskehranspruchs gerichtete Verfahren wird unabhängig vom Investitionsvorrangverfahren erst mit einem entsprechenden Antrag des Berechtigten eingeleitet (§ 16 I S.2 InVorG). Demnach bedeutet der Erlaß einer „abschließenden" Vorrangentscheidung

---

150 S. dazu ausführlich M. Uechtritz, a.a.O. (Fn. 80), Einf InVorG Rdnr. 40 ff. m.w.N. aus Lit. und Rspr.

151 S. sogleich unten A)VIII)2)a).

152 S. unten A)VIII)2)b).

153 S. unten A)VIII)2)c).

154 Unstr., s. soeben oben A)VIII)2).

nach altem Recht nicht, daß auch auf den späteren Erlösauskehrbescheid ebenfalls altes Recht anzuwenden ist. Vielmehr ist neues Recht dann anzuwenden, wenn zur gesonderten Frage der Erlösauskehr bislang keine Entscheidung ergangen ist.

Die nicht auf Erlösauskehr gerichteten Entschädigungsansprüche, über die nicht durch Bescheid entschieden wird (§ 16 I S.3, II, III InVorG), und die noch nicht erfüllt sind, richten sich ebenfalls nach den zum jetzigen Zeitpunkt geltenden Bestimmungen. Das kann einmal der Überleitungsvorschrift in Art. 14 V S.2 des 2. VermRÄndG entnommen werden. Danach stehen alte Investitionsbescheinigungen oder Entscheidungen nach § 3a VermG i.d.F.-HemmnisbeseitigungsG den neuen Investitionsvorrangbescheiden in ihren Rechtswirkungen gleich.[155] Investive Maßnahmen aufgrund der alten Bescheide entsprechen also denen aufgrund eines Investitionsvorrangbescheides, so daß auch für sie nach den nunmehr geltenden Vorschriften in §§ 16, 17 InVorG Ausgleich zu leisten ist.[156] Darüber hinaus richtet sich ein Leistungsbegehren intertemporal grundsätzlich nach den Anspruchsvorraussetzungen, die im Zeitpunkt seiner Geltendmachung maßgeblich sind.[157]

Eine gegenteilige Ansicht will die alten Entschädigungsvorschriften in den §§ 3 InvG i.d.F.-HemmnisbeseitigungsG; 3 VII S.7, 3a V, VI, 6 VIa S.4, 5 VermG i.d.F.-HemmnisbeseitigungsG stets dann weiter anwenden, wenn ein Verfahren vor Inkrafttreten des Investitionsvorranggesetzes begonnen und mit einem Vorfahrtsbescheid nach altem Recht abgeschlossen wurde.[158] Dabei sollen dann allerdings für die Berechnung des Ausgleichs die Rechtsgedanken des § 16 InVorG herangezogen werden, wenn in den für die Altverfahren geltenden Vorschriften Regelungslücken vorhanden sind.[159] Das entspricht nicht dem Zweck der Novellierung. Die Überleitungsvorschriften in Art. 14 V S.1, 2 i.V.m. IV S.1 des 2. VermRÄndG dienen dazu, die übersichtlicheren und klareren Normen in den §§ 16, 17 InVorG auf möglichst viele Fälle zu erstrecken,

---

155 S. BVerwG VIZ 1993, 155, 156; auch abgedruckt bei: Brandt/Kittke (Hrsg.), Rechtsprechung und Gesetzgebung zur Regelung offener Vermögensfragen, Bd. 3, Stand März 1995, K 12, S. 34.

156 Vgl. BVerwG VIZ 1993, 155, 156, wonach sich die Rechtsfolgen der Aufhebung eines Bescheides nach § 3a VermG i.d.F.-HemmnisbeseitigungsG nach den Bestimmungen des Investitionsvorranggesetzes richten.

157 Vgl. F. Kopp, VwGO, 10. Aufl., § 113 Rdnr. 95.

158 So A. v. Drygalski, in: Rädler/Raupach/Bezzenberger (Hrsg.), Vermögen in der ehemaligen DDR, Bd. 2, Stand April 1995, § 16 InVorG Rdnr. 6.

159 A. v. Drygalski, a.a.O. (Fn. 158), § 16 InVorG Rdnr. 6.

um die hypertrophen Altvorschriften hinter sich zu lassen.[160] Daher sollte Art. 14 V S.1, 2 i.V.m. IV S.1 des 2. VermRÄndG der gesetzgeberischen Absicht nach so ausgelegt werden, daß nach Möglichkeit die verbesserten neuen Vorschriften zum Zuge kommen. Im Ergebnis ergehen deshalb neue Ausgangsbescheide bzw. sonstiges künftiges Verwaltungshandeln orientiert sich richtigerweise allein nach den Vorschriften des Investitionvorranggesetzes.[161] Altes Recht findet insoweit keine Anwendung mehr.

b) Begründetheitsprüfung im Widerspruchs- und im Gerichtsverfahren

Zu klären ist, nach welchen Bestimmungen die Begründetheit eingelegter Widersprüche oder erhobener Klagen zu beurteilen ist, mit denen Entschädigungsleistungen geltend gemacht werden, die sich ursprünglich nach den abgelösten Vorschriften i.d.F. des Hemmnisbeseitigungsgesetzes richteten.

aa) Prüfungsmaßstab bei der Widerspruchsentscheidung

Art. 14 V S.1, 2 i.V.m. IV S.1 des 2. VermRÄndG bestimmt, daß neues Recht anzuwenden ist, wenn es im Verwaltungsverfahren bislang an einer abschließenden Entscheidung fehlt. Der Begriff „abschließende Entscheidung"

---

160 Begründung zum Regierungsentwurf des 2. VermRÄndG, Bt.-Drucks. 227/92, B.XII.2.d) (zur Überleitungsvorschrift), abgedruckt a.a.O. (Fn. 133), S. 79: „Absatz 4 bestimmt, daß die Artikel 1 (Änderung des Vermögensgesetzes), 3 (Änderung der Grundstücksverkehrsordnung), 4 (Änderung der Anmeldeverordnung), 8 (Änderung des Vermögenszuordnungsgesetzes) und 10 (Änderung des Gesetzes über Maßnahmen auf dem Gebiete des Grundbuchwesens) auf Verfahren anwendbar sind, die zum Zeitpunkt des Inkrafttretens des Zweiten Vermögensrechtsänderungsgesetzes begonnen, aber noch nicht durch eine Entscheidung der Behörde abgeschlossen worden sind. Diese Regelung ermöglicht es, laufende Verfahren bereits nach den neuen Vorschriften abzuschließen und damit die vorgesehenen Verbesserungen und Verfahrenserleichterungen zügig greifen zu lassen." Im Gesetzgebungsverfahren wurde diese Überleitungsregelung durch den Verweis in Art. 14 V S.1 VermRÄndG in Abänderung des ursprünglichen Entwurfs auch auf das InVorG erstreckt (Bt.-Drucks. 12/2695 S. 22, 32); s. dazu H. Scheidmann, VIZ 1992, 476, 478 u. R. Kulmey, in: Rodenbach/Söfker/Lochen (Hrsg.), InVorG, § 4 Rdnr. 3 ff.

161 Vgl. M. Uechtritz, a.a.O. (Fn. 80), Einf InVorG Rdnr. 43.

meint den Widerspruchsbescheid als letzte behördliche Entscheidung.[162] Daß mit der Formulierung nicht der Ausgangsbescheid angesprochen ist, erschließt sich aus dem Zusatz in Art. 14 V S.2 des 2. VermRÄndG, der Bescheide aufgrund der alten Vorschriften den neuen Investitionsvorrangbescheiden gleichstellt. Diese Gleichstellung verhindert, daß im Widerspruchsverfahren Altbescheide allein deshalb aufgehoben werden, weil sie gemessen an den neuen Vorschriften des Investitionsvorranggesetzes rechtswidrig wären. Somit erreicht die Überleitungsvorschrift zweierlei: Zum einen, daß die verfahrensrechtlichen Verbesserungen des Investitionsvorranggesetzes bereits in anhängigen Widerspruchsverfahren greifen, zum anderen, daß dieser Erfolg nicht wieder dadurch zunichte gemacht wird, daß Altbescheide nur deshalb aufgehoben werden, weil sie den zusätzlichen materiellen Anforderungen des Investitionsvorrangesetzes nicht genügen, was eine weitere Verzögerung nach sich ziehen würde.[163] Im Ergebnis ist deshalb gem. Art. 14 V S.1, 2 i.V.m. IV S.1 des 2. VermRÄndG für den Begründetheitsmaßstab zwischen Anfechtungs- und Verpflichtungswiderspruch zu unterscheiden. Angefochtene Investitionsbescheinigungen oder Vorrangbescheide nach § 3a VermG i.d.F-Hemmnisbeseitigungs G sind an den Vorschriften zu messen, die zum Zeitpunkt ihres Erlasses gegolten haben. Das folgt aus Art. 14 V S.2 des 2. VermRÄndG. Für Verpflichtungswidersprüche auf Erlaß eines Erlösauskehrbescheids oder auf Verbescheidung sonstiger Ausgleichssansprüche ist hingegen die Rechtslage im Zeitpunkt der Widerspruchsentscheidung maßgeblich also nunmehr das Investitionsvorranggesetz, da der abschließende Widerspruchsbescheid noch aussteht.

bb) Prüfungsmaßstab im gerichtlichen Verfahren

Die ganz überwiegende Ansicht liest aus Art. 14 V S. 2 des 2. VermRÄndG heraus, daß als materiell-rechtlicher Prüfungsmaßstab für alte Bescheide vor

---

[162] BVerwG ZOV 1994, 61, 62; W. Försterling, a.a.O. (Fn. 82), Rdnr. 407 ff.; a.A. VG Dresden VIZ 1992, 478, 479.

[163] S. Empfehlungen des Bundesjustizministeriums zur Anwendung des InVorG für Immobilien, Infodienst Kommunal Nr. 57 v. 25.9.1992, Teil 4 II., abgedruckt a.a.O. (Fn. 125), S. 70.

Gericht altes Recht maßgeblich ist.[164] Dieses für Anfechtungsklagen gegen Investitionsbescheinigungen oder Vorrangbescheide nach § 3a VermG i.d.F.-HemmnisbeseitigungsG gefundene Ergebnis kann allerdings nicht ohne weiteres auf Verpflichtungs- oder Leistungsklagen übertragen werden, mit denen Entschädigung wegen eines investiven Rückgabeausschlusses geltend gemacht wird.[165] Zwar läßt sich der Gleichstellung in Art. 14 V S. 2 des 2. VermRÄndG eine mittelbare Aussage zum gerichtlichen Prüfungsmaßstab bei der Anfechtung von Altbescheiden entnehmen. Im übrigen aber bestimmt Art. 14 V S.1, 2 i.V.m. IV S.1 des 2. VermRÄndG nicht die für den Richter bei der Urteilsfindung maßgebliche Rechtslage, sondern regelt als intertemporale Überleitungsnorm, ob anstehende *Verwaltungs*entscheidungen aufgrund neuen oder alten Rechts zu fällen sind. Daher sollte die Frage, welche Rechtslage für die Beurteilung des Klageantrages der Entscheidung des Gerichts zugrunde zu legen ist, anhand der allgemein dazu herausgebildeten Regeln beantwortet werden. So besteht nicht die Gefahr, daß die von Rechtsprechung und Literatur entwickelten Leitlinien nivelliert werden, die den maßgeblichen Zeitpunkt für die Beurteilung der Rechtslage in sachgerechter Weise je nach Klagebegehren und Art der angegriffenen oder begehrten Entscheidung zu differenzieren suchen.

Dem folgend ist für Verpflichtungsklagen grundsätzlich darauf abzustellen, ob der geltend gemachte Anspruch nach der im Zeitpunkt der letzten mündlichen Verhandlung gegebenen Rechtslage besteht, so daß allein das neue Investitionsvorranggesetz über Verpflichtungsbegehren entscheidet, mit denen Ausgleichsansprüche verfolgt werden.[166] Entsprechendes gilt für allgemeine Leistungklagen, die Entschädigungsansprüche wegen eines investiven Rückgabeausschlusses durchsetzen wollen.[167] Für die vor den ordentlichen Gerichten anhängigen Entschädigungsverfahren verbleibt es bei dem allgemeinen zivilprozessualen Grundsatz, wonach die Rechtslage am Schluß der letzten mündlichen Verhandlung maßgeblich ist.[168]

---

[164] Für die Anwendung alten Rechts, allerding nur bei der Anfechtung von alten Investitionsbescheinigungen oder Vorrangbescheiden aufgrund von § 3a VermG i.d.F.-HemmnisbeseitigungsG, wegen Art. 14 V S. 2 des 2. VermRÄndG VG Berlin VIZ 1992, 482; OVG Berlin ZIP 1992, 1583; H. Scheidmann, a.a.O. (Fn. 159), S. 477; a.A. VG Greifswald, VIZ 1993, 24.

[165] Anders A. v. Drygalski, a.a.O. (Fn. 158), § 16 InVorG Rdnr. 6.

[166] Vgl. F. Kopp, a.a.O. (Fn. 157), § 113 Rdnr. 95.

[167] Vgl. F. Kopp, a.a.O. (Fn. 157), Vorb § 40 Rdnr. 42.

[168] Vgl. H. Thomas/H. Putzo, ZPO, 18. Aufl., § 296a Rdnr. 1.

c) Maßgeblicher Zeitpunkt für die Bemessung der Entschädigung

Die rechtliche Beurteilung von Ausgleichsansprüchen im Urteilsverfahren unterliegt also dem neuen Investitionsvorranggesetz. Von der zeitlich maßgeblichen Rechtslage zu trennen ist die Frage nach dem maßgeblichen Zeitpunkt für die Bemessung der Entschädigungshöhe. Bei der Enteignungsentschädigung werden dafür verschiedene Bewertungsstichtage unterschieden, die je nach Fallgestaltung entweder vor- oder zurückzuverlegen sind.[169] Doch sind die dazu entwickelten Grundsätze auf die Bemessung des Ausgleichs für eine investive Maßnahme nicht übertragbar. § 16 InVorG bestimmt nämlich die maßgeblichen Bemessungszeitpunkte ausdrücklich selbst.[170]

169 Zur Rspr. über den verschobenen Bewertungs- bzw. Qualitätsbestimmungszeitpunkt s. M. Aust/R. Jakobs, Die Enteignungsentschädigung, 3. Aufl., S. 352 ff. u. S. 356 ff.

170 S. dazu unten C)V)1).

B. Inanspruchnahme von Vermögenswerten für Investitionszwecke

Der in Art. 41 II EVertr festgelegte Grundsatz und Regelungsauftrag ist nunmehr durch das Investitionsvorranggesetz ausgeformt. Der Gesetzgeber hat von seiner Gestaltungsbefugnis in der Weise Gebrauch gemacht, daß er nochmals die Voraussetzungen für die Inanspruchnahme anmeldebelasteter Vermögenswerte erleichtert hat. Dazu enthält das Investitionsvorranggesetz jedoch keine grundlegenden Neuerungen, sondern beschränkt sich im wesentlichen darauf, die bereits vorher geltende Rechtslage klarstellend und systematisierend nachzuzeichnen.[171] Seinen kennzeichnenden Fortschritt erreicht das Investitionsvorranggesetz nicht durch sachliche Änderungen, sondern durch eine übersichtlichere Darstellung des Themas.

Die Konfliktlage zwischen Restitution und Investition, die das Investitionsvorranggesetz zugunsten von investiven Vorhaben löst, besteht nach wie vor. Der Restitutionsgrundsatz wurde vom Gesetzgeber des 2. Vermögensrechtsänderungsgesetzes ebensowenig angetastet wie die Verfügungssperre des § 3 III VermG. Das Investitionsvorranggesetz dient - wie die vorausgegangenen Vorrangregelungen - der Überwindung der Verfügungssperre.[172] Es ermöglicht die Inanspruchnahme eines Vermögenswertes, obwohl Rückgabeansprüche auf ihm lasten.

Gem. § 1 S.1 InVorG dürfen Grundstücke, Gebäude und Unternehmen, die Gegenstand von Rückübertragungsansprüchen nach dem Vermögensgesetz sind oder sein können, nach Maßgabe der §§ 2 und 3 InVorG für besondere Investitionszwecke verwendet werden. Die §§ 2 und 3 InVorG enthalten die materiellen Voraussetzungen für einen Investitionsvorrang. § 2 InVorG um-

---

[171] W. Försterling, a.a.O. (Fn. 82), Rdnr. 425; zu den verfahrensrechtlichen Neuerungen u. zum praktischen Ablauf eines Verfahrens nach dem InVorG s. M. Keil, VIZ 1993, 89, 90 ff.; zu den Möglichkeiten des Alteigentümers das Investitionsvorrangverfahren zu beeinflussen s. G. Strohm, NJW 1992, 2849, 2852 ff.

[172] S. M. Uechtritz, a.a.O. (Fn. 80), Einf InVorG Rdnr. 61.

schreibt die zulässigen Investitionsformen und § 3 InVorG legt die dafür erforderlichen besonderen Investitionszwecke fest.

Um die Verfügungssperre zu überwinden, stellt die zuständige Behörde fest, ob die in den §§ 1 bis 3 InVorG genannten Voraussetzungen für das beabsichtigte Vorhaben vorliegen, und erteilt darüber einen Investitionsvorrangbescheid (§ 4 I S.1 InVorG). Der Vorrangbescheid hebt die Verfügungssperre auf (§ 2 InVorG) und ersetzt die Grundstücksverkehrsgenehmigung (§ 11 I InVorG).

I. Investive Maßnahmen

Der Begriff der investiven Maßnahme steht bedeutungsgleich für den bislang verwandten Begriff der Investitionsform. § 2 I, II InVorG legt fest, in welcher Weise der Verfügungsberechtigte den anmeldebelasteten Vermögenswert überhaupt in Anspruch nehmen darf. Die Vorschrift enthält einen Typenkatalog, der die zulässigen Formen der investiven Inanspruchnahme aufführt. Der Verfügungsberechtigte kann das Grundstück oder Gebäude veräußern, vermieten, verpachten, daran ein Erbbaurecht oder eine Dienstbarkeit bestellen sowie Teil- oder Wohnungseigentum begründen und übertragen (§ 2 I Nr. 1 bis 3 InVorG.. Außerdem darf er selbst investieren, indem er auf dem Grundstück ein Bauwerk errichtet, wiederherstellt oder ausbaut (§ 2 I Nr. 4 InVorG; Eigeninvestition). Das Investitionsvorranggesetz übernimmt demnach die bereits bekannten Formen der investiven Inanspruchnahme und ändert nur Details.[173] § 2 I InVorG faßt die bisherigen Investitionsformen für Grundstücke und Gebäude aus den Vorschriften in den §§ 3a I S.2 Nr. 1 VermG i.d.F.-HemmnisbeseitigungsG und den §§ 1 bis 1c InvG i.d.F.-HemmnisbeseitigungsG zusammen. Eine sachliche Erweiterung für den Fall der Eigeninvestition gegenüber dem alten § 1c I InvG i.d.F.-HemmnisbeseitigungsG enthält lediglich § 2 I Nr. 4 InVorG. Nunmehr wird nur noch auf die Errichtung oder Wiederherstellung eines Bauwerks abgestellt, im Gegensatz zur früheren Rechtslage, wonach die Wiederherstellung eines Bauwerks oder Gebäudes nur erfaßt war, wenn sie zu

---

[173] S. zu den Änderungen bei den investiven Maßnahmen H. Kinne, ZOV 1992, 235.

gewerblichen Zwecken erfolgte.[174] § 2 I S.2 InVorG erweitert dies noch, indem er die Aufstellung ortsfester Produktionsanlagen einem Ausbau gleichstellt.[175]

Für Unternehmen bündelt § 2 II InVorG die bislang in den §§ 3 VI, VII, 3a I S.2 Nr. 2 VermG i.d.F.-HemmnisbeseitigungsG verstreuten Investitionsformen. Ein Unternehmen darf der Verfügungsberechtigte durch Übertragung seiner Anteile oder seiner Vermögenswerte veräußern (§ 2 II Nr. 1 InVorG). Außerdem steht ihm die Möglichkeit offen, das Unternehmen zu verpachten (§ 2 II Nr. 1 InVorG) oder selbst darin zu investieren (§ 2 II Nr. 2 InVorG). Dabei werden die Voraussetzungen für die Zulässigkeit einer Eigeninvestition in ein Unternehmen etwas gelockert. Statt der früher erforderlichen Eigenkapitalfinanzierung reicht jetzt auch eine Fremdkapitalzuführung aus, solange auf eine Besicherung aus dem Unternehmen verzichtet wird.[176]

II. Besondere Investitionszwecke

Das Investitionsvorranggesetz ändert an den Voraussetzungen der investiven Zwecke inhaltlich nur wenig.[177]

1. Sicherung oder Schaffung von Arbeitsplätzen

Für Grundstücke und Gebäude schreibt § 3 I S.1 Nr. 1 InVorG den investiven Zweck der Sicherung oder Schaffung von Arbeitsplätzen, insbesondere durch Errichtung einer gewerblichen Betriebsstätte oder eines Dienstleistungsunternehmens, aus § 3a I Nr. 1 a) VermG i.d.F.-HemmnisbeseitigungsG und aus § 1 II a) InvG i.d.F.-EVertr/-HemmnisbeseitigungsG in der Weise fort, daß

---

[174] S. Begründung zum InVorG nach dem Regierungsentwurf des 2. VermRÄndG, Bt.-Drucks. 227/92, zu § 2 I, abgedruckt bei: Clemm/Etzbach u.a. (Hrsg.), Rechtshandbuch Vermögen und Investitionen in der ehemaligen DDR, Stand Februar 1995, Bd. 3, E 130.3, S. 13.

[175] W. Försterling, a.a.O. (Fn. 82), Rdnr. 414.

[176] S. Begründung zum InVorG nach dem Regierungsentwurf des 2. VermRÄndG, Bt.-Drucks. 227/92, zu § 2 I, abgedruckt a.a.O. (Fn. 174), S. 14.

[177] S. zu den Änderungen bei den Investitionszwecken H. Kinne, a.a.O. (Fn. 173), S. 235 u. M. Uechtritz, BB 1992, 1649, 1652 f.; zur Auslegung der Tatbestandsmerkmale der besonderen Investitionszwecke des InVorG in der Rspr. s. die Übersicht bei B. Messerschmidt, NJW 1993, 2491, 2497 f.

neben der „Errichtung" klarstellend das Wort „Erhaltung" angefügt wird. Eine sachliche Änderung gegenüber der früheren Rechtslage liegt darin nicht. Die Errichtung einer gewerblichen Betriebsstätte oder eines Dienstleistungsunternehmens waren schon vorher nur beispielhaft genannt. Der investive Zweck konnte daher gleichermaßen durch den Erwerb einer stillgelegten oder von der Stillegung bedrohten Betriebsstätte verwirklicht werden, wenn die übrigen Voraussetzungen gegeben waren.[178]

Eine Festlegung einer Mindestzahl von Arbeitsplätzen enthält die Formulierung nur insoweit, als im Plural von „Arbeitsplätzen" die Rede ist. Es reicht folglich aus, zwei Arbeitsplätze zu sichern oder zu schaffen. Hierfür hat sich der Gesetzgeber bewußt entschieden, um gerade Investitionen von kleineren Unternehmen zügig zu ermöglichen.[179]

Das Merkmal „Schaffung von Arbeitsplätzen" betrifft dabei nicht die gesamte Arbeitsmarktsituation, sondern bezieht sich auf das jeweilige Vorhaben.[180] Arbeitsplätze, die es an anderer Stelle möglicherweise vernichtet, brauchen also nicht abgezogen werden.[181] Andernfalls bliebe für § 3 I Nr. 1 InVorG nur ein sehr schmaler Anwendungsbereich. Denn die Verlagerung von Arbeitsplätzen in modernisierte Bereiche gehört zu den gewöhnlichen Folgen von Neuinvestitionen. Zudem wäre die Erstellung einer solchen Arbeitsmarktbilanz äußerst schwierig. Die zügige Anwendung des Gesetzes, die im Interesse des wirtschaftlichen Aufbaus dringend geboten ist, wäre erheblich behindert.

§ 3 I Nr. 1 InVorG legt sich nicht auf einen bestimmten Wirtschaftszweig fest.[182] Allerdings ist umstritten, ob die Vorschrift auch Arbeitsplätze in der

---

[178] S. Empfehlung der Bundesregierung zur Anwendung des Gesetzes über besondere Investitionen - Hinweise für Gemeinden, Städte und Landkreise vom 11.12.1990, 3.3.1; abgedruckt a.a.O. (Fn. 81), S. 131 f.

[179] G. Fieberg/H. Reichenbach, a.a.O. (Fn. 17), S. 329.

[180] S. VG Chemnitz ZOV 1993, 439, 443, wonach - nach zutreffender Sachverhaltsermittlung - behördlicher- und gerichtlicherseits eine positive Prognose darüber ausreicht, ob das Vorhaben Arbeitsplätze nicht nur für kurze Dauer schaffen oder sichern wird. Anders VG Berlin VIZ 1993, 511, das fordert, daß sich durch das investive Vorhaben die Zahl der offenen Stellen auf dem Arbeitsmarkt konkret erhöht, während die bloße Verlagerung von Arbeitskräften nicht als Schaffung von Arbeitsplätzen anzusehen ist.

[181] S. P. Gemmeke, in: Rodenbach/Söfker/Lochen (Hrsg.), InVorG, § 3 Rdnr. 21.

[182] Empfehlungen des Bundesjustizministeriums zur Anwendung des InVorG für Immobilien, Infodienst Kommunal Nr. 57 v. 25.9.1992, Teil 2 V.3.a)bb), abgedruckt a.a.O. (Fn. 125), S. 33.

öffentlichen Verwaltung einschließt.[183] Trotz eines entstehungsgeschichtlichen Arguments aus der Begründung zum Investitionsvorranggesetz, die einen verwaltungszweckbezogenen Ansatz ablehnt, überzeugt es wenig, öffentlich-rechtliche Investoren auszugrenzen.[184] Denn zwischen öffentlichen und privaten Investoren zu differenzieren, widerspräche sowohl dem Wortlaut als auch dem Zweck der Vorschrift, nämlich durch Investitionen in allen Bereichen rasch Arbeitsplätze zu schaffen.[185] Zudem betrifft die Gesetzesbegründung lediglich einen letztlich abgelehnten Diskussionsvorschlag, der vorgesehen hatte, für bestimmte Verwaltungsziele, wie beispielsweise den Hauptstadtausbau, *generell* die Verfügungsbeschränkung auszusetzen.[186] Daß das Gesetz auf eine solche allgemeine Privilegierung der öffentlichen Verwaltung verzichtet, bedeutet im Umkehrschluß nicht, daß öffentlich-rechtliche Investoren vom Anwendungsbereich des § 3 I Nr.1 InVorG insgesamt ausgeschlossen sind. Vielmehr können sie im Einzelfall gleichermaßen die Voraussetzungen der Vorschrift erfüllen.

Weiter besteht Uneinigkeit darüber, wer die Arbeitsplätze schaffen oder sichern muß. Nach ganz überwiegender Meinung reicht es aus, daß ein Dritter den investiven Zweck erfüllt.[187] Das ist beispielweise der Fall, wenn der Investor auf einem rückgabebelasteten Grundstück eine Fertigungshalle baut, die er an einen Unternehmer weitervermietet, der dort Arbeitnehmer beschäftigt.[188] Die Gegenansicht will § 3 I Nr.1 InVorG nur angewandt wissen, wenn der Vorhabenträger selbst den investiven Zweck verwirklicht. Letztere Auslegung findet keine Stütze im Gesetz. Nach dem Wortlaut kommt es nicht darauf an, wer die Arbeitsplätze schafft oder sichert, sondern allein auf die Verwendung des Vermögenswerts für den investiven Zweck (§ 3 I Nr. 1 InVorG). Bei einem Auseinanderfallen von Investor und dem Träger der investiven Zwecke muß

---

[183] Für die Einbeziehung öffentlich-rechtlicher Investoren, VG Halle VIZ 1992, 360, 363; VG Berlin VIZ 1994, 37; ablehnend P. Gemmeke, a.a.O. (Fn. 181), § 3 Rdnr. 23; offengelassen in VG Schwerin VIZ 1995, 247, 248 f.

[184] Vgl. Begründung zum InVorG nach dem Regierungsentwurf des 2. VermRÄndG, Bt.-Drucks. 227/92, zu § 3, abgedruckt a.a.O. (Fn. 174), S. 14 f.

[185] S. M. Uechtritz, a.a.O. (Fn. 80), § 3 InVorG Rdnr. 22.

[186] S. Begründung zum InVorG nach dem Regierungsentwurf des 2. VermRÄndG, Bt.-Drucks. 227/92, zu § 3, abgedruckt a.a.O. (Fn. 174), S. 14 f. u. M. Uechtritz, a.a.O. (Fn. 80), § 3 InVorG Rdnr. 21.

[187] VG Berlin VIZ 1994, 37; VG Magdeburg VIZ 1994, 556, 557; M. Uechtritz, a.a.O. (Fn. 80), § 3 InVorG Rdnr. 32 m.w.N.; a.A. VG Leipzig, VIZ 1994, 308; P. Gemmeke, a.a.O. (Fn. 181), § 3 Rdnr. 20.

[188] S. M. Uechtritz, a.a.O. (Fn. 80), § 3 InVorG Rdnr. 31.

allerdings gewährleistet sein, daß sich der Dritte vertraglich zur Erreichung des investiven Zwecks verpflichtet und diese Verpflichtung auch durchsetzbar ist.[189]

2. Schaffung neuen Wohnraums oder Wiederherstellung nicht bewohnten und nicht bewohnbaren oder vom Abgang bedrohten Wohnraums

Der jetzige § 3 I Nr. 2 InVorG hat die kaum handhabbare Formulierung in § 1 II b) InvG i.d.F.-EVertr/-HemmnisbeseitigungsG sowie in § 3a I Nr. 1 b) VermG i.d.F.-HemmnisbeseitigungsG „... Deckung eines erheblichen Wohnbedarfs der Bevölkerung ..." durch eine anschaulichere Fassung ersetzt.[190] Erforderlich ist nicht mehr die Deckung eines erheblichen Wohnbedarfs der Bevölkerung, sondern es reicht gem. § 3 I Nr. 2 InVorG die Schaffung neuen Wohnraums oder Wiederherstellung nicht bewohnten und nicht bewohnbaren oder vom Abgang bedrohten Wohnraums aus. Die alten Tatbestandsmerkmale, die verhindern sollten, daß sich alte Seilschaften unredlichen Hauserwerb durch Investitionsbescheinigungen dauerhaft sichern, hatten dazu geführt, daß die Investitionsform der Begründung von Teil- und Wohnungseigentum letztlich nicht genutzt werden konnte. Die einzelnen Wohnungseinheiten durften nämlich nicht gesondert veräußert werden, da dies gerade keine Deckung eines erheblichen Wohnbedarfs der Bevölkerung mehr darstellte.[191] Um einen Mißbrauch der erleichterten Anforderungen zu verhindern, sieht § 3 I Nr. 2 InVorG

---

[189] S. VG Berlin VIZ 1994, 37.

[190] Voraussetzung war die Deckung des Wohnbedarfs der Bevölkerung, nicht die Deckung des Wohnbedarfs Einzelner oder einzelner Familien. Anders als ganze Siedlungen oder Mietshäuser fielen deshalb einzelne Ein- oder Zweifamilienhäuser nicht unter das Gesetz (s. Empfehlung der Bundesregierung zur Anwendung des Gesetzes über besondere Investitionen - Hinweise für Gemeinden, Städte und Landkreise vom 11.12.1990, 3.3.2, abgedruckt a.a.O. (Fn.81), S. 131 f.). Erheblich sollte der Wohnbedarf nach der Anwendungsempfehlung der Bundesregierung dann sein, wenn die Nachfrage nicht oder nicht angemessen mit Wohnraum versorgter wesentlicher Teile der Bevölkerung weder aus dem Bestand noch aus dem ohne zusätzliches Bauland zu erwartenden Neubau innerhalb angemessener Frist gedeckt werden kann (s. Empfehlung der Bundesregierung zur Anwendung des Gesetzes über besondere Investitionen - Hinweise für Gemeinden, Städte und Landkreise vom 11.12.1990, 3.3.2, abgedruckt a.a.O. (Fn. 81); S. 131 f.). Eine Auslegung, welche die Anwendung des ursprünglichen Investitionsgesetzes sicherlich nicht erleichterte.

[191] Begründung zum InVorG nach dem Regierungsentwurf des 2. VermRÄndG, Bt.-Drucks. 227/92, zu § 3, abgedruckt a.a.O. (Fn. 174), S. 14.

vor, daß sie für die Errichtung oder Wiederherstellung einzelner Ein- oder Zweifamilienhäuser nur im Rahmen einer städtebaulichen Maßnahme gelten. Eine weitere Einschränkung besteht darin, daß die investive Wiederherstellung grundsätzlich nur tatsächlich nicht bewohnten Wohnraum erfaßt, um eine Verdrängung von Mietern wegen Wohnraumsanierungen zu vermeiden.[192]

3. Schaffung der für Investitionen erforderlichen oder hiervon veranlaßten Infrastrukturmaßnahmen

Erweitert wird im geltenden § 3 I Nr. 3 InVorG im Vergleich zur bisherigen Regelung der investive Zweck der Schaffung der für Investitionen erforderlichen Infrastrukturmaßnahmen (§§ 3a I Nr. 1 c) VermG i.d.F.-HemmnisbeseitigungsG, 1 II c) InvG i.d.F.-EVertr/-HemmnisbeseitigungsG). Die Infrastrukturmaßnahmen können jetzt schlechthin für jedwede Investition erforderlich oder auch von Investitionen veranlaßt - also Folgemaßnahmen sein - ohne daß sie wie früher einen besonderen Bezug zu einem investiven Hauptvorhaben i.S.d. §§ 3a I Nr. 1 a), b) VermG i.d.F.-HemmnisbeseitigungsG, 1 II a), b) InvG i.d.F.-EVertr/-HemmnisbeseitigungsG aufweisen müssen.[193] Beispiele für Infrastrukturmaßnahmen sind insbesondere Erschließungen aller Art, wie z.B. Straßen, Versorgungs- und Entsorgungseinrichtungen, Energie- und Fernmeldeleitungen oder Einrichtungen des öffentlichen Personennahverkehrs.[194] Des weiteren beschränkt sich der Begriff nicht nur auf Erschließungen im engeren Sinn, sondern umfaßt beispielsweise auch die Einrichtung von Ausbildungs-, Fortbildungs-, und Umschulungsstätten.[195]

---

[192] Vgl. Begründung zum InVorG nach dem Regierungsentwurf des 2. VermRÄndG, Bt.-Drucks. 227/92, zu § 3, abgedruckt a.a.O. (Fn. 174), S. 15 u. J. Schmidt-Räntsch, VIZ 1992, 297, 299.

[193] Begründung zum InVorG nach dem Regierungsentwurf des 2. VermRÄndG, Bt.-Drucks. 227/92, zu § 3, Bt.-Drucks. 227/92, zu § 3, abgedruckt a.a.O. (Fn. 174), S. 14 f.

[194] S. Empfehlung der Bundesregierung zur Anwendung des Gesetzes über besondere Investitionen - Hinweise für Gemeinden, Städte und Landkreise vom 11.12.1990, 3.3.3, abgedruckt a.a.O. (Fn. 81), S. 132.

[195] S. Empfehlungen des Bundesjustizministeriums zur Anwendung des InVorG für Immobilien, Infodienst Kommunal Nr. 57 v. 25.9.1992, Teil 2 V.3.a)dd), abgedruckt a.a.O. (Fn. 125), S. 34 f.

4. Investitionszwecke für die Inanspruchnahme rückgabebelasteter Unternehmen

Die bisherigen Investitionszwecke im Unternehmensbereich - Sicherung oder Schaffung von Arbeitsplätzen, Ermöglichung von die Wettbewerbsfähigkeit verbessernden Investitionen sowie auf seiten des Berechtigten die fehlende Gewähr, das Unternehmen fortzuführen oder zu sanieren (§§ 3 VI Nr. 1, 2; 3a I Nr.2 VermG i.d.F.-HemmnisbeseitigungsG) - schreibt § 3 II Nr. 1, 2 InVorG fort.

Das Merkmal der Sicherung oder Schaffung von Arbeitsplätzen entspricht dem in § 3 I Nr. 1 InVorG.[196] Darüber hinaus ist der investive Zweck des § 3 II Nr. 1 InVorG auch dann erfüllt, wenn die Wettbewerbsfähigkeit verbessernde Investitionen ermöglicht werden, ohne daß Arbeitsplätze geschaffen oder gesichert werden müssen. Das Gesetz fordert dabei für die Höhe des investierten Kapitals keinen Mindestbetrag. Entscheidend ist nicht der Umfang der Investitionen, sondern ob sie geeignet sind, in spürbarer Weise die Wettbewerbsfähigkeit des Unternehmens zu verbessern.[197]

Der Investitionszweck der fehlenden Gewähr für die Fortführung oder Sanierung des Unternehmens hat keine große praktische Bedeutung. Da in vielen Fällen nur schwer festzustellen ist, inwieweit der Berechtigte diese Gewähr bietet oder nicht, stützt die Treuhandanstalt bzw. die Bundesanstalt für vereinigungsbedingte Sonderaufgaben ihre Investitionsvorrangbescheide regelmäßig nicht allein auf § 3 I Nr.2 InVorG.[198]

Eine Neuerung enthält § 3 II Nr. 3 InVorG. Die Abwendung der Liquidation oder der Gesamtvollstreckung eines auf Dauer nicht sanierungsfähigen Unternehmens als zusätzlicher Investitionszweck schafft die Möglichkeit, Unternehmen oder Teile davon, die sonst in absehbarer Zeit liquidiert werden müßten oder in die Gesamtvollstreckung gehen würden, in andere Unternehmen einzugliedern oder mit anderen Unternehmensteilen zu neuen Einheiten zu verschmelzen, um sie anschließend an einen sanierungswilligen Investor zu ver-

---

[196] S. oben B)II)1).

[197] M. Uechtritz, a.a.O. (Fn. 80), § 3 InVorG Rdnr. 82.

[198] S. M. Uechtritz, a.a.O. (Fn. 80), § 3 InVorG Rdnr. 84; zur neuen Gestalt der Treuhandanstalt s. M. A. Gimmy, VIZ 1995, 19 ff.

äußern. Derartige Umgliederungsmaßnahmen waren von den investiven Zwekken bislang teilweise nicht erfaßt.[199]

III. Sonstige Tatbestandsvoraussetzungen

Das Investitionsvorranggesetz läßt die Merkmale der Dringlichkeit, der Geeignetheit (§ 1 II InvG i.d.F.-EVertr/-HemmnisbeseitigungsG) bzw. der Dienlichkeit und Angemessenheit (§ 3a I S.2 Nr. 1 VermG i.d.F.-HemmnisbeseitigungsG) fallen. Insbesondere dem Begriff der Dringlichkeit billigte die Auslegungspraxis bereits zuvor keine besondere Substanz zu.[200] Er war schon zur Zeit des Investitionsgesetzes i.d.F.-EVertr weitgehend inhaltsleer, weil die drängenden wirtschaftlichen Schwierigkeiten in den neuen Bundesländern nahezu jegliches seriöse Vorhaben als dringend erscheinen ließen.[201] Gem. den §§ 3 I S.1, II InVorG genügt es also, wenn der betreffende Vermögensgegenstand für einen der investiven Zwecke verwendet wird (§ 3 I, II InVorG).

1. Verwendung für investive Zwecke

Die Rspr. umschreibt die Voraussetzung der Verwendung mit dem Begriff der „Objektbezogenheit" der investiven Maßnahme.[202] Die Objektbezogenheit fordert einen unmittelbaren Bezug zwischen dem investiven Vorhaben und dem anmeldebelasteten Vermögenswert.[203] Daran mangelt es beispielsweise, wenn das Grundstück nur benötigt wird, um die Finanzierung des Investitionsvorhabens dinglich zu sichern.[204] Ebensowenig wird der Vermögenswert für eine investive Maßnahme verwandt, wenn die Gemeinde beabsichtigt, ein Grundstück zu erwerben, das in einem künftigen Gewerbegebiet liegt, um es irgendwann später an Investoren weiterveräußern zu können.[205] Hingegen läßt

---

[199] S. Begründung zum InVorG nach dem Regierungsentwurf des 2. VermRÄndG, Bt.-Drucks. 227/92, zu § 3, abgedruckt a.a.O. (Fn. 174), S. 16.

[200] S. Begründung zum InVorG nach dem Regierungsentwurf des 2. VermRÄndG, Bt.-Drucks. 227/92, zu § 3, abgedruckt a.a.O. (Fn. 174), S. 15.

[201] S. G. Fieberg/H. Reichenbach, a.a.O. (Fn. 17), S. 328.

[202] VG Greifswald VIZ 1992, 454, 455.

[203] S. M. Uechtritz, a.a.O. (Fn. 80), § 3 InVorG Rdnr. 11.

[204] Vgl. BezG Dresden ZOV 1992, 218, 219.

[205] KreisG Suhl VIZ 1992, 483, 484.

sich die Objektbezogenheit bejahen, wenn das Grundstück notwendig in ein Vorhaben einbezogen ist, die investiven Zwecke - Arbeitsplätze - jedoch auf einem benachbarten Grundstück verwirklicht werden.[206]

2. Erforderlichkeit der Inanspruchnahme

Fest hält das Investitionsvorranggesetz bei der Beanspruchung von *Grundstücken und Gebäuden* an der Voraussetzung der Erforderlichkeit für ein investives Vorhaben (§ 3 I S.2 InVorG), während es für Unternehmen auf dieses Merkmal verzichtet (§ 3 II InVorG).[207] Das bedeutet jedoch nicht, daß es bei der investiven Inanspruchnahme von Unternehmen auf eine erforderliche Verwendung nicht ankäme. Das Merkmal der Erforderlichkeit birgt in sich den Verhältnismäßigkeitsgrundsatz, der als ein aus den Grundrechten abgeleitetes verfassungsrechtliches Gebot auch ohne ausdrückliche Nennung das Verwaltungshandeln bindet. Allerdings bleibt die besondere vermögensrechtliche Lage zu beachten, die für lebende Unternehmen gilt. Der Rückgabeanspruch richtet sich auf das ganze Unternehmen und kann nicht auf einzelne Gegenstände des Betriebsvermögens beschränkt werden (§ 3 I S.3 VermG). Daher läßt sich die Erforderlichkeit einer investiven Inanspruchnahme nicht mit dem Argument verneinen, daß es ausreiche, nur Teile des Unternehmens für den investiven Zweck zu verwenden, um die restlichen, nicht betriebsnotwendigen Vermögensgegenstände zurückzugeben.[208] Der im Vermögensgesetz angelegten grundsätzlichen Unterscheidung zwischen Unternehmens- und Immobilienrestitution würde nämlich widersprochen, wenn der Berechtigte im Fall der investiven Verwendung des Unternehmens über die Anwendung des Verhältnismäßigkeitsgrundsatzes dazu gelangte, nunmehr - systemwidrig - einzelne Vermögensgegenstände herausverlangen zu können.[209] Außerdem wäre eine Unternehmensveräußerung im Wege der Anteilsübertragung („share deal") praktisch unmöglich. Denn zuvor müßte für jeden Gegenstand des Betriebsvermö-

---

[206] M. Uechtritz, a.a.O. (Fn. 80), § 3 InVorG Rdnr. 12.

[207] Zur Auslegung des Merkmals der Erforderlichkeit s. ausführlich M. Uechtritz, a.a.O. (Fn. 80), § 3 InVorG Rdnr. 53 ff. u. M. Keil/K. Pée/H. Scheidmann, Rechts- und Praxisprobleme bei der Anwendung des Investitionsvorranggesetzes, Köln 1994, S. 21 ff.

[208] S. M. Keil, a.a.O. (Fn. 171), S. 91, Fn. 17; mißverständlich insoweit VG Berlin VIZ 1992, 482.

[209] M. Uechtritz, a.a.O. (Fn. 80), § 3 InVorG Rdnr. 96.

gens gesondert festgestellt werden, ob er für den investiven Zweck benötigt wird, und, wenn dies nicht der Fall ist, dem Unternehmen vor Veräußerung entnommen werden.[210] Vermutlich ist in § 3 II InVorG bewußt darauf verzichtet worden, das Merkmal der Erforderlichkeit aufzuführen, um derartigen Fehlauslegungen vorzubeugen. Wegen der Unteilbarkeit des Rückgabeanspruchs stellt sich daher bei lebenden Unternehmen nur die Frage, ob die investive Inanspruchnahme *insgesamt* erforderlich ist.

Im einzelnen setzt eine erforderliche und damit verhältnismäßige Inanspruchnahme folgendes voraus: die Eignung der Inanspruchnahme des restitutionsbehafteten Vermögenswerts in Hinblick auf den beabsichtigten Investitionszweck, die Erforderlichkeit im Sinne einer Prüfung, ob der Zweck nicht in gleicher Weise mit einem milderen Mittel erreicht werden kann, welches den Anmelder weniger belastet, und schließlich die Verhältnismäßigkeit im engeren Sinne einer Schaden-/Nutzenproportionalität.[211] Darin leben die gestrichenen Begriffe „geeignet", „dienlich" und „angemessen" gleichsam fort, da ein Investitionsvorhaben, das ungeeignet ist, einen investiven Zweck zu erreichen, das keinem investiven Zweck dient oder das anmeldebelastete Vermögenswerte unangemessenerweise in Anspruch nimmt, letztlich auch keine erforderliche Verwendung des Grundstücks oder Gebäudes darstellt.

An der Geeignetheit fehlt es insbesondere, wenn aufgrund der Lage des betreffenden Grundstücks die für das Vorhaben erforderlichen Genehmigungen (z.B. Baugenehmigung, immissionschutzrechtliche Genehmigung) auf Dauer nicht erteilt werden können.[212] Zwar muß die Investitionsvorrangbehörde nicht die späteren Genehmigungsverfahren vorwegnehmen und nicht im einzelnen überprüfen, ob die öffentlich-rechtlichen Zulassungsvoraussetzungen für ein bestimmtes Vorhaben bereits vorliegen.[213] Es muß jedoch aus jetziger Sicht gewährleistet sein, daß „bei normalem Lauf der Dinge" zu Beginn der Durchführung der Investition öffentlich-rechtliche Vorschriften das Vorhaben gestatten werden.[214]

---

[210] S. M. Uechtritz, a.a.O. (Fn. 80), § 3 InVorG Rdnr. 96.

[211] M. Uechtritz, a.a.O. (Fn. 80), § 3 InVorG Rdnr. 55.

[212] S. M. Uechtritz, a.a.O. (Fn. 80), § 3 InVorG Rdnr. 58; vgl. KreisG Leipzig-Stadt VIZ 1992, 151, 154; VG Dresden VIZ 1993, 311, 312.

[213] M. Keil, a.a.O. (Fn. 171), S. 91.

[214] W. Försterling, a.a.O. (Fn. 42), S. 508; anders KreisG Potsdam-Stadt ZOV 1992, 407, 408, das eine beabsichtigte kommunale Planung, die zur Genehmigungsfähigkeit des Vorhabens führen würde, nicht für ausreichend erachtet.

Die Erforderlichkeit der Inanspruchnahme betrifft zunächst die Größe des Grundstücks. Es soll nur so groß sein, wie es das Vorhaben wirklich erfordert.[215] Ebenso fehlt es an der Erforderlichkeit, wenn als milderes Mittel die Planung des Investors ebenso gut und uneingeschränt auf einem anderem anmeldefreien Grundstück des gegenwärtig Verfügungsberechtigten verwirklicht werden könnte.[216]

Die investive Inanspruchnahme darf schließlich nicht unzumutbar sein. Ein Beispiel hierfür bietet die Veräußerung eines besonders hochwertigen Grundstücks in einem städtischen Kerngebiet. Dort ist es denkbar, daß ein investives Vorhaben zwar eine geeignete und erforderliche Verwendung des Vermögensgegenstandes darstellt, jedoch sein Nutzen für den wirtschaftlichen Aufbau angesichts des erheblichen Grunstückswerts so gering ausfällt, daß die Inanspruchnahme dem Berechtigten letztlich nicht zumutbar ist. Solche Grundstükke sollen deshalb nur für Vorhaben verwendet werden, die einen entsprechend intensiven investiven Zweck verfolgen.[217]

§ 3 III InVorG regelt zuletzt das Verhältnis der investiven Maßnahmen untereinander. Kaum ein Vorhabenträger, der umfangreiche Investitionen beabsichtigt, und für die Finanzierung meist dingliche Sicherheiten stellen muß, wird sich darauf einlassen können, die benötigte Immobilie beispielsweise nur anzumieten. Um überhaupt eine effektive Anwendung des Investitionsvorranggesetzes zu ermöglichen, ordnet § 3 III InVorG deshalb an, daß der Vorrangbescheid nicht mit der Begründung versagt werden darf, es stünden „mildere“ Investitionsformen als die Veräußerung zur Verfügung. § 3 III S.2 InVorG schränkt dies nur insoweit ein, als auf die Vermietung oder Verpachtung dann verwiesen werden kann, wenn sie für das geplante Vorhaben üblich ist.[218] Auf den ersten Blick mutet § 3 III InVorG an wie eine Einschränkung des Verhältnismäßigkeitsgrundsatzes und es läge nahe, sogleich nach der verfassungs-

---

[215] S. Empfehlungen des Bundesjustizministeriums zur Anwendung des InVorG für Immobilien, Infodienst Kommunal Nr. 57 v. 25.9.1992, Teil 2 V.3.c), abgedruckt a.a.O. (Fn. 125), S. 36 f.

[216] S. Empfehlungen des Bundesjustizministeriums zur Anwendung des InVorG für Immobilien, Infodienst Kommunal Nr. 57 v. 25.9.1992, Teil 2 V.3.c), abgedruckt a.a.O. (Fn. 125), S. 36 f.

[217] S. Empfehlungen des Bundesjustizministeriums zur Anwendung des InVorG für Immobilien, Infodienst Kommunal Nr. 57 v. 25.9.1992, Teil 2 V.3.c), abgedruckt a.a.O. (Fn. 125), S. 36 f.

[218] Zum Begriff der Üblichkeit s. VG Halle VIZ 1994, 38, 39; KreisG Dresden ZOV 1992, 410, 412; VG Dresden VIZ 1992, 478, 480; BezG Potsdam ZOV 1992, 171, 172.

rechtlichen Zulässigkeit einer solchen Einschränkung zu fragen.[219] Genauer betrachtet schränkt der Gesetzgeber aber das Gebot, eine verhältnismäßige Investitionsform zu wählen, nicht ein. Eine Beschneidung des Verhältnismäßigkeitsgrundsatzes enthielte die Vorschrift nämlich nur, wenn sie aufgeben würde, daß zwischen mehreren, für den wirtschaftlichen Aufbau *gleich* geeigneten Investitionsformen nicht die weniger einschneidende gewählt werden müßte. Die Veräußerung des Vermögenswerts garantiert gegenüber den anderen Investitionsformen jedoch am ehesten einen beständigen wirtschaftlichen Aufbau. Der Erwerb schafft eine dauerhafte Investitionsgrundlage und bietet für eine kostengünstige Finanzierung des Vorhabens dingliche Sicherheit, was die anderen Investitionsformen nicht oder nur sehr eingeschränkt vermögen. Der vom Investitionsvorranggesetz verfolgte Zweck, nämlich eine marktwirtschaftliche Ordnung heranzubilden, läßt sich letztlich nur erreichen, wenn Investoren das Eigentum an den Produktionsmitteln erwerben können. § 3 III InVorG schränkt demnach nicht den Verhältnismäßigkeitsgrundsatz ein, sondern stellt klar, daß der Eigentumserwerb durch den Investor zur Zweckerreichung grundsätzlich geeigneter ist als die anderen Investitionsformen.

3. Hinreichende Gewähr für die Verwirklichung des Vorhabens auf seiten des Investors

Das Investitionsvorranggesetz übernimmt die materiellen Voraussetzungen, die § 1 III S.2 InvG i.d.F.-EVertr/-HemmnisbeseitigungsG an die Person des Investors stellte.[220] Gem. § 4 I S.1 InVorG muß der Vorhabenträger nach seinen persönlichen und wirtschaftlichen Verhältnissen hinreichende Gewähr für die Verwirklichung des Vorhabens bieten. Daß diese Anforderung an die Leistungsfähigkeit des Investors nunmehr in einer Verfahrensvorschrift enthalten ist, enthält keine sachliche Änderung.[221] Der Vorhabenträger muß seine Bonität in einem Umfang nachweisen, der die Annahme erlaubt, daß das Projekt nach

[219] S. M. Keil/K. Pée/H. Scheidmann, a.a.O. (Fn. 207), S. 22 f. u. vgl. VG Berlin ZOV 1993, 122.

[220] § 1 III S.1, 2 InvG i.d.F.-EVertr: „Der Vorhabenträger ist zu der Durchführung eines von ihm vorgelegten, eines die wesentlichen Merkmale des Vorhabens aufzeigenden Plans verpflichtet. Die Bescheinigung nach § 2 Abs. 1 darf nur erteilt werden, wenn er nach seinen persönlichen und wirtschaftlichen Verhältnissen für die Durchführung des Plans hinreichend Gewähr bietet.“

[221] W. Försterling, a.a.O. (Fn. 82), Rdnr. 427.

vernünftigen wirtschaftlichen Erwägungen in Angriff genommen und durchgeführt werden kann.[222] Die wirtschaftlichen Verhältnisse des Investors müssen allerdings nicht so gut sein, daß er das Vorhaben maßgeblich aus Eigenmitteln finanziert.[223] So hohe Anforderungen an die finanzielle Leistungsfähigkeit stellt die Vorschrift nicht. § 4 I S.1 InVorG verlangt nur, daß die Durchführung der Investition gesichert ist.[224] Vorausgesetzt wird die hinreichend sichere Aussicht, daß der Investor das Vorhaben finanziell bewältigen kann.[225] Die persönlichen Verhältnisse schließlich stellen vor allem auf die fachliche Eignung des Investors ab. Allerdings reicht es aus, wenn er sich der Fachkunde Dritter bedient.[226]

Das Investitionsvorranggesetz gewährt dem Investor selbst allerdings weder einen Anspruch auf Erteilung des Investitionsvorrangbescheids noch einen Anspruch auf ermessensfehlerfreie Entscheidung der Behörde, da dem Investitionvorranggesetz die Absicht, den Investor zu begünstigen, nicht zu entnehmen ist.[227] Ihm steht weder ein Antragsrecht zu, noch ist er Adressat des Investitionsvorrangbescheids. Der Investor wird durch die Erteilung des Investitionsvorrangbescheids nur insofern mittelbar-tatsächlich begünstigt, als der Verfügungsberechtigte hiermit abweichend von § 3 III VermG ermächtigt wird, den für die Investition benötigten Vermögenswert zu veräußern.[228] Nicht einmal die Aufhebung eines bereits erteilten Investitionsvorrangbescheids kann der Investor erfolgreich angreifen. Er kann nicht geltend machen, in eigenen Rechten verletzt zu sein, da ihm der aufgehobene Bescheid keine rechtliche Begünstigung verschafft hat, sondern lediglich eine tatsächliche Erwerbschance.[229]

---

[222] VG Weimar VIZ 1993, 362.
[223] Anders VG Halle VIZ 1994, 38.
[224] S. M. Keil/K. Pée/H. Scheidmann, a.a.O. (Fn. 207), S. 26 f.
[225] S. H. Scheidmann, VIZ 1995, 681, 683.
[226] S. M. Keil/K. Pée/H. Scheidmann, a.a.O. (Fn. 207), S. 27.
[227] BVerwG NJW 1996, 672.
[228] BVerwG NJW 1996, 672, 673.
[229] BVerwG, a.a.O. (Fn. 228).

IV. Zuständigkeit, Verfahren sowie Inhalt und Wirkung der Entscheidung

Das Investitionsvorranggesetz unterscheidet zwischen dem sog. Standardverfahren nach den §§ 4 ff. InVorG und den besonderen Verfahren nach den §§ 18 ff. InVorG. Gemeinsam ist den besonderen Verfahren, daß sie das gewöhnliche Vorrangverfahren mit anderen Verwaltungsverfahren verbinden bzw. mehrere Investitionsvorrangverfahren zusammenfassen, um schneller die Voraussetzungen für die Verwirklichung investiver Vorhaben zu schaffen. So macht § 18 InVorG das bauplanungsrechtliche Institut des Vorhaben- und Erschließungsplanes (§ 7 BauGBMaßnG; vormals § 246a I Nr. 6 BauGB i.V.m. § 55 BauZ-VO) für den Investitionsvorrang nutzbar, indem das planungsrechtliche Verfahren mit dem Investitionsvorrangverfahren vereinigt wird.[230] Das öffentliche Bieterverfahren nach § 19 InVorG wiederum verbindet das Verfahren einer öffentlichen Ausschreibung mit dem Investitionsvorrangverfahren.[231] Da ansonsten beide Verfahren nacheinander zu durchlaufen wären, wird dadurch der Zeitaufwand gemindert. § 20 InVorG schließlich sieht kein eigenes Verfahren vor, sondern wandelt das Standardverfahren lediglich dahin ab, daß für mehrere rückgabebelastete Grundstücke, die für ein zusammenhängendes Vorhaben verwendet werden sollen, ein einheitlicher Investitionsvorrangbescheid ergeht.[232] Soweit in den §§ 18 ff. InVorG nichts anderes bestimmt ist und Sinn und Zweck der besonderen Vorschriften dies erlauben, gelten die Regeln des Standardverfahrens gleichsam als allgemeiner, verfahrensrechtlicher Teil des Investitionsvorranggesetzes.

1. Zuständigkeit

Zuständig für den Erlaß des Investitionsvorrangbescheids ist gem. § 4 II S.1 InVorG der Verfügungsberechtigte. Ist der Verfügungsberechtigte ausnahmsweise eine Privatperson, bestimmt § 4 II S.2 InVorG, daß der Landkreis oder die kreisfreie Stadt zu entscheiden hat, in dessen oder deren Gebiet der Vermögenswert liegt. Für die Treuhandanstalt bzw. die Bundesanstalt für vereini-

---

[230] Zum Verfahren nach § 18 InVorG s. M. Uechtritz, DVBl. 1993, 181 ff.

[231] Zum öffentlichen Bieterverfahren s. B. Bischoff, ZOV 1992, 348 ff. u. M. Keil/K. Pée/H. Scheidmann, a.a.O. (Fn. 207), S. 61 ff. sowie Anhang I.

[232] Zu § 20 InVorG s. M. Uechtritz, a.a.O. (Fn. 80), Einf InVorG Rdnr. 126 ff.

gungsbedingte Sonderaufgaben enthält § 25 II InVorG eine Sonderzuständigkeit. Sie kann einzelne Verfahren, die Grundstücke, Gebäude oder Betriebsteile von Treuhandunternehmen betreffen, an sich ziehen, indem sie dies dem örtlichem Landkreis oder der kreisfreien Stadt mitteilt. Gem. § 25 I InVorG handelt die Treuhandanstalt bzw. die Bundesanstalt für vereinigungsbedingte Sonderaufgaben darüber hinaus hinsichtlich von Betriebsvermögen von Treuhandunternehmen als ihr „gesetzlicher Vertreter" (§ 25 I S.1 InVorG) und „ist dann für das Verfahren zuständig" (§ 25 I S.3 InVorG).[233] Nach § 24 InVorG kann die Zuständigkeit schließlich abweichend von den §§ 4 II, 25 InVorG bestimmt werden.

Unberührt von der in den §§ 4 II, 24, 25 InVorG getroffenen Zuständigkeitsverteilung bleibt die Zuständigkeit für das gesonderte Verwaltungsverfahren, in dem über den Erlösauskehranspruch des Berechtigten entschieden wird. Gem. § 16 I S.2 InVorG befindet darüber das Amt bzw. Landesamt zur Regelung offener Vermögensfragen.[234]

2. Verfahren

Gem. § 4 III S. 1 InVorG setzt die Erteilung eines Investitionsvorrangbescheids die Vorlage eines Vorhabenplans voraus. Der Vorhabenplan muß gem. § 4 III S.2 InVorG bestimmte Mindestangaben enthalten. Danach ist dem Anmelder mitzuteilen, daß der Vermögenswert für investive Zwecke verwendet werden soll (§ 5 I S.1 InVorG). Der Mitteilung ist der Vorhabenplan beizufügen (§ 5 I S.2 InVorG). Daraufhin hat der Berechtigte Gelegenheit, sich innerhalb von zwei Wochen zu dem Vorhaben zu äußern sowie zu erklären, ob er selbst eine Zusage investiver Maßnahmen beabsichtigt (§ 5 II S.1 InVorG). Zudem muß er innerhalb der gleichen Frist seine Berechtigung glaubhaft machen (§ 5 II S.4 InVorG).[235] Wenn der Anmelder seine Berechtigung glaubhaft gemacht und ein eigenes investives Vorhaben ankündigt hat, bleiben ihm vom Zugang der Mitteilung und des Vorhabenplans sechs Wochen Zeit, seinen Vorhabenplan vorzulegen (§ 5 III InVorG). Läßt der Berechtigte die Fristen

---

233 S. B. Schneider, in: Rodenbach/Söfker/Lochen (Hrsg.), InVorG, § 25 Rdnr. 8; M. Uechtritz, a.a.O. (Fn. 80), Einf InVorG Rdnr. 74.

234 S. unten C)VII)2).

235 Zu den Anforderungen an die Glaubhaftmachung s. VG Chemnitz ZOV 1993, 443, 444; VG Leipzig VIZ 1994, 84.

ungenutzt verstreichen, ist er im weiteren Verwaltungsverfahren und auch im Rechtsmittelverfahren mit dem Vorbringen, selbst investive Zwecke verwirklichen zu wollen, materiell präkludiert.[236] Zudem ist die örtliche Gemeinde, die nicht selbst Verfügungsberechtigte über das Grundstück oder Gebäude ist, über das investive Vorhaben zu unterrichen (§ 6 I InVorG). Danach hat sie zwei Wochen Zeit, sich dazu zu äußern, ob sie für die Immobilie einen Antrag auf investive Zuweisung nach § 9 VZOG - vormals § 7 VZOG - gestellt hat.

3. Inhalt und Wirkung der Entscheidung

Gem. § 8 I InVorG ergeht der Investitionsvorrangbescheid, dessen nähere inhaltliche Anforderungen § 8 II, III InVorG bestimmt, als feststellender Verwaltungsakt, der ausspricht, daß § 3 III - V VermG für den betroffenen Vermögenswert nicht gilt. Der Investitionsvorrangbescheid hebt die vermögensrechtliche Verfügungssperre auf. Ergeht die Entscheidung in den besonderen Verfahren, also als Satzung über einen Vorhaben- und Erschließungsplan oder als Zuschlag im öffentlichen Bieterverfahren, ergeben sich daraus die gleichen Rechtswirkungen wie aus dem Investitionsvorrangbescheid (§§ 18 IV, V, 19 I S.2 InVorG). Die weiteren rechtlichen Wirkungen des Verwaltungsakts beschreibt § 11 InVorG. Gem. § 11 I InVorG ersetzt er die Grundstücksverkehrsgenehmigung nach der Grundstücksverkehrsordnung, das Zeugnis gem. § 28 BauGB sowie andere Genehmigungen oder Zustimmungen, die für die Verfügung über öffentliches Vermögen erforderlich sind. Allein der Investitionsvorrangbescheid bewirkt freilich nicht den Verlust des Anspruchs auf Rückübertragung. Gem. § 11 II S.1, IV S.2, V InVorG geht der Rückgabeanspruch nur unter, *soweit* die investive Inanspruchnahme aufgrund des Vorrangbescheids tatsächlich verwirklicht wird.[237]

---

[236] Zur materiellen Präklusionswirkung der Fristversäumung s. BVerwG DÖV 1996, 209; F. Hardtke, VIZ 1993, 422, 423 u. sogleich unten B)V).

[237] S. unten C)II)1)c).

V. Rechtsschutz des Anmelders gegen den Investitionsvorrangbescheid

§ 23 I S.1 HS. 2 InVorG verweist den Berechtigten auf den Verwaltungsrechtsweg (§ 40 I S.1 VwGO), wenn er gegen die investive Inanspruchnahme des Vermögenswerts vorgehen möchte.[238] Der Investitionsvorrangbescheid als Verwaltungsakt mit Doppelwirkung (§§ 80 I S.2, 80a VwGO), der den derzeit Verfügungsberechtigten begünstigt und den Anmelder belastet, wird mit Widerspruch (§ 68 I S.1 VwGO) und Anfechtungsklage (§ 42 I 1.Alt. VwGO) angegriffen. Eine vorherige Nachprüfung im Widerspruchsverfahren unterbleibt, wenn die der Ausgangsbehörde übergeordnete Stelle eine oberste Landes- oder Bundesbehörde ist (§ 68 S.2 VwGO i.V.m. § 12 I HS. 1 InVorG). Gegen Bescheide der Treuhandanstalt bzw. der Bundesanstalt für vereinigungsbedingte Sonderaufgaben findet daher kein Vorverfahren statt.[239] Zwar gelten sowohl für den Widerspruch als auch für die Anfechtungsklage die allgemeinen Rechtsbehelfsfristen (§§ 70 I S.1, 74 I S.1 VwGO). Um seine Klage- bzw. Widerspruchsbefugnis zu bewahren (§ 42 II VwGO), muß der Anmelder jedoch bereits im Verwaltungsverfahren die materielle Präklusionsfrist in § 5 II S.3 InVorG eingehalten haben.[240] Wenn er dort nicht innerhalb von zwei Wochen nach Unterrichtung über das Investitionsvorhaben diesem entgegengetreten ist (§ 5 II S.1 InVorG) und seine Berechtigung glaubhaft gemacht hat (§ 5 II S.4 InVorG), kann er eine Verletzung eigener Rechte nicht mehr geltend machen (§ 5 II S.3 InVorG).[241] In diesem Fall steht er dem Erwerber eines Restitutionsanspruchs gleich, dem nach § 4 V InVorG ebenfalls jedes Recht zur Abwehr des Investitionsvorrangbescheids genommen ist.[242] Im übrigen fehlt dem Anmelder die Klagebefugnis dann, wenn überhaupt keine ernsthafte Möglichkeit besteht, einen Rückgabeanspruch herzuleiten.[243] Problematisch stellt sich aus diesem Grunde beispielsweise die Klagebefugnis eines einzelnen ehemali-

---

[238] Nur wenn eine Veräußerung droht, ohne daß überhaupt ein Vorrangverfahren durchgeführt werden soll, muß der Berechtigte vor dem ordentlichen Gericht den Erlaß einer einstweiligen Verfügung beantragen, um das zivilrechtliche Veräußerungsverbot (§ 3 III S. 1 VermG) zu sichern (s. BGH NJW 1994, 457 f.).

[239] VG Greifswald VIZ 1993, 170, 171.

[240] Zu den Ausschlußfristen in § 5 II, III InVorG s. soeben oben B)IV)2).

[241] BVerwG DÖV 1996, 209.

[242] BVerwG, a.a.O. (Fn. 241). Zur fehlenden Klagebefugnis des Erwerbers eines Rückübertragungsanspruchs s. BVerwG VIZ 1995, 412.

[243] S. VG Berlin ZOV 1994, 408; H. Scheidmann, VIZ 1995, a.a.O. (Fn. 225), S. 686.

gen Gesellschafters eines enteigneten Unternehmens dar.[244] Denn nicht der einzelne Gesellschafter ist Berechtigter, sondern die sog. Lazarusgesellschaft (vgl. § 6 Ia VermG). Soweit der einzelne Gesellschafter jedoch das Erreichen des nach § 6 Ia S.2 VermG erforderlichen Quorums glaubhaft machen kann, steht dem Gesellschafter als mittelbar Betroffenem die Befugnis zu, für die Lazarusgesellschaft gegen den Investitionsvorrangbescheid vorzugehen.[245]

Widerspruch und Anfechtungsklage gegen den Investitionsvorrangbescheid haben keine aufschiebende Wirkung (§ 80 II Nr. 3 i.V.m. § 12 I HS. 2 InVorG). Um die investive Inanspruchnahme rechtzeitig zu verhindern, muß der Anmelder die Anordnung der aufschiebenden Wirkung beantragen (§§ 80a III, 80 V VwGO; § 123 V VwGO). Der Antrag auf Anordnung der aufschiebenden Wirkung ist fristgebunden; er kann nur innerhalb von zwei Wochen ab Bekanntgabe des Investitionsvorrangbescheids gestellt werden (§ 12 II S.1 InVorG). Vor Ablauf dieser Zwei-Wochen-Frist darf der Bescheid nicht vollzogen werden (§ 10 S.1 InVorG). Eine Fristversäumnis hat besondere Tragweite. Denn gem. § 12 III S.4 InVorG besteht gegen den Investor kein Anspruch auf Rückübertragung mehr (§ 12 III S.1 InVorG), wenn der Berechtigte keinen fristgerechten Antrag stellt (§ 12 III S.4 Nr. 1 a) InVorG) und mit der tatsächlichen Durchführung der zugesagten Investition nachhaltig begonnen worden ist (§ 12 III S.4 Nr. 2 InVorG). Gleiches gilt, wenn der Antrag des Berechtigten rechtskräftig abgelehnt wird (§ 12 III S.4 Nr. 1 b), Nr. 2 InVorG). Gegen den ablehnenden Beschluß des Verwaltungsgerichts findet keine Beschwerde statt (§ 23 II S.1 InVorG). Der Ausgang des vorläufigen Rechtsschutzverfahrens nimmt auf diese Weise vielfach die Hauptsache vorweg. Sind nämlich die Voraussetzungen von § 12 III S.4 InVorG erfüllt, bringt dem Anmelder ein Obsiegen im Hauptsacheverfahren keinerlei nennenswerte Vorteile mehr. Denn die investive Veräußerung hat unabhängig von der mit der Klage beantragten Aufhebung des Investitionsvorrangbescheids auf Dauer Bestand. Im Anwendungsbereich von § 12 III S. 4 InVorG verbleibt es bei dem in § 11 II S.1 InVorG angeordneten Restitutionsausschluß. Die Rückabwicklung des Veräußerungsgeschäfts und damit das Wiederaufleben des Restitutionsanspruchs ist für den Anmelder in diesem Fall nur mittels eines Antrags bei der Behörde auf Widerruf des Investitionsvorrangbescheids erreichbar (§ 15 I S.1, III InVorG). Da dem Alteigentümer eine Anfechtungsklage nichts nützen kann, wenn die Vor-

[244] S. H. Scheidmann, a.a.O. (Fn. 225), S. 685.

[245] Str. s. H. Scheidmann, a.a.O. (Fn. 225), S. 685.

aussetzungen des § 12 III S.4 InVorG vorliegen, ist sie mangels Rechtsschutzbedürfnisses unzulässig.[246]

Wegen der weitreichenden Folgen, die das Investitionsvorranggesetz an die Entscheidung über den Antrag nach §§ 80a III, 80 V VwGO knüpft, darf sich das Verwaltungsgericht in Hinblick auf Art. 19 IV S.1 GG nicht mit einer summarischen Prüfung begnügen.[247] Vielmehr müssen die tatsächlichen und rechtlichen Fragen umfassend aufgeklärt und gewürdigt werden, soweit dies mit dem Zweck des verwaltungsgerichtlichen Eilverfahrens, das eine Entscheidung in absehbarer Zeit herbeiführen soll, vereinbar ist.[248] Sofern die Behörden allerdings eine Voraussage darüber treffen müssen, ob das zugesagte Vorhaben und der Investor geeignet sind, die investiven Zwecke zu erreichen, räumen die Gerichte der Verwaltung einen Prognosespielraum ein.[249] Voll überprüft werden nur die tatsächlichen Grundlagen der Prognoseentscheidung. Für die prognostische Einschätzung der künftigen wirtschaftlichen Entwicklung wird der Behörde hingegen ein Einschätzungsspielraum zugestanden.[250] Das Verwaltungsgericht wägt bei seiner Entscheidung zwischen dem privaten Interesse des Antragstellers an der aufschiebenden Wirkung und dem öffentlichen Interesse an der Vollziehbarkeit des Bescheids ab. Keine Berücksichtigung findet das persönliche Erwerbsinteresse des Investors, da es als bloße Gewinnerwartung rechtlich nicht geschützt ist.[251] Den Ausschlag bei der Abwägung geben weitgehend die Erfolgsaussichten des Rechtsbehelfs in der Hauptsache. Denn ein öffentliches Interesse an der sofortigen Vollziehung rechtswidrig aufhebbarer Verwaltungsakte besteht in aller Regel nicht und umgekehrt wird ein privates Interesse an der aufschiebenden Wirkung eines rechtmäßigen Investitionsvorrangbescheids zumeist nicht schützenswert sein.

Wenn der Antrag auf Anordnung der aufschiebenden Wirkung abgelehnt wird, ist der Rechtsweg im vorläufigen Rechtsschutzverfahren bereits erschöpft (§ 23 II S.1 InVorG). Im Hauptsacheverfahren kann der bleibende rechtliche Nachteil, den der ablehnende Beschluß zur Folge hat (§ 12 III S.4 InVorG),

---

[246] S. BVerwG VIZ 1995, 529, 530.

[247] Vgl. BVerfG VIZ 1993, 111, 112 u. s. Begründung zum InVorG nach dem Regierungsentwurf des 2. VermRÄndG, Bt.-Drucks. 227/92, zu § 19 II, abgedruckt a.a.O. (Fn. 174), S. 28.

[248] S. M. Uechtritz, a.a.O. (Fn. 80), Einf InVorG Rdnr. 113.

[249] S. OVG Berlin ZOV 1992, 395.

[250] M. Keil/K. Pée/H. Scheidmann, a.a.O. (Fn. 207), S. 109.

[251] Vgl. F. Kopp, a.a.O. (Fn. 157), § 80 Rdnr. 81 u. s. oben B)III)3).

nicht mehr behoben werden.[252] Daher bleibt dem Berechtigten nur die Möglichkeit, gegen den verwaltungsgerichtlichen Beschluß Verfassungsbeschwerde zu erheben (Art. 93 I Nr. 4a GG; §§ 13 Nr. 8a, 90 ff. BVerfGG), begleitet von einem Antrag auf Erlaß einer einstweiligen Anordnung (§ 32 BVerfGG), um am Ende die investive Inanspruchnahme doch noch abzuwenden.[253]

---

252 Vgl. BVerfG 1, 322, 325.

253 S. BVerfG VIZ 1993, 111 f.; M. Keil/K. Pée/H. Scheidmann, a.a.O. (Fn. 207), S. 111 ff.

C. Ausgleichsanspruch des Berechtigten

§ 1 S.2 InVorG stellt den Grundsatz auf, daß der Berechtigte in den Fällen der Verwendung anmeldebelasteter Vermögenswerte für besondere Investitionszwecke einen Ausgleich nach Maßgabe des Investitionsvorranggesetzes erhält. Der Ausgleichsanspruch ist in § 16 InVorG geregelt. Laut der Paragraphenüberschrift zu § 16 InVorG bekommt der Berechtigte einen Anspruch „auf den Gegenwert des Vermögensgegenstandes". Die Feinheiten der Formulierung verdienen Beachtung. Die Paragraphenüberschrift verwendet nicht den technischen Begriff Vermögens*wert*, der in § 2 II VermG legal definiert ist, sondern spricht vom Gegenwert des Vermögens*gegenstandes*. Die unterschiedliche Begriffswahl ist nicht zufällig. Sie enthält einen versteckten Hinweis darauf, welche Einbuße genau ersetzt wird. Der Berechtigte verliert durch die investive Inanspruchnahme nämlich nicht das Eigentum an dem vormals enteigneten Vermögenswert. Das hat er schon längst eingebüßt. Vielmehr bewirkt die investive Maßnahme den Verlust des vermögensrechtlichen Rückgabeanspruchs (§§ 11 II S.1, IV S.2, V InVorG). Der Berechtigte erhält den Anspruch aus § 16 InVorG als Äquivalent dafür, daß er durch die Inanspruchnahme des Vermögenswerts für schnelle Investitionen eine Einbuße an seiner schuldrechtlichen Rechtsposition, die ihm durch die Gemeinsame Erklärung, das Vermögensgesetz und den Einigungsvertrag eingeräumt wurde, hinnehmen muß.[254] § 16 InVorG bildet gleichsam einen Rechtsfortsetzungsanspruch zur verlorenen Restitution. Die Geldleistung ist folglich ein Surrogat für die Rückgabe in natura. Der Zweck von § 16 InVorG besteht darin, den Berechtigten mittels der Geldleistung so zu stellen, wie er stünde, wenn er die Rückübertragung in natura erhalten hätte (sog. Surrogatsgedanke).[255] Der Anspruch „auf den Gegenwert des Vermögensgegenstandes" zielt darauf ab, dem Berechtigten den Wert zufließen zu lassen, den ihm sonst sein Rückgabeanspruch verschafft hätte. Für die Auslegung von § 16 InVorG spielt der Surrogatsgedanke eine tragende Rolle. Er bestimmt vor allem die Entschädigungsbemessung. Um dem Normzweck von § 16 InVorG und dem engen systematischen Zusammenhang

---

[254] S. M. Keil/K. Pée/H. Scheidmann, a.a.O. (Fn. 207), S. 88.

[255] M. Keil/K. Pée/H. Scheidmann, a.a.O. (Fn. 207), S. 91.

zum Vermögensgesetz gerecht zu werden, reicht es nämlich nicht aus, schlicht den erzielten Erlös auszukehren oder den gutachtlich ermittelten Verkehrswert auszuzahlen. Auf diese Weise würden nämlich die Ersatzverbindlichkeiten und Ausgleichsansprüche unberücksichtigt bleiben, die der Berechtigte im Fall der Rückgabe erfüllen müßte oder einfordern könnte (§§ 6 I S.2, 7, 7a, 18 ff. VermG). Ihm würde ein anderer Wert zufließen als bei der Restitution, was dem Gesetzeszweck widerspräche. Dem Surrogatsgedanken folgend, muß die Ausgleichsleistung daher in zwei Schritten bemessen werden. Nachdem der für den Vermögenswert erzielte Erlös bzw. der Verkehrswert einmal festgestellt ist, bedarf das gefundene Zwischenergebnis einer normativen Korrektur. Einzurechnen sind die mit der Rückgabe einhergehenden Nebenansprüche, die im Fall der Restitution den Wertzufluß vermindert oder erhöht hätten.[256]

I. Rechtsnatur des Anspruchs

Die Vorschrift des § 1 S.2 InVorG und die Überschrift zum 5. Abschnitt ersetzen den bislang in der Paragraphenüberschrift zu § 3 InvG i.d.F.-EVertr/-HemmnisbeseitigungsG verwandten Titelausdruck der Entschädigung durch den des Ausgleichs. Die neue Terminologie beinhaltet mehr als eine marginale Korrektur. Es wird ein neuer Systembegriff eingeführt, da sowohl die Ausgangsnorm des Investitionsvorranggesetzes (§ 1 InVorG) als auch die einschlägige Abschnittsüberschrift Erlösauskehr und Verkehrswertzahlung nicht mehr als Entschädigung bezeichnen.

1. Keine Enteignungsentschädigung

Die neue Betitelung schafft eine deutlichere Trennlinie gegenüber dem Begriff der Enteignungsentschädigung. Dem ist zu entnehmen, daß der Normgeber im 5. Abschnitt des Investitionsvorranggesetzes keine Enteignungsentschädigung geregelt sieht und demgemäß auch den Ausschluß der Rückgabe wegen investiver Zwecke nicht als Enteignung erachtet. Die Begriffswahl in § 1 S.2 InVorG und in der Überschrift zum 5. Abschnitt des Investitionsvorranggesetzes enthält den Grundgedanken, daß ein unmittelbarer grundgesetzlicher Eigentumsschutz des entzogenen Restitutionsanspruchs bei Ausgestaltung der

---

[256] S. unten C)V)2), 3) u. 4).

Ausgleichsbestimmungen nicht berücksichtigt werden mußte.[257] Der Gesetzgeber hat in § 16 InVorG also keinen Anspruch auf Enteignungsentschädigung geschaffen. Das verdeutlicht die Gesetzesbegründung. Dort finden die verfassungsrechtlichen Anforderungen an eine Enteignung (Art. 14 III GG) im Zusammenhang mit der Gestaltung der Ausgleichsregelung mit keinem Wort Erwähnung.[258] Daß § 16 InVorG keine Enteignungsentschädigung regelt, zeigen insbesondere die Ausführungen zu der in § 23 I S.1 InVorG angeordneten geteilten Rechtswegezuständigkeit. Die Zuweisung des Streits über die Anspruchshöhe an die ordentlichen Gerichte beruht danach allein auf der Erwägung, daß die Zivilgerichte ihre Erfahrung aus dem Bereich der Enteignungsentschädigung nutzen können.[259] § 23 I S.1 InVorG folgt demgemäß nicht dem Verfassungsgebot des Art. 14 III S.4 GG, auf den die Gesetzesbegründung keinerlei Bezug nimmt, sondern allein dem Gebot der Zweckmäßigkeit. Der Gesetzgeber erachtet also die Entschädigung bei Nichtrückgabe von Eigentumsrechten wegen investiver Zwecke nicht als einen Anspruch auf Enteignungsentschädigung, sondern lediglich als ein Institut, das in seiner rechtlichen Ausgestaltung und hinsichtlich der auftretenden Schwierigkeiten gleichgelagert ist.

2. Keine ausgleichspflichtige Inhaltsbestimmung

Die Gesetzgebung folgte demnach nicht den verfassungsrechtlichen Vorgaben aus Art. 14 III S.1, 2 GG, als sie dem Berechtigten bei einer investiven Inanspruchnahme einen Anspruch auf den Gegenwert des Vermögensgegenstandes einräumte. Grund für die Ausgleichsregelung war vielmehr, daß „die betroffenen Alteigentümer" im Fall des Investitionsvorrangs „wegen eines gegenwärtigen aktuellen Interesses der Allgemeinheit im Vergleich zu einer Rei-

---

[257] Zur Frage des eigentumsgrundrechtlichen Schutzes des Rückgabeanspruchs und der objektiv-rechtlichen Geltung des Art. 14 III GG für die Ausgleichsvorschriften des InVorG s. unten C)II) u. III); vgl. auch A. v. Drygalski, a.a.O. (Fn. 158), § 16 InVorG Rdnr. 8.

[258] S. Begründung zum InVorG nach dem Regierungsentwurf des 2. VermRÄndG, Bt.-Drucks. 227/92, zu den §§ 25, 26, abgedruckt a.a.O. (Fn. 174), S. 31 f.

[259] Begründung zum Regierungsentwurf des Hemmnisbeseitigungsgesetzes, Bt.-Drucks.12/103, zu Nr. 7, abgedruckt a.a.O. (Fn. 90), E 130.2, S. 15: „Nach Ausweitung des BInvG auf andere Tatbestände erscheint es notwendig, dies klar und im Sinne einer Zuständigkeit der ordentlichen Gerichte, die hiermit auch aus dem Bereich der Enteignungsentschädigung Erfahrung haben, zuzuweisen."

he anderer Berechtigter zurückstehen müssen."[260] Eine „besondere Entschädigung des Alteigentümers" ist vorgesehen, um die „Ungleichbehandlungen" zu rechtfertigen, „zu denen ... die Zurückdrängung der Restitutionsansprüche ... führt."[261] Angesichts der gesetzgeberischen Motive drängt sich die Frage auf, ob § 16 InVorG der Rechtsfigur der ausgleichspflichtigen Inhaltsbestimmung zuzuordnen ist (Art. 14 I, II GG). Den Gedanken der ausgleichspflichtigen Inhaltsbestimmung hat das BVerfG in der sog. Pflichtexemplarentscheidung entwickelt und später in einem Beschluß zu Verkehrslärmimmissionen wiederholt.[262] Er lautet im Kern wie folgt: Der Gesetzgeber kann eine einfachgesetzliche Inhaltsbestimmung, die einzelne Rechtsinhaber unzumutbar belastet, gleichwohl mit dem Grundgesetz in Einklang bringen, wenn er der Regelung einen Ausgleichsanspruch beiseite stellt, der Härtefälle abmildert.[263] Die Rechtsprechung der Fachgerichte und die Literatur haben den Gedanken aufgenommen und zu einer neuen Rechtsfigur ausgebaut.[264] Es ist möglich, daß eine gesetzliche Regelung, die generell das Eigentum in verfassungsrechtlich vertretbarer Weise beschränkt, in atypischen Ausnahmefällen zu besonderen Belastungen führt, die mit Blick auf den Grundsatz der Verhältnismäßigkeit nicht mehr vertretbar und nicht mehr zumutbar sind. Der Ausgleichsanspruch bietet dem Gesetzgeber in diesen Ausnahmefällen ein Instrument, mit dem er übermäßige oder gleichheitswidrige Belastungen von Einzelbetroffenen vermeiden kann. Andere Wege, solche Belastungen zu mildern, sind beispielsweise Ausnahmebestimmungen oder Übergangsvorschriften.[265] Möglicherweise gehört § 16 InVorG zu dieser Art von eigentumsrechtlichem Ausgleich. Immerhin dient er dazu, die besondere Belastung derjenigen Alteigentümer aufzufangen, die ihre Rückgabeberechtigung wegen einer investiven Inanspruchnahme verlieren. § 16 InVorG kann freilich nur dann als ein Ausgleichsanspruch i.S.v. Art. 14 I, II GG angesehen werden, wenn die vermögensrechtliche Rückgabe- und die investive Vorrangregelung Inhalt und Schranken des Eigentums bestimmen (Art. 14 I S.2 GG). Der Rückgabeanspruch schafft jedoch kei-

---

260 S. Erläuterungen der Bundesregierung zum Investitionsgesetz in der Fassung des Einigungsvertrages, Bt-Drucks. 11/7817, zu § 3, abgedruckt a.a.O. (Fn. 78), S. 3.

261 Begründung zum Regierungsentwurf des Hemmnisbeseitigungsgesetzes, Bt.-Drucks. 12/103, Vorbemerkung I, abgedruckt a.a.O. (Fn. 90), S. 6.

262 BVerfG 58, 137, 149; 79, 174, 192.

263 Vgl. BVerfG 79, 174, 192.

264 S. BVerwG 77, 285, 297 f.; 81, 329, 340; 84, 362, 368; BGH DVBl. 1993, 430, 431; H. Maurer, Allgemeines Verwaltungsrecht, 9. Aufl., § 26 Rdnr. 79 m.w.N.

265 S. B. Kempen, Der Eingriff des Staates in das Eigentum, Köln 1991, Rdnr. 248.

ne Rechtsposition, die Gegenstand der Eigentumsgarantie ist (Art. 14 I S.1 GG). Das Grundgesetz billigt dem Rückgabeanspruch des Alteigentümers von vornherein keinen grundrechtlichen Eigentumsschutz zu.[266] Mithin stellt der Investitionsvorrang keine Schrankenregelung i.S.v. Art. 14 I S.2 GG dar, dessen belastende Folge aufgrund eigentumsrechtlicher Gebote abgemildert werden müßte. Die Figur der ausgleichspflichtigen Inhaltsbestimmung bleibt unanwendbar.

3. Ausgleich für Aufopferung

Die tieferen Wurzeln von § 16 InVorG liegen nicht in Art. 14 GG, sondern in Art. 3 I GG. Der Ausgleichsanspruch wurde eingeräumt, weil „die betroffenen Alteigentümer wegen eines gegenwärtigen aktuellen Interesses der Allgemeinheit im Vergleich zu einer Reihe anderer Berechtigter zurückstehen müssen."[267] Mit anderen Worten: Der Investitionsvorrang greift mit hoheitlichem Zwang in eine bestehende Rechtsposition ein und verlangt dem Rückgabeberechtigten aus Allgemeinwohlgründen ein Sonderopfer ab, das ausgeglichen werden muß. Die Gesetzesbegründung zeigt, obgleich sie den Begriff nicht ausdrücklich erwähnt, daß der investive Rückgabeausschluß die tatbestandlichen Merkmale einer Aufopferung erfüllt, und stützt darauf die gewährte Ausgleichsleistung. § 16 InVorG gründet auf dem Gedanken der Aufopferung für das gemeine Wohl, wie er vormals in den historischen Vorschriften der §§ 74, 75 Einl. ALR Gestalt gewonnen hatte.[268] Ausgehend von der Annahme, daß der vermögensrechtliche Rückgabeanspruch keinen subjektiv-rechtlichen Eigentumsschutz genießt, und deshalb keine Veranlassung bestand, für den investiven Rückgabeausschluß eine eigentumsrechtliche Entschädigung vorzusehen, normiert § 16 InVorG - der begrifflichen Systematik des Rechts der staat-

---

266 Zum fehlenden eigentumsgrundrechtlichen Schutz des Rückgabeanspruchs s. unten D)II) u. III).

267 Erläuterungen der Bundesregierung zum Investitionsgesetz in der Fassung des Einigungsvertrages, Bt-Drucks. 11/7817, zu § 3, abgedruckt a.a.O. (Fn. 78), S. 3.

268 § 74 Einl. ALR: „Einzelne Rechte und Vortheile der Mitglieder des Staats muessen den Rechten und Pflichten zur Befoerderung des gemeinschaftlichen Wohls, wenn zwischen beiden ein wirklicher Widerspruch (Collision) eintritt, nachstehen.";

§ 75 Einl. ALR: „Dagegen ist der Staat denjenigen, welcher seine besondern Rechte und Vortheile dem Wohle des gemeinen Wesens aufzuopfern genoethigt wird, zu entschaedigen gehalten."

lichen Ersatzleistungen folgend - einen spezialgesetzlichen Anspruch auf Aufopferungsentschädigung.[269]

II. Voraussetzungen des Ausgleichsanspruchs

Abgesehen von der nuancierteren Wortwahl, die sich auf den Begriff des Ausgleichs verlegt, hält das Investitionsvorranggesetz ohne wesentliche Änderung am bekannten Grundsatz der Erlösauskehr bzw. der Verkehrswertzahlung fest. Es faßt dazu die bisher im Vermögensgesetz und im Investitionsgesetz verstreuten Entschädigungsvorschriften (§§ 1 IV, 1a V S.2, 3, 3 InvG i.d.F.-HemmnisbeseitigungsG; §§ 3 VII S.7, 3a V, VI, 6 VIa S.4, 5 VermG i.d.F.-HemmnisbeseitigungsG) zusammen.[270] Die amtliche Überschrift zu § 16 InVorG beschreibt den Kern der Ausgleichsregelung. Mit einer investiven Veräußerung bzw. Belastung oder bei Durchführung von Eigeninvestitionsmaßnahmen geht der Rückgabeanspruch ganz oder teilweise unter (§ 11 II S.1, IV, V InVorG). Stattdessen erhält der Berechtigte einen Anspruch auf den Gegenwert des verlorenen Vermögensgegenstandes. Dieser Anspruch gleicht die Einbuße aus, die der Altberechtigte an seiner Rechtsposition erleidet, die ihm zuvor durch die Gemeinsame Erklärung, den Einigungsvertrag und das Vermögensgesetz eingeräumt wurde (Art. 41 I EVertr; Nr. 3, 7 GemErkl; § 3 I S.1 VermG).[271] An das Entstehen des Anspruchs sind unterschiedliche Voraussetzungen geknüpft, je nachdem, um welche Investitionsmaßnahme es sich handelt.

1. Investive Veräußerung gem. § 16 I S.1 InVorG

Gem. § 16 I S.1 InVorG entsteht der Auskehranspruch, wenn „... dem Verfügungsberechtigten infolge seiner Veräußerung die Rückübertragung des Vermögenswertes nicht möglich, ...“ ist.

---

[269] Zum fehlenden eigentumsgrundrechtlichen Schutz des Rückgabeanspruchs s. unten D)II) u. III).

[270] S. Begründung zum InVorG nach dem Regierungsentwurf des 2. VermRÄndG, Bt.-Drucks. 227/92, zu § 25, abgedruckt a.a.O. (Fn. 174), S. 31.

[271] Zur Rechtsnatur des Restitutionsanspruchs s. oben A)V)2).

a) Vermögenswert

§ 16 I S.1 InVorG setzt voraus, daß die Rückgabe „des Vermögenswerts" aufgrund der Veräußerung unmöglich ist. Der Gehalt des Begriffs ist in § 2 II VermG legal definiert, der all die Werte gesondert aufführt, die als solche Gegenstand eines Rückgabeanspruchs sein können.[272] Sowohl für die Rückgabe als auch für den Ausgleichsanspruch ist genau zu beachten, welcher konkrete Vermögenswert anmeldebelastet ist. Voraussetzung für die Auskehr des Erlöses gem. § 16 S.1 InVorG ist, daß gerade der restitutionsbelastete Vermögenswert selbst veräußert wird. Beispielsweise kann ein Berechtigter, der Rückübertragung seines früheren Unternehmens verlangt (§ 6 I S.1 VermG), bei Veräußerung eines einzelnen Grundstücks, das in den rückgabebelasteten Betrieb gehört, nicht den Erlös beanspruchen. Vielmehr fließt der gezahlte Kaufpreis in den Betrieb und mehrt dadurch den Wert des zurückzugebenden Unternehmens und gegebenenfalls den bei einem Verkauf des Unternehmens erzielbaren Erlös.[273]

Bei der Grundstücksrestitution (§ 3 I S.1 VermG) entsteht der Auskehranspruch grundsätzlich nur, wenn die Liegenschaft selbst veräußert wird.[274] So ist Erlösauskehr zu zahlen, wenn ein rückgabebelastetes Betriebsgrundstück aufgrund eines Unternehmensverkaufs veräußert wird, der durch die Übertragung der einzelnen Gegenstände des Betriebsvermögens vollzogen wird.[275] Umgekehrt sind die Voraussetzungen des § 16 I S.1 InVorG grundsätzlich nicht erfüllt, wenn ein anmeldebelastetes Grundstück ins Betriebsvermögen fällt und das Unternehmen im Wege der Übertragung aller Gesellschaftsanteile veräußert wird.[276] Der Rückgabeanspruch bleibt unberührt und richtet sich weiterhin gegen den Unternehmensträger. Eine Ausnahme bildet hier allerdings der Fall, daß bei einem Investitionsvorrangbescheid für ein Unternehmen nach § 3 II InVorG über Grundstücke mitentschieden wird, die Teil des Unternehmens sind, auf denen aber Einzelrestitutionsansprüche eines anderen Altberechtigten als des Altinhabers lasten. Diese Grundstücke werden von der Wirkung der in-

---

[272] S. zur Auslegung des Begriffs Vermögenswert J. Wasmuth, a.a.O. (Fn. 26), § 2 VermG Rdnr. 48 ff.

[273] M. Keil/K. Pée/H. Scheidmann, a.a.O. (Fn. 207), S. 91.

[274] M. Keil/K. Pée/H. Scheidmann, a.a.O. (Fn. 207), S. 90.

[275] Arbeitspapier der Treuhandanstalt zur Erlösauskehr, Bes. Teil C.III.2.a), abgedruckt bei: Rodenbach/Söfker/Lochen (Hrsg.), InVorG, Anhang 2, S. 9.

[276] Arbeitspapier der Treuhandanstalt zur Erlösauskehr, Bes. Teil C.III.2.b), abgedruckt a.a.O. (Fn. 275), S. 9.

vestiven Unternehmensveräußerung erfaßt, wenn der Vorrangbescheid ausdrücklich die besondere Feststellung trifft, daß für die Einzelgrundstücke die §§ 3 III bis V VermG nicht gelten.[277] Der auf dem Grundstück lastende Rückgabeanspruch geht unter. Da allerdings über das Grundstück nicht verfügt und demgemäß hierfür kein Erlös erzielt wird, richtet sich der Anspruch nicht auf Auskehr, sondern auf Zahlung des Verkehrswertes (§ 16 I S.3 InVorG).[278]

b) Veräußerung

Der Begriff Veräußerung bedeutet, daß über einen Gegenstand im Wege der Übertragung verfügt wird.[279] Gleichwohl wird vertreten, daß bereits der Abschluß des Verpflichtungsgeschäfts den Anspruch zur Entstehung bringen soll.[280] Neben dem Wortlaut spricht gegen diese Auslegung der systematische Zusammenhang mit § 11 I, II S.1, IV InVorG. Die Bestimmungen knüpfen den Ausschluß der Rückgabe ausnahmslos an die dingliche Seite des investiven Geschäfts. Erst danach tritt an die Stelle der tatsächlichen Rückgabe der nach § 16 InVorG zu leistende Ausgleich. Der Gesetzessystematik liegt also das Erfüllungsgeschäft zugrunde. Zudem dient es dem allgemeinen Ziel der Rechtsklarheit, zusammen mit Wortlaut und Systematik an die Verfügung über den Vermögenswert anzuknüpfen.[281] Sie markiert ihrer Natur nach einen beständigeren und genaueren Punkt als der schuldrechtliche Vertrag (vgl. § 925 II BGB).

Bei einem mehraktigen Erwerbstatbestand, wie beispielsweise der Grundstücksveräußerung, erlischt der Restitutionsanspruch nicht erst mit dem letzten

---

277 P. Preu, DB 1993, 521, 526.

278 Arbeitspapier der Treuhandanstalt zur Erlösauskehr, Bes. Teil C.III.2.b), abgedruckt a.a.O. (Fn. 275), S. 9.

279 S. Creifelds Rechtswörterbuch, 10. Aufl., Stichwort: Verfügung, S. 1212 f.

280 So zumindest VG Greifswald ZOV 1994, 410; K. Racky, in: Jesch/Ley/Racky/Winterstein/Kuhn, InVorG, Komm., § 16 Rdnr. 3, wonach der wirksame Abschluß des schuldrechtlichen Verpflichtungsgeschäfts ausreiche, weil aus § 10 S.2 InVorG zu folgern sei, daß ab diesem Zeitpunkt keine Rückübertragung mehr erfolge; ebenso H.-J. Rodenbach, in: Rodenbach/Söfker/Lochen (Hrsg.), InVorG, § 16 Rdnr. 11, mit der Begründung, daß auch die Vorgängerregelung in § 3a V VermG i.d.F.-Hemmnisbeseitigungs G den schuldrechtlichen Kaufvertrag meinte.

281 Für die Maßgeblichkeit des Verfügungsgeschäfts A. v. Drygalski, a.a.O. (Fn. 158), § 16 InVorG Rdnr. 13; M. Keil/K. Pée/H. Scheidmann, a.a.O. (Fn. 207), S. 89; ebenso H. Neuhaus, in: Fieberg/Reichenbach/Messerschmidt/Neuhaus (Hrsg.), VermG, Komm., Stand Mai 1994, § 1 Rdnr. 188.

Teilakt, sondern bereits mit der Auflassung (§ 925 I BGB) als dinglichem Verfügungsgeschäft.[282] Diese Auslegung findet einen Anhalt im Wortlaut von § 3 IV S.2 VermG („Ist ... noch nicht verfügt worden, ..."). In dem Anliegen, die Erlöschenstatbestände in § 3 IV S.3 VermG und in § 11 II S.1 InVorG einheitlich auszulegen, da beide an die Veräußerung des Vermögensgegenstandes anknüpfen, läßt sich das auf das Investitionsvorranggesetz übertragen. Demzufolge erlischt der Rückgabe- bzw. entsteht der Ausgleichsanspruch bereits mit dem ersten Teilakt des investiven Verfügungsgeschäfts.

Der Begriff der Veräußerung umfaßt sowohl entgeltliche als auch unentgeltliche Rechtsgeschäfte.[283] Bei der abstrakten Übertragung folgt diese Unterscheidung lediglich dem zugrundeliegenden Schuldvertrag. Die Anspruchsvoraussetzungen von § 16 I S.1 InVorG gelten daher auch, wenn die Veräußerung auf einer (gemischten) Schenkung beruht. Nur für den Inhalt des Ausgleichsanspruchs greifen dann die beiden ersten Alternativen des § 16 I S.3, 1, 2 Alt. InVorG ein, die statt Erlösauskehr Zahlung des Verkehrswertes anordnen, wenn „... ein Erlös nicht erzielt ..." worden ist oder „... dieser den Verkehrswert ..." unterschreitet.[284]

c) Unmöglichkeit der Rückübertragung

§ 16 I S.1 InVorG setzt voraus, daß „... dem Verfügungsberechtigten ... die Rückübertragung des Vermögenswertes nicht möglich, ..." ist. Die Rückübertragungsverpflichtung (§ 3 I S.1 VermG) entspringt einem öffentlichrechtlichem Schuldverhältnis.[285] Grundsätzlich könnten daher die §§ 241 ff. BGB, also insbesondere auch § 275 II BGB, zur (subjektiven) Rückgabeunmöglichkeit wegen Weiterveräußerung analog herangezogen werden.[286] Allerdings nur soweit öffentlich-rechtliche Normen fehlen.[287] Das Investitionsvorranggesetz enthält jedoch in § 11 II S.1, IV besondere Vorschriften, die das

[282] M. Mauer, in: Rodenbach/Söfker/Lochen (Hrsg.), InVorG, § 11 Rdnr. 27; G. Fieberg/H. Reichenbach, a.a.O. (Fn. 91), § 3 Rdnr. 80.

[283] G. Fieberg/H. Reichenbach, a.a.O. (Fn. 91), § 3 Rdnr. 83; s. auch Creifelds Rechtswörterbuch, 10. Aufl., Stichwort: Verfügung, S. 1212 f. mißverständlich insoweit A. v. Drygalski, a.a.O. (Fn. 158), Rdnr. 13.

[284] S. A. v. Drygalski, a.a.O. (Fn. 158), § 16 InVorG Rdnr. 13.

[285] S. oben A)V)2).

[286] Vgl. Palandt, 52. Aufl., Einl v § 241 Rdnr. 25 u. § 275 Rdnr. 15.

[287] Vgl. Palandt, 52. Aufl., Einl v § 241, Rdnr. 25.

rechtliche Schicksal des Rückgabeanspruchs im Falle der investiven Veräußerung regeln. Danach entfällt die Rückübertragung des Vermögenswerts im Umfang der Veräußerung aufgrund des Investitionsvorrangbescheids. § 11 II S.1 InVorG beschreibt also die Rückgabeunmöglichkeit i.S.d. § 16 I S.1 InVorG.[288] Auf § 275 BGB braucht nicht zurückgegriffen werden. Daraus folgt, daß ein Auskehranspruch gem. § 16 I S.1 InVorG nur entsteht, soweit die Rückgabe des Vermögenswerts aufgrund der investiven Veräußerung gem. § 11 II S.1 InVorG ganz oder zum Teil (Teilunmöglichkeit) ausgeschlossen ist. Bei der Veräußerung von Teilflächen bleiben z.B. die verbliebenen Teile des ursprünglichen Grundstücks rückgabebelastet. Ebenso kann der Berechtigte bei Übertragung von Teil- oder Wohnungseigentum Rückgabe der verbliebenen nicht veräußerten Miteigentumsanteile verlangen (§ 11 IV S.2 InVorG). Nur soweit die Miteigentumsanteile weiterveräußert wurden, ist die Rückgabe (teil-)unmöglich geworden, so daß in diesem Umfang gem. § 16 I S.1 InVorG Auskehr geschuldet ist. Hingegen zieht die bloße Belastung mit einer Dienstbarkeit oder mit einem Erbbaurecht keinen Auskehranspruch nach sich, da der belastete Vermögenswert gleichwohl insgesamt zurückgegeben wird (§ 11 IV S.1 InVorG). Im Ergebnis wird demnach Erlösauskehr gem. § 16 I S.1 InVorG nur nach Grundstücks- oder Unternehmensveräußerungen (§ 2 I Nr.1, II Nr.1 InVorG) und nach der Veräußerung von Teil- bzw. Wohnungseigentum (§ 2 I Nr.3 InVorG) geschuldet.[289]

d) Kausalität

Die Rückübertragung muß „... infolge seiner Veräußerung ...“ unmöglich sein. Die spezifische Ursächlichkeitsvoraussetzung fordert für den Auskehranspruch, daß die Rückgabeunmöglichkeit gerade auf auf der investiven Veräußerung des Verfügungsberechtigten beruht. Das bekräftigt zum einen die allgemeine Anspruchsvorraussetzung der materiellen Rückgabeberechtigung in natura.[290] Denn wenn beispielsweise die Restitution schon aus den in den §§ 4, 5 oder 6 VermG genannten Gründen ausgeschlossen ist, kann die spätere Ver-

---

[288] Ähnlich K. Racky, a.a.O. (Fn. 280), § 16 Rdnr. 3; M. Keil/K. Pée/H. Scheidmann, a.a.O. (Fn. 207), Anhang III A.; A. v. Drygalski, a.a.O. (Fn. 158), § 16 InVorG Rdnr. 17, die allerdings die Unmöglichkeit der Rückgabe aus §§ 3 IV, 11 II VermG herleitet.

[289] S. G. Fieberg/H. Reichenbach, a.a.O. (Fn. 91), § 3 Rdnr. 79.

[290] Zu dieser Voraussetzung s. unten C)III).

äußerung für die Rückgabeunmöglichkeit nicht ursächlich sein.[291] Ebenso fehlt es an der Ursächlichkeit dann, wenn der restitutionsbelastete Gegenstand vor beabsichtigter Veräußerung untergeht.[292] In diesem Fall ist allein der Verlust des Vermögenswerts kausal die Rückgabeunmöglichkeit. Der Berechtigte kann deshalb nicht nach § 16 InVorG Ausgleich verlangen. Er ist darauf verwiesen, im Verschuldensfall entweder den Verfügungsberechtigten oder einen etwaigen Drittschädiger auf Schadensersatz in Anspruch zu nehmen.[293] Entsprechendes gilt bei einer wesentlichen Verschlechterung des anmeldebelasteten Vermögensgegenstandes, aufgrund derer eine investive Veräußerung ganz oder teilweise unterbleibt.

2. Eigeninvestition gem. § 16 I S.3 InVorG

Der Berechtigte kann Zahlung des Verkehrswertes verlangen, wenn „... ein Erlös nicht erzielt worden, ...“ ist, wenn „... dieser den Verkehrswert unterschreitet, ...“, oder wenn „... der Verfügungsberechtigte selbst investive Maßnahmen durchgeführt, ...“ hat (§ 16 I S.3 InVorG). Die beiden erstgenannten Alternativen in § 16 I S.3 InVorG betreffen den Umfang des Erlösauskehranspruchs, behandeln also keine Anspruchsvoraussetzungen. Sie gewährleisten, daß dem Berechtigten als Ausgleich mindestens der Verkehrswert zufließt, auch wenn unter Wert veräußert wurde.[294] Bei § 16 I S.3 3.Alt. InVorG handelt es sich hingegen um einen selbständigen Ausgleichsanspruch für den Fall der

291 S. A. v. Drygalski, a.a.O. (Fn. 158), § 16 InVorG Rdnr. 19.

292 Vgl. A. v. Drygalski, a.a.O. (Fn. 158), § 16 InVorG Rdnr. 20.

293 Zur Schadensersatzhaftung des Verfügungsberechtigten bei Zuwiderhandlung gegen die Verpflichtung zur Wahrung der wirtschaftlichen Interessen des Berechtigten s. G. Fieberg/H. Reichenbach, a.a.O. (Fn. 91), § 3 Rdnr. 57 ff., die allerdings nicht auf § 280 BGB eingehen, obwohl es sich um einen Fall der verschuldeten Unmöglichkeit bei einem einseitig verpflichtenden Schuldverhältnis handelt (vgl. Palandt, 52. Aufl., § 280 Rdnr. 2). Vgl. auch J. Wasmuth, a.a.O. (Fn. 26), § 3 VermG Rdnr. 285 ff. Eine unmittelbare Haftung anderer Schädiger gegenüber dem Altberechtigten läßt sich nicht ohne weiteres begründen. Aufgrund des schuldrechtlichen Charakters des Restitutionsanspruchs kann grundsätzlich nicht von einer deliktisch geschützten Anwartschaft des Berechtigten ausgegangen werden (s. Palandt, 52. Aufl., § 823 Rdnr. 12). Eine Schutzwirkung des investiven Vertrages zugunsten des Altberechtigten und damit eine vertragliche Ersatzhaftung des schuldhaft handelnden Erwerbers wird ebenfalls nur ausnahmsweise gegeben sein (s. Palandt, 52. Aufl., § 328 Rdnr. 16 ff.).

294 S. dazu unten C)V)3).

Eigeninvestitionsmaßnahme (§ 2 I Nr.4, II Nr.2 InVorG). Wie auch § 16 I S.1 InVorG korrespondiert § 16 I S.3 3.Alt. InVorG mit § 11 InVorG.

Gem. § 11 V InVorG entfällt die Rückgabe „... insoweit, als das Grundstück oder Gebäude für die investive Maßnahme nach dem Inhalt des Vorhabens in Anspruch genommen wurde.“, wenn „... der Verfügungsberechtigte die bescheinigten investiven Maßnahmen nach § 2 InVorG innerhalb der festgesetzten Frist selbst ...“ durchführt. Ist die Eigeninvestitionsmaßnahme nicht innerhalb der maßgeblichen Frist (§§ 8 II a), III S.1, 13 I S.1, 2 InVorG) verwirklicht, sprich im wesentlichen fertiggestellt worden (§ 13 I S.3 InVorG), besteht der Rückgabeanspruch fort.[295] Investiert der Verfügungsberechtigte also verspätet, nachdem die einzuhaltende Frist ablaufgelaufen ist (§§ 8 II a), III S.1, 13 I S.1, 2 InVorG), bleibt der Rückgabeanspruch unberührt. Ein Zahlungsanspruch nach § 16 I S.3 InVorG entsteht nicht. Nur Werterhöhungen müssen gegebenenfalls ausgeglichen werden. Der Restitutionsanspruch entfällt zudem nur im Maß der Inanspruchnahme.[296] Parallel zu den bei der investiven Veräußerung entwickelten Grundsätzen entsteht der Anspruch auf Verkehrswertzahlung demnach erst und lediglich insoweit, als der Rückgabeanspruch gem. § 11 V InVorG untergegangen ist.

Der Anspruch aus § 16 I S.3 3.Alt. InVorG entsteht also erst, nachdem der Rückgabeanspruch gem. § 11 V InVorG erloschen ist, nicht schon mit Bestandskraft des Investitionsvorrangbescheids.[297] Letztere Auslegung widerspräche der Gesetzessystematik. Zudem würden dadurch unnötige Rückabwicklungen in den Fällen provoziert, in denen der Investitionsvorrangbescheid wegen Fristversäumnis aufgehoben wird (§ 15 I S.1 InVorG). Überdies läßt sich der Umfang des Anspruchs erst dann genau bestimmen, wenn das Vorhaben tatsächlich verwirklicht wurde (vgl. § 15 I S.2 InVorG). Denn die Rückgabe entfällt bzw. spiegelbildlich dazu entsteht der Ausgleichsanspruch lediglich im Umfang der investiven Inanspruchnahme (§ 11 V InVorG).

§ 11 V InVorG gilt dem Wortlaut nach nur für Grundstücke und Gebäude. Die Auswirkung der Eigeninvestition in ein Unternehmen (§ 2 II Nr.2 InVorG)

---

[295] M. Mauer, a.a.O. (Fn. 282), § 11 Rdnr. 52.

[296] M. Mauer, a.a.O. (Fn. 282), § 11 Rdnr. 52.

[297] In letzterem Sinne allerdings K. Racky, a.a.O. (Fn. 280), § 16 Rdnr. 4 Fn. 2, mit der Begründung, daß, wenn die Veräußerung mit Vollziehbarkeit des Investitionsvorrangbescheids gem. § 10 InVorG zulässig ist, im Fall der Eigeninvestition der Verkehrswert spätestens mit dessen Bestandskraft fällig sein muß.

wurde versehentlich nicht geregelt.[298] Doch kann § 11 V InVorG in der Weise entsprechend angewandt werden, daß an die Stelle der Bescheidsfrist nach § 8 II a) InVorG die Zweijahresfrist nach § 8 III S.1 InVorG tritt.[299] Bei Unternehmen wird der Rückgabeanspruch allerdings anders als bei Grundstücken regelmäßig ganz erlöschen. Denn Unternehmensinvestitionen haben i.d.R. keinen konkreten gegenständlichen Bezug, an dem sich das Maß der Beanspruchung ablesen lassen könnte, wie dies z.B. bei der investiven Flächeninanspruchnahme der Fall ist. Vielmehr dienen sie dem Betrieb insgesamt. Nach dem Inhalt des Vorhabens (vgl. Wortlaut § 11 V InVorG) wird daher zumeist das vollständige Unternehmen zu Eigeninvestitionszwecken in Anspruch genommen. Der Restitutionsanspruch erlischt im ganzen, so daß gem. § 16 I S.3 InVorG der Verkehrswert des Unternehmens auszugleichen ist.

3. Sonstige Ausgleichsansprüche bei investiver Vermietung und Verpachtung sowie bei Bestellung einer Dienstbarkeit oder eines Erbbaurechts

Die übrigen Investitionsformen, d.h. die investive Vermietung und Verpachtung sowie die Dienstbarkeits- und Erbbaurechtsbestellung, hindern die Rückgabe nicht (§ 11 III, IV S.1 InVorG). Der Berechtigte erhält den Vermögensgegenstand zurück. Für die übernommenen schuldrechtlichen Verpflichtungen (§ 11 III InVorG i.V.m. § 571 I BGB) bzw. dinglichen Belastungen (§ 11 IV S.1 InVorG) bekommt er einen Ausgleich (§ 16 I S.4, II InVorG).[300]

III. Gläubiger des Ausgleichsanspruchs

Gem. § 16 I S.1 InVorG ist Gläubiger des Ausgleichsanspruchs „jeder Berechtigte nach Feststellung oder Nachweis seiner Berechtigung".

---

298 M. Mauer, a.a.O. (Fn. 282), § 11 Rdnr. 51.

299 M. Mauer, a.a.O. (Fn. 282), § 11 Rdnr. 51, 53.

300 Zum Ausgleichsanspruch bei Bestellung einer Dienstbarkeit s. A. v. Drygalski, a.a.O. (Fn. 158), § 16 InVorG Rdnr. 55 ff. u. K. Racky, a.a.O. (Fn. 280), § 16 Rdnr. 9; bei der Erbbaurechtsbestellung s. A. v. Drygalski, a.a.O. (Fn. 158), § 16 InVorG Rdnr. 86 ff.; bei Vermietung und Verpachtung s. A. v. Drygalski, a.a.O. (Fn. 158), § 16 InVorG Rdnr. 70 ff. u. H.-J. Rodenbach, a.a.O. (Fn. 280), § 11 Rdnr. 55 ff.

1. Berechtigter

Der Berechtigtenbegriff in § 16 I S.1 InVorG enthält gegenüber dem des Vermögensgesetzes (§§ 2 I, 3 II, 6 Ia VermG) ein weiteres Erfordernis. Berechtigte sind nach der Legaldefinition in § 2 I S.1 VermG natürliche und juristische Personen sowie Personenhandelsgesellschaften, deren Vermögenswerte von Maßnahmen gem. § 1 VermG betroffen sind, sowie ihre Rechtsnachfolger. Für die Ausgleichsberechtigung nach dem Investitionsvorranggesetz reicht dies allein nicht aus. Zusätzlich dürfen auch keine Ausschlußgründe eingreifen (§§ 4, 5, 6 I, Ia VermG), die einen tatsächlichen Rückgabeanspruch hindern. Denn nur bei Berechtigung auf Rückgabe in natura beeinträchtigen investive Maßnahmen die vermögensrechtliche Rechtsposition, hingegen nicht wenn bereits nach dem Vermögensgesetz nur Entschädigung oder Erlösauskehr geschuldet ist. Gemeint ist in § 16 I S.1 InVorG also nur die Berechtigung auf tatsächliche Rückübertragung.[301] So muß insbesondere bei Unternehmen das für die Rückgabe erforderliche Quorum nach § 6 Ia S.3 VermG i.V.m. § 17 UnternehmensrückgabeVO (URüV) zustande gekommen sein. Fehlt es daran, bleibt § 16 I S.1 InVorG für den investiven Ausschluß des *Unternehmens*rückgabeanspruchs mangels Berechtigung unanwendbar und die Erlösauskehr richtet sich nach § 6 VIa S.4 VermG.[302]

Gem. § 16 I S.1 InVorG kann „jeder" Berechtigte Zahlung verlangen. Daß betrifft gleichwohl nur die Berechtigten, die Rückgabe in natura beanspruchen können, da nur sie durch investive Maßnahmen einen Nachteil erleiden. Gem. § 3 II VermG gilt dann, wenn von mehreren Personen Ansprüche auf Rückübertragung desselben Vermögenswertes geltend gemacht werden, nur derjenige als Berechtigter, der von einer Maßnahme gem. § 1 VermG als erster betrof-

---

301 S. K. Racky, a.a.O. (Fn. 280), § 16 Rdnr. 2 u. M. Keil/K. Pée/H. Scheidmann, a.a.O. (Fn. 207), S. 89.

302 S. H.-J. Rodenbach, a.a.O. (Fn. 280), § 16 Rdnr. 29; a.A. S. Hofert/M. Neupert, VIZ 1995, 266, 267, die „wegen der Ähnlichkeit der Sachverhalte" wie bei § 6 VIa S.4 VermG vorgehen wollen, also beim investiven Ausschluß der Rückgabe eines Unternehmen auch die einzelnen Gesellschafter zum Empfang des Veräußerungserlöses berechtigt sein lassen wollen. Dabei wird übersehen, daß der Ausgleich nach § 16 InVorG an den investiven Verlust der Rückgabeberechtigung anknüpft, den wiederum erleidet nach § 6 Ia S.3 VermG nur die Person der Liquidationsgesellschaft, da nur sie Rückgabe in natura verlangen kann.

fen war.[303] Die anderen Geschädigten haben keinen materiellen Rückgabeanspruch, sondern sind auf die vermögensrechtliche Entschädigung verwiesen.[304] Daraus folgt, daß Zweitgeschädigte i.S.d. § 3 II VermG nicht nach § 16 InVorG anspruchsberechtigt sind.[305]

Hiervon zu unterscheiden ist der Fall, in dem ein Vermögensgegenstand mit nur ein und demselben Restitutionsanspruch belastet ist, der allerdings mehreren Personen zusteht. Dazu kommt es vor allem dann, wenn der Vermögensgegenstand vor Eintritt des Verlustes einem gesamthänderischen Sondervermögen zugeordnet war.[306] § 3 II VermG ist hier unanwendbar.[307] Vielmehr ist jeder der Anmelder Berechtigter i.S.d. § 16 InVorG, mit der Folge, daß der Erlös oder Verkehrswert entsprechend aufgeteilt werden muß.[308]

2. Feststellung der Berechtigung

§ 11 VI InVorG bestimmt, daß die Berechtigung im Verfahren nach Abschnitt VI des Vermögensgesetzes festgestellt werden kann, wenn die Rückübertragung entfällt oder dies zu erwarten ist. Grundlage des feststellenden Verwaltungsakts ist § 11 VI InVorG i.V.m. § 33 VermG. Das zuständige Amt oder Landesamt zur Regelung offener Vermögensfragen entscheidet dann durch Feststellungsbescheid über die Berechtigung im Sinne des Investitionsvorranggesetzes.[309] Zwar regelt § 33 VermG unmittelbar nur den Fall, daß der Antragsteller statt Rückgabe oder Aufhebung der staatlichen Verwaltung Entschädigung nach §§ 8 I S.1, 11 I S.2, 9 III, 32 II VermG wählt und deswegen als Voraussetzung für die vermögensgesetzliche Entschädigungsleistung die

---

303 Zur Auslegung von § 3 II VermG s. J. Wasmuth, a.a.O. (Fn. 26), § 3 VermG Rdnr. 170 ff.

304 S. J. Wasmuth, a.a.O. (Fn. 26), § 3 VermG Rdnr. 182; F. J. Säcker/B. Hummert, a.a.O. (Fn.14), Rdnr. 1051; a.A. G. Fieberg/H. Reichenbach, a.a.O. (Fn. 91), § 3 Rdnr. 22, die den Zweitgeschädigten nach derzeitiger Rechtslage keinerlei Entschädigung zubilligen, allerdings fordern dies de lege ferenda zu ändern.

305 H.-J. Rodenbach, a.a.O. (Fn. 280), § 16 Rdnr. 25.

306 G. Fieberg/H. Reichenbach, a.a.O. (Fn. 91), § 3 Rdnr. 19.

307 J. Wasmuth, a.a.O. (Fn. 26), § 3 VermG Rdnr. 175; G. Fieberg/H. Reichenbach, a.a.O. (Fn. 91), § 3 Rdnr. 19.

308 Vgl. H.-J. Rodenbach, a.a.O. (Fn. 280), § 16 Rdnr. 28.

309 S. dazu und zur Anfechtbarkeit dieses Bescheids A. v. Drygalsky, a.a.O. (Fn. 158), § 16 InVorG Rdnr. 48 f.

Berechtigung festgestellt werden muß.[310] Aufgrund der Verweisung in § 11 VI InVorG sind § 33 VermG und die übrigen Bestimmungen des VI. Abschnitts jedoch in gleicher Weise auf die Feststellung der Berechtigung nach § 16 I S.1 InVorG anzuwenden.[311] Danach ergeht ein Grundlagenbescheid, der sich auf die Feststellung der Berechtigung im Sinne des Investitionsvorranggesetzes beschränkt.[312] Die bestandskräftige Feststellung bindet dann sowohl Behörden als auch Zivil- und Verwaltungsgerichte.[313] § 11 VI InVorG stellt es in das Ermessen der Behörde, ob sie die Berechtigung in dieser Weise gesondert klären will oder nicht.[314] Bei fragloser Berechtigung des Anspruchstellers kann das Amt oder Landesamt zur Regelung offener Vermögensfragen daher davon absehen, ein eigenes Feststellungsverfahren durchzuführen.

3. Nachweis der Berechtigung

Wenn die Behörde das ihr in § 11 VI InVorG eingeräumte Ermessen dahingehend ausübt, keinen besonderen Feststellungsbescheid zu erlassen, ist Voraussetzung des Ausgleichsanspruchs der Nachweis der Berechtigung (§ 16 I S.1 InVorG).[315] Ob die dazu erforderlichen Tatsachen von Amts wegen ergründet werden müssen oder der Anspruchsteller sie selbst beizubringen hat, hängt ab von der Art und Weise der Abwicklung des Ausgleichsanspruchs.[316] Von der Frage nach dem richtigen Verfahren zur Tatsachenfeststellung (Untersuchungsgrundsatz oder Verhandlungsmaxime) zu trennen, ist die der

[310] K. Redeker/M. Hirtschulz, in: Fieberg/Reichenbach/Messerschmidt/Neuhaus (Hrsg.), VermG, Komm., Stand Mai 1994, § 33 Rdnr. 5.

[311] Zu anderen Fällen der entsprechenden Anwendung von § 33 VermG s. K. Redeker/M. Hirtschulz, a.a.O. (Fn. 310), § 33 Rdnr. 5.

[312] Vgl. K. Redeker/M. Hirtschulz, a.a.O. (Fn. 310), § 33 Rdnr. 5.

[313] Vgl. J. Albers, in: Baumbach/Lauterbach/Albers/Hartmann, ZPO, 52. Aufl., § 13 GVG Rdnr. 16; F. Kopp, a.a.O. (Fn. 157), § 121 Rdnr. 12.

[314] S. aber Arbeitspapier der Treuhandanstalt zur Erlösauskehr, Allg. Teil III., abgedruckt a.a.O. (Fn. 275), S. 2 f., wonach seitens der Treuhandanstalt eine endgültige Vereinbarung über Auszahlungen nach Veräußerung des Vermögensgegenstandes nur geschlossen wird, wenn die Berechtigung durch Bescheid festgestellt ist.

[315] Vom Begriff des Nachweises zu trennen ist der der Glaubhaftmachung der Berechtigung. Letzteres ist Voraussetzung ist für die Beteiligung des Berechtigten am Investitionsvorrangverfahren (§§ 5, 4 ff. InVorG; s. dazu Th. Schulz, VIZ 1994, 1 ff.)

[316] Zu den verschiedenen Möglichkeiten der Durchsetzung des Ausgleichanspruchs s. unten C)VII).

Beweislast, also zu wessen Lasten es geht, wenn die Berechtigung nicht erweislich ist („non liquet").[317]

a) Nachweis der Berechtigung beim einvernehmlichen Ausgleich

Im Rahmen einer einvernehmlichen Lösung, bei der zunächst keine Entscheidung des Amtes oder Landesamtes zur Regelung offener Vermögensfragen ergeht (vgl. §§ 30 I S.2, 31 V S.3 VermG), erkennt der Anspruchsverpflichtete an, daß er nach gegebener Sachlage den Nachweis der Berechtigung als geführt ansieht und er daraufhin leisten will. Eine Pflicht aus § 31 I S.1, VII VermG i.V.m. § 24 I, II VwVfG die Berechtigung von Amts wegen zu ermitteln, besteht nicht. Die einvernehmliche Erfüllung des Ausgleichsanspruchs stellt keine öffentlich-rechtliche Verwaltungstätigkeit im Sinne von § 1 I VwVfG dar, so daß die verwaltungsverfahrensrechtliche Untersuchungsmaxime unanwendbar bleibt. Das ergibt sich aus dem Charakter des Anspruchs. Er ist zivilrechtlicher Natur.[318] Die materielle Ausgleichspflicht in § 16 InVorG beinhaltet einen Rechtssatz, der jedweden Verfügungsberechtigten verpflichtet, gleichgültig ob Privatperson oder juristische Person des öffentlichen Rechts und gehört somit nicht zum Sonderrecht des Staates.[319] Seine einvernehmliche Abwicklung ist folglich dem fiskalischen Bereich zuzuordnen. Der ausgleichspflichtige Verfügungsberechtigte befindet privatautonom darüber, ob ihm der vorliegende Nachweis ausreicht. Der öffentlich-rechtliche Anspruchsschuldner ist dabei bloß gebunden an die auch sonst für fiskalisches Handeln maßgeblichen Grundsätze.[320] Erst im Nachhinein ergeht durch das zuständige Amt oder Landesamt zur Regelung offener Vermögensfragen entsprechend § 31 V S.3 VermG ein Bescheid über die einvernehmliche Abwicklung des Ausgleichsanspruchs, wenn ein entsprechender Antrag gestellt wird.[321]

---

[317] S. sogleich unten C)III)4).

[318] Begründung zum InVorG nach dem Regierungsentwurf des 2. VermRÄndG, Bt.-Drucks. 227/92, zu § 26 I, abgedruckt a.a.O. (Fn. 174), S. 32; A. v. Drygalski, a.a.O. (Fn. 158), § 16 InVorG Rdnr. 45.

[319] Vgl. F. Kopp, VwVfG, 5. Aufl., § 1 Rdnr. 37.

[320] S. zur Frage der analogen Anwendung öffentlich-rechtlicher Vorschriften auf das fiskalische Handeln der Verwaltung, F. Kopp, a.a.O. (Fn. 319), vor § 1 Rdnr. 40 m.w.N.

[321] S. M. Keil/K. Pée/H. Scheidmann, a.a.O. (Fn. 207), S. 98.

b) Nachweis der Berechtigung im Antragsverfahren nach § 16 I S.2 VermG

Beim Antragsverfahren nach § 16 I S.2 InVorG, das mit einer Entscheidung über den Erlösauskehranspruch endet, urteilt das zuständige Amt oder Landesamt zur Regelung offener Vermögensfragen inzident darüber, ob der Nachweis der Berechtigung geführt ist, da dies zu den verbeschiedenen Anspruchsvoraussetzungen gehört. In diesem Verfahren ist für den Nachweis § 31 VermG entsprechend i.V.m. § 24 I, II VwVfG anzuwenden, es ist also von Amts wegen zu ermitteln.[322] Bei § 16 I S.2 InVorG handelt es sich nämlich gleichsam um ein vermögensrechtliches Fortsetzungsfeststellungsverfahren.[323] Es wird mit dem Ziel der positiven Verbescheidung des Auskehranspruchs betrieben, da sich aufgrund des aus Sicht des Berechtigten zufälligen Umstands der investiven Veräußerung die tatsächliche Rückgabe erledigt hat. Es gibt in diesem Fall keinen Grund dafür, den Nachweis anders als im vermögensrechtlichen Verfahren zu gestalten. Es wäre insbesondere nicht einzusehen, warum die im Restitutionsverfahren zugunsten des Antragstellers vorgesehenen Erleichterungen (§ 31 III, IV VermG) bei der Erlösauskehr nicht gelten sollen.

c) Nachweis der Berechtigung vor Gericht

Für das gerichtliche Verfahren ist zu unterscheiden zwischen der verwaltungsgerichtlichen Verpflichtungsklage auf positiver Verbescheidung des Erlösauskehranspruchs (§§ 16 I S.2, 23 I S.1 InVorG) und dem Zivilprozeß, in dem Ansprüche auf Verkehrswertzahlung durchzusetzen sind (§ 23 I S.1 InVorG).[324] Im Verwaltungsprozeß gilt wie im vermögensrechtlichen Verwaltungsverfahren für den Nachweis der Berechtigung der Untersuchungsgrundsatz (§ 86 I VwGO). Vor dem ordentlichen Gericht unter Geltung der Verhandlungsmaxime trifft die Darlegungslast für den ihm günstigen Umstand der Be-

---

322 S. M. Keil/K. Pée/H. Scheidmann, a.a.O. (Fn. 207), S. 97 f.

323 Begründung zum InVorG nach dem Regierungsentwurf des 2. VermRÄndG, Bt.-Drucks. 227/92, zu §§ 18 V, 26 I, abgedruckt a.a.O. (Fn. 174), S. 25 u. S. 32; s. auch A. v. Drygalski, a.a.O. (Fn. 158), § 16 InVorG Rdnr. 47.

324 S. Begründung zum InVorG nach dem Regierungsentwurf des 2. VermRÄndG, Bt.-Drucks. 227/92, zu § 26 II, abgedruckt a.a.O. (Fn. 174), S. 32. u. Begründung zum Regierungsentwurf des 2. VermRÄndG, Bt.-Drucks. 227/92, A.II.5., abgedruckt a.a.O. (Fn. 133), S. 24.

rechtigung dagegen grundsätzlich den Anspruchsteller,[325] soweit diese nicht bereits anderweitig bindend festgestellt ist (§ 11 VI InVorG).[326]

4. Materielle Beweislast bei verbleibenden Zweifeln an der Berechtigung

Die Beweislast klärt, zu wessen Lasten die Nichterweislichkeit der Berechtigung geht („non liquet“). Dies ist eine Frage des materiellen Rechts, die unabhängig davon zu beantworten ist, ob verfahrensrechtlich von Amts wegen zu ermitteln ist oder ob die Verhandlungsmaxime gilt.[327] Die Unerweislichkeit einer Tatsache geht, wenn Beweislastregeln oder gesetzliche Vermutungen fehlen, zu Lasten des Beteiligten, der aus ihr eine günstige Rechtsfolge herleiten will.[328] Daher trifft es grundsätzlich den Anspruchsteller, wenn an der Berechtigung im Sinne von § 16 I S.1 InVorG Zweifel bleiben. Allerdings können gesetzliche Beweislastregeln etwas anderes bestimmen. Beweislastregeln verstecken sich häufig hinter der vom Gesetzgeber gewählten Fassung der Rechtsvorschriften.[329] So wird der Systematik des Vermögensgesetzes entnommen, daß die Unerweislichkeit von vermögensrechtlichen Ausschlußtatbeständen in § 1 VIII VermG zu Lasten der Behörde geht, da ihr Vorliegen gegenüber der grundsätzlichen Rückgabe die Ausnahme bildet.[330] Daran regen sich Zweifel. Denn erst die Zusammenschau der in § 1 I-IV, VI und VII VermG positiv umschriebenen Maßnahmen einerseits und der Ausschlußtatbestände des § 1 VIII VermG andererseits beschreiben den sachlichen Anwendungsbereich des Vermögensgesetzes.[331] Die gleichzeitige Positiv- und Negativeingrenzung ist mithin nicht Ausdruck eines systematischen Regel-/Ausnahmeverhältnisses mit entsprechender Beweislastverteilung, sondern entspringt schlicht der Gesetzestechnik. Daher ist eine derartige Beweislastregel nur schwerlich anzunehmen. Was den Ausgleichsanspruch in § 16 InVorG angeht, läßt darüber hinaus die Formulierung in § 16 I S.1 InVorG gerade auf eine gegenteilige Beweislastverteilung schließen. Die Vorschrift spricht von Feststellung oder Nachweis

---

[325] Vgl. M. Keil/K. Pée/H. Scheidmann, a.a.O. (Fn. 207), S. 98.

[326] S. oben C)III)2).

[327] Vgl. F. Kopp, a.a.O. (Fn. 157), § 108 Rdnr. 12.

[328] S. BVerwG VIZ 1994, 73; F. Kopp, a.a.O. (Fn. 319), § 24 Rdnr. 25 f.; ders., a.a.O. (Fn. 157), § 108 Rdnr. 13.

[329] F. Kopp, a.a.O. (Fn. 157), § 108 Rdnr. 12.

[330] So H. Neuhaus, a.a.O. (Fn. 281), § 1 Rdnr. 188.

[331] J. Wasmuth, a.a.O. (Fn. 26), § 1 VermG Rdnr. 299.

„seiner" Berechtigung. Damit kommt zum Ausdruck, daß es dem Anspruchsteller obliegt, die von ihm behauptete Berechtigung notfalls auch zu beweisen. Das Wort „seiner" rückt also den möglicherweise zu führenden Beweis in den Pflichtenkreis des Berechtigten. Zweifel an der Berechtigung gehen demnach zu Lasten des Anspruchstellers, gleichgültig ob sie im Rahmen der gesonderten Feststellung nach § 11 VI InVorG i.V.m. Abschnitt VI VermG oder beim Nachweis verbleiben.

IV. Schuldner des Ausgleichsanspruchs

Gem. § 16 I S.1 InVorG kann „von dem Verfügungsberechtigten" Zahlung verlangt werden. Das Investitionsvorranggesetz entnimmt diesen Begriff der vermögensrechtlichen Legaldefinition in § 2 III S.1, 2 VermG (§ 2 I S.1, II InVorG).[332] Diese erfährt im Rahmen von § 16 InVorG, bezogen auf die Ausgleichspflicht, einige Ergänzungen. Schuldner des Ausgleichsanspruchs ist grundsätzlich der Verfügungsberechtigte, der den Erlös erzielt oder die Eigeninvestitionsmaßnahmen durchgeführt hat. Ist die Kaufpreisforderung aus dem investiven Vertrag uneinbringlich und fließen deshalb keine „Geldleistungen aus dem Vertrag" (§ 16 I S.1 a.E. InVorG), ändert das an der Schuldnerstellung nichts. Es tritt lediglich anstelle des Auskehranspruchs nach § 16 I S.1 InVorG der Anspruch auf Zahlung des Verkehrswerts, weil „ein Erlös nicht erzielt worden ist" (§ 16 I S.2 1.Alt. InVorG).

1. Mehrere Verfügungsberechtigte

Nach dem Sinnzusammenhang von § 16 I S.1 InVorG ist derjenige zur Zahlung verpflichtet, an dem die „Geldleistungen aus dem Vertrag" mit dem Investor erbracht wurden. Daraus folgt, daß bei mehreren Verfügungsberechtigten derjenige Ausgleich schuldet, dem der Erlös aus dem investiven Vertrag zugeflossen ist.[333]

[332] S. dazu J. Wasmuth, a.a.O. (Fn. 26), § 2 VermG Rdnr. 82 ff. u. zur Verfügungsbefugnis bei Anwendung des InVorG s. Empfehlungen des Bundesjustizministeriums zur Anwendung des InVorG für Immobilien, Infodienst Kommunal Nr. 57 v. 25.9.1992, Teil 2 III.2.bb), abgedruckt a.a.O. (Fn. 125), S. 18 ff.

[333] M. Keil/K. Pée/H. Scheidmann, a.a.O. (Fn. 207), S. 89.

2. Schuldübernahme infolge Vermögenszuordnung

Werden investive Rechtsgeschäfte aufgrund der vorläufigen Verfügungsbefugnis gem. § 8 I VZOG oder aufgrund einer investiven Zuweisung nach § 9 I VZOG vollzogen, wird anschließend der Gegenwert des betroffenen Vermögensgegenstandes an die Körperschaft oder Anstalt ausgekehrt, die im nachfolgenden Zuordnungsverfahren als Berechtigte im Sinne des Vermögenszuordnungsgesetzes ermittelt wird (§§ 8 IV S.2, 9 II S.1 VZOG).[334] Gleichzeitig mit dieser Auskehr wechselt der Schuldner des Ausgleichsanspruchs aus § 16 InVorG. Die nach erfolgter Eigentumszuordnung berechtigte juristische Person des öffentlichen Rechts tritt in die Ausgleichspflicht gegenüber dem Alteigentümer ein.[335] Das folgt für investive Verfügungen aufgrund der vorläufigen Verfügungsbefugnis aus der Fiktion in § 8 II S.2 VZOG. Danach gelten nach § 8 I VZOG vorgenommene Rechtsgeschäfte als Verfügungen eines Berechtigten. Es wird also fingiert, daß die Veräußerung durch den im Vermögenszuordnungsverfahren festgestellten Berechtigten getätigt wurde. Folglich tritt dieser auch für die Ausgleichsschuld an die Stelle des ursprünglichen Schuldners.

Gleiches gilt im Fall der investiven Zuweisung nach § 9 I VZOG.[336] Das zeigt folgende Überlegung. Die Verweisung in § 9 II S.1 VZOG auf § 8 IV S.2 VZOG verpflichtet die Kommune, der das veräußerte Grundstück als Eigentum zugewiesen wurde, zur Erlösauskehr an den Zuordnungsbegünstigten.[337] Dürfte dieser nun den an ihn ausgekehrten Betrag endgültig behalten, ohne in die Verpflichtung aus § 16 InVorG einzutreten, hätte die Gemeinde oder der Landkreis eine doppelte finanzielle Belastung zu tragen: Erlösauskehr gem. § 9 II S.1 VZOG i.V.m. § 8 IV S.2 VZOG und Erlösauskehr bzw. Verkehrswertentschädigung gem. § 16 InVorG. Das kann schwerlich gewollt sein. Die Ge-

---

[334] S. oben A)VII)4).

[335] Empfehlungen des Bundesjustizministeriums zur Anwendung des InVorG für Immobilien, Infodienst Kommunal Nr.57 v. 25.9.1992, Teil 2 VII.4., abgedruckt a.a.O. (Fn. 125), S. 49.

[336] Anders H.-J. Rodenbach, a.a.O. (Fn. 280), § 16 Rdnr. 31, wonach die Gebietskörperschaft zum Ausgleich verpflichtet sein soll, der das Grundstück zum Zweck der nachfolgenden investiven Veräußerung als Eigentum zugewiesen wird (noch zur investiven Zuweisung nach § 7 VZOG i.d.F.-HemmnisbeseitigungsG, ohne allerdings auf den Verweis in § 7 II S.1 VZOG i.d.F.-HemmnisbeseitigungsG einzugehen).

[337] Im Text von § 9 II S.1 VZOG wird zwar auf § 6 IV VZOG verwiesen, § 6 VZOG hat aber keinen 4. Absatz. § 9 II S.1 VZOG verweist nämlich irrtümlich auf die alten Hausnummern des VZOG i.d.F.-HemmnisbeseitigungsG (s. oben Fn. 132). Tatsächlich gemeint ist § 8 IV VZOG, der dem früheren § 6 IV VZOG entspricht.

meinde oder der Landkreis könnte zur Befriedigung der Ansprüche aus § 16 I S.1, 3 InVorG nicht auf etwaige erzielte Erlöse zurückgreifen. Die angegangene Gebietskörperschaft würde zu Recht davon absehen, überhaupt einen Antrag nach § 9 I VZOG zu stellen. Die Kommune stünde nämlich im Fall der investiven Zuweisung wirtschaftlich bedeutend schlechter als bei einer Veräußerung aufgrund der gesetzlichen Verfügungsbefugnis gem. § 8 I VZOG, obgleich sie als Eigentümerin über das ihr zugewiesene Grundstück verfügt hat. Wenn die Gemeinde also schon bei der Veräußerung aufgrund vorläufiger Verfügungbefugnis von der Verbindlichkeit aus § 16 InVorG befreit wird, indem der festgestellte Zuordnungsbegünstigte sie übernimmt, muß dies erst recht dann gelten, wenn die Gebietskörperschaft nach investiver Zuweisung als Eigentümerin das Grundstück veräußert.

3. Subsidiäre Haftung der Treuhandanstalt bzw. der Bundesanstalt für vereinigungsbedingte Sonderaufgaben

Für den Gläubiger besteht die Gefahr, seinem Anspruch gegen den Verfügungsberechtigten nicht verwirklichen zu können, wenn der Ausgleichsschuldner in Konkurs fällt. Um den Berechtigten hiervor zu schützen, sah bereits § 6 InvG i.d.F-HemmnisbeseitigungsG vor, daß für private Verfügungsberechtigte eine Investitionsbescheinigung nur zu erteilen war, wenn Sicherheit für diese Zahlungen geleistet ist.[338] Das Investitionvorranggesetz nimmt dies in der Form auf, daß der Investitionsvorrangbescheid bei privatrechtlichen Verfügungsberechtigten eine Auflage zur Sicherheitsleistung enthalten muß (§ 8 II S.1 d) InVorG). Manchmal fehlt allerdings eine solche Auflage, obwohl ihre Aufnahme angezeigt gewesen wäre. Die Ausgleichsforderung ist dann im Konkurs des privatrechtlichen Verfügungberechtigten nicht gesichert. Zu der angeklungenen Risikokonstellation kommt es im folgendem Fall. Die Treuhandanstalt ist nach § 3 I UmwandlungsVO bzw. § 1 IV TreuhG Anteilseignerin der in Kapitalgesellschaften umgewandelten ehemaligen volkseigenen

[338] § 6 S.1 InvG i.d.F.-HemmnisbeseitigungsG: „In den Fällen der §§ 1, 1b und 1c ist, sofern der gegenwärtig Verfügungsberechtigte nicht eine juristische Person des öffentlichen Rechts oder eine Behörde ist, die Investitionsbescheinigung nur zu erteilen, wenn für einen von der Behörde nach dem Verkehrswert vorläufig zu bestimmenden Betrag Sicherheit geleistet ist."; s. Begründung zum Regierungsentwurf des Hemmnisbeseitigungsgesetzes, Bt.-Drucks.12/103, zu Nr. 7; abgedruckt a.a.O. (Fn. 90), E 130.2, S. 15.

Wirtschaftseinheiten.[339] Das berechtigt sie gem. § 2 II S.1 2. VermG zwar zur Verfügung über ihre Anteilsrechte, nicht aber über einzelne Vermögensgegenstände der Gesellschaften.[340] Im Interesse der Verfahrensvereinfachung ordnet § 25 I InVorG jedoch an, daß die Treuhandanstalt als gesetzliche Vertreterin bei Vermögenswerten handelt, die im Eigentum einer Kapitalgesellschaft stehen, deren sämtliche Geschäftsanteile oder Aktien sich unmittelbar oder mittelbar in der Hand der Treuhandanstalt befinden (Treuhandunternehmen).[341] So kann die Treuhandanstalt beispielsweise anmeldebelastete Betriebsgrundstücke auch gegen den Willen des betroffenen Unternehmens veräußern (vgl. § 25 I S.2 InVorG). In solchen Fällen bleibt es allerdings bei der Notwendigkeit, dem Verfügungsberechtigten in den Investitionsvorrangbescheid aufzuerlegen, für die Zahlung des Verkehrswertes eine näher zu bezeichnende Sicherheit zu leisten (§ 8 II d) InVorG), da der Verfügungsberechtigte ungeachtet seiner Eigenschaft als (früheres) Treuhandunternehmen in privatrechtlicher und damit konkursfähiger Rechtsform organisiert ist und die Treuhandanstalt lediglich als gesetzliche Vertreterin handelt.[342] Umgekehrt entfiele die Sicherheitsleistungspflicht, wenn die Treuhandanstalt das Investitionsvorrangverfahren selbst als Verfügungsberechtigte durchführen würde (vgl. § 2 III S.1, 2 VermG), da gegenüber einem öffentlich-rechtlichen Verfügungsberechtigten keine entsprechende Auflage ergeht (§ 8 II d) InVorG). Trotz dieser Unterscheidung sehen die Empfehlungen des Bundesjustizministeriums zur Anwendung des Investitionsvorranggesetzes vor, daß auch dann, wenn die Treuhandanstalt als gesetzliche Vertreterin über Vermögen ihrer privatrechtlichen Tochterunternehmen verfügt hat, eine Auflage zur Sicherheitsleistung nach § 8 II d) InVorG ent-

---

339 Verordnung zur Umwandlung von volkseigenen Kombinaten, Betrieben, und Einrichtungen in Kapitalgesellschaften v. 1.3.1990 (GBl. I S.107), geändert durch Verordnung vom 28.6.1990 (GBl. I S.509); Gesetz zur Privatisierung und Reorganisation des volkseigenen Vermögens (Treuhandgesetz) (GBl. I S.300), geändert durch Gesetz vom 22.3.1991 (BGBl. I 1991, S. 766), und Gesetz zur abschließenden Erfüllung der verbliebenen Aufgaben der Treuhandanstalt (BGBl. I 1994, S.2062).

340 J. Wasmuth, a.a.O. (Fn. 26), § 2 VermG Rdnr. 92; B. Messerschmidt, VIZ 1991, 2, 4; J. K. Wente, VIZ 1992, 125, 127; a.A. H. Leo, DB 1991, 1505, 1506.

341 Daneben bestimmt § 25 II S.1, 2 InVorG, daß die Treuhandanstalt die Zuständigkeit für das Investitionsvorrangverfahren in diesen Fällen an sich ziehen kann. Dadurch entfällt die aufgrund der zivilrechtlichen Rechtsform des verfügungsberechtigten Treuhandunternehmens eigentlich gegebene Zuständigkeit des Landkreises oder der kreisfreien Stadt gem. § 4 II S.2 InVorG (s. oben B)IV)1)).

342 S. Mitlehner, in: Rodenbach/Söfker/Lochen (Hrsg.), InVorG; § 8 Rdnr. 118; B. Schneider, a.a.O. (Fn. 233), § 25 Rdnr. 12 f.

behrlich sein soll.[343] Das Arbeitspapier der Treuhandanstalt zur Erlösauskehr schließt sich dem an.[344] Die in den Empfehlungen des Bundesjustizministeriums angesprochenen internen Rücklagen helfen jedoch im Konkursfall nicht weiter, da sie dem Ausgleichsgläubiger keine vorrangige Befriedigung verschaffen (vgl. § 61 KO).[345] Fehlt also die Auflage zur Sicherheitsleistung, trägt der Altberechtigte das Liquiditätsrisiko.

Hier wird versucht, dem Gläubiger zu helfen, indem die Treuhandanstalt bzw. die Bundesanstalt für vereinigungsbedingte Sonderaufgaben zugunsten des Altberechtigten eine subsidiäre Haftung übernimmt.[346] Begründet wird dies mit der durch die gesetzliche Vertretung eingeräumten maßgeblichen Stellung der Treuhandanstalt, die sie quasi in die Position des Verfügungsberechtigten hineinwachsen lasse.[347] Doch ersetzt der begrüßenswerte Zweck, den Altberechtigten vor einem Forderungsausfall zu schützen, keine Anspruchsgrundlage. Ein Anspruch ergibt sich nicht aus dem bloßen Auftreten der Treuhandanstalt als gesetzliche Vertreterin gem § 25 I S.1 InVorG und der damit verbundenen maßgeblichen Stellung (vgl. § 164 I S.1 BGB).[348] Das bedeutet aber nicht, daß es keine Rechtssgrundlage für die Erfüllung des Ausgleichsanspruchs seitens Treuhandanstalt bzw. der Bundesanstalt für vereinigungsbe-

343 Empfehlungen des Bundesjustizministeriums zur Anwendung des InVorG für Immobilien, Infodienst Kommunal Nr.57 v. 25.9.1992, Teil 2 VI.1.d)dd), abgedruckt a.a.O. (Fn. 125), S. 44: „Bei öffentlich-rechtlichen Gebietskörperschaften und der Treuhandanstalt, auch wenn sie über Vermögen ihrer Tochterunternehmen verfügt, muß eine Sicherheitsleistung nicht angeordnet werden."

344 Vgl. Arbeitspapier der Treuhandanstalt zur Erlösauskehr, Allg. Teil, IV.3., abgedruckt a.a.O. (Fn. 275), S. 3.

345 Empfehlungen des Bundesjustizministeriums zur Anwendung des InVorG für Immobilien, Infodienst Kommunal Nr.57 v. 25.9.1992, Teil 2 VI.1.d)dd), abgedruckt a.a.O. (Fn. 125), S. 44:„Es empfiehlt sich aber, intern entsprechende Rücklagen für die Erlösauskehr zu bilden oder in anderer Weise sicherzustellen, daß bei Fälligkeit die Beträge auch gezahlt werden können."; s. B. Schneider, a.a.O. (Fn. 233), § 25 Rdnr. 13.

346 Arbeitspapier der Treuhandanstalt zur Erlösauskehr, Allg. Teil IV.3., abgedruckt a.a.O. (Fn. 275), S. 3: „Kann ein Treuhandunternehmen, dem der Erlös bei der Veräußerung eines Betriebsteils zugeflossen ist, diesen nicht mehr auskehren, haftet die Treuhandanstalt gegenüber dem Berechtigten. Bei Veräußerung von Grundstücken, die zum Vermögen eines Treuhandunternehmens gehören, haftet grundsätzlich das verkaufende Unternehmen. Die Treuhandanstalt haftet nachrangig, wenn ein Investitionsvorrangverfahren nach § 25 Abs. 1 InVorG durchgeführt worden ist."

347 M. Keil/K. Pée/H. Scheidmann, a.a.O. (Fn. 207), S. 89 f.

348 B. Schneider, a.a.O. (Fn. 233), § 25 Rdnr. 13.

dingte Sonderaufgaben gibt.[349] Die zutreffende Anspruchsgrundlage folgt aus einem freiwilligen Schuldbeitritt der Treuhandanstalt bzw. der Bundesanstalt für vereinigungsbedingte Sonderaufgaben zur Verbindlichkeit aus § 16 InVorG (§§ 241, 305 BGB).[350] Indem sie bei Zahlungsunfähigkeit des vertretenen Unternehmens regelmäßig die Haftung übernimmt, was aus dem Arbeitspapier zur Erlösauskehr hervorgeht, tritt sie der Ausgleichsschuld des illiquiden Unternehmens bei (§§ 133, 157 BGB).[351] Dadurch wird bereits im Vorfeld ein Schadensersatzprozeß vermieden, der ansonsten vom Gläubiger wegen pflichtwidrig unterlassener Auflagenerteilung angestrengt werden könnte (§ 839 BGB i.V.m. Art. 34 GG).[352] Der durch die Anwendungsempfehlung ausgelöste Fehler wird so bereinigt. Demnach übernimmt die Treuhandanstalt bzw. die Bundesanstalt für vereinigungsbedingte Sonderaufgaben regelmäßig eine subsidiäre Haftung für die Erfüllung des Ausgleichsanspruchs aus § 16 InVorG, wenn sie bei der Investitionsmaßnahme gem. § 25 I S.1 InVorG als gesetzliche Vertreterin aufgetreten ist und das vertretene Unternehmen zahlungsunfähig geworden ist.

V. Bemessung des Ausgleichs

Gem. § 16 I S.1 InVorG hat der Berechtigte, dessen verlorener Vermögenswert veräußert wurde, vorrangig „... Zahlung eines Geldbetrages in Höhe aller auf den vom ihm zu beanspruchenden Vermögenswert entfallenden Geldleistungen aus dem Vertrag ..." zu fordern. Nur wenn der Erlös hinter dem Verkehrswert zurückbleibt, richtet sich der Ausgleichsanspruch gem. § 16 I S.3 Alt.1, 2 InVorG auf „Zahlung des Verkehrswerts". Im Fall der Eigeninvestitionsmaßnahme wird der Verlust des Rückgabeanspruchs allein durch Zahlung des Verkehrswerts ausgeglichen (§ 16 I S.3 InVorG).

[349] So allerdings S. Mitlehner, a.a.O. (Fn. 342), § 8 Rdnr. 118.

[350] Zum Institut des Schuldbeitritts s. W. Möschel, in: MünchKomm., Vor § 414 Rdnr. 9 ff.

[351] Vgl. W. Möschel, a.a.O. (Fn. 350), Vor § 414 Rdnr. 11.

[352] Vgl. S. Mitlehner, a.a.O. (Fn. 342), § 8 Rdnr. 122.

1. Maßgeblicher Zeitpunkt für die Bemessung des Ausgleichsanspruchs

§ 16 I S.3 InVorG bestimmt ausdrücklich, daß für die Verkehrswertberechnung der Zeitpunkt entscheidend ist, in dem der Investitionsvorrangbescheid vollziehbar wird.[353] Für eine Wertung, die den maßgeblichen Stichtag je nach Fallgestaltung auf einen anderen Zeitpunkt vor- oder zurückverlegen will, bleibt daher kein Spielraum.[354] § 16 I S.3 InVorG bestimmt unmittelbar nur den Zeitpunkt für die Ermittlung des Verkehrswertes. Der auszukehrende Erlösbetrag muß ebenfalls errechnet werden, da er nicht notwendig identisch ist mit dem Kaufpreis des investiven Vertrags.[355] Gedanklich legt § 16 I S.3 Alt. 2 InVorG jedoch auch für die Errechnung des auszukehrenden Erlöses den für den Verkehrswert maßgeblichen Zeitpunkt zugrunde. Denn nur bezogen auf den gleichen Zeitpunkt läßt sich klären, ob der Erlös dem Verkehrswert entspricht. Folglich ist im Rahmen von § 16 I S.1 InVorG ebenfalls der Zeitpunkt der Vollziehbarkeit des Investitionsvorrangbescheides maßgeblich, wenn von der numerischen Kaufpreishöhe abweichende Zu- oder Abschlagsrechnungen angestellt werden. Die Bemessung des Ausgleichs nach § 16 InVorG erfolgt also grundsätzlich bezogen auf den Zeitpunkt, in dem der Investitionsvorrangbescheid vollziehbar wird.[356]

---

[353] Gem. §§ 12 I HS.2, 10 S.1 InVorG i.V.m. § 80 II Nr. 3 VwGO ist der Investitionsvorrangbescheid vollziehbar, sobald nach Bekanntgabe die zweiwöchige Wartefrist abgelaufen ist, außer es ist zwischenzeitlich die aufschiebende Wirkung eines Rechtsbehelfs angeordnet worden (s. M. Mauer, a.a.O. (Fn. 282), § 10 Rdnr. 11).

[354] S. zu den verschiedenen Stichtagen bei der Bemessung einer Enteignungsentschädigung M. Aust/R. Jakobs, a.a.O. (Fn. 169), S. 352 ff.u. S. 356 ff.; a.A. K. Racky, a.a.O. (Fn. 280), § 16 Rdnr. 8, der auf den Zeitpunkt der Wirksamkeit des investiven Vertrags abzustellen will, wenn er erst später geschlossen wird. Der Gesetzeswortlaut läßt eine solche Auslegung nicht zu.

[355] S. sogleich unten C)V)2).

[356] S. A. v. Drygalski, a.a.O. (Fn. 158), § 16 InVorG Rdnr. 42. Eine Ausnahme enhält § 16 III InVorG. Bei Bestellung eines Erbbaurechts bzw. der Begründung von Teil- oder Wohnungseigentum kann der Berechtigte auf die Rückgabe insgesamt verzichten und stattdessen den Verkehrswert des Vermögensgegenstandes im Zeitpunkt der Bestellung verlangen.

2. Erlös

Bereits der Wortlaut von § 16 I S.1 InVorG weist darauf hin, daß der Erlös nicht notwendig mit dem vertraglichem Kaufpreis übereinstimmt. Zu fordern sind die „... Geldleistungen aus dem Vertrag ...“, die „... auf den von ihm zu beanspruchenden Vermögenswert ...“ entfallen.

a) Zu- bzw. Abschlagsrechnungen zur Ermittlung des Erlöses

Abzuziehen sind daher die Kaufpreisanteile, die nicht als Entgelt für den erworbenen Vermögenswert gedient haben, sondern andere Leistungen des Veräußerers entlohnen sollen. Hinzuzurechnen sind auf der anderen Seite Preisnachlässe, die gewährt worden sind, um Leistungen des Erwerbers zu entgelten. Die kaufpreismindernden Beträge müssen dann dem Erlös hinzugerechnet werden. Da sie vom eigentlichen Preis abgezogen worden sind, bilden sie gleichsam eine fiktive Geldleistung, die auf den Vermögenswert entfällt. Der Erlös ergibt sich daher aus dem im Kaufvertrag genannten Kaufpreis abzüglich bzw. zuzüglich der Beträge, die nicht als Entgelt für den restitutionsbelasteten Vermögensgegenstand gezahlt worden sind.[357] Der so ermittelte Betrag entspricht aber noch nicht unbedingt dem auszukehrenden Erlös. Der Zweck der Ausgleichsleistung kann in einem zweiten Schritt weitere Korrekturen verlangen.[358]

aa) Zuschläge zum vertraglichen Kaufpreis

Arbeitsplatzgarantien oder Investitionszusagen des Erwerbers können zu einer nominellen Minderung des Kaufpreises geführt haben. Der für derartige Leistungen erhaltene Preisnachlaß ist hinzuzurechnen. Allerdings nicht schematisch. Diese Zusagen sind nämlich überhaupt erst Voraussetzung für den investiven Erwerb. Sie mindern ihrer Natur nach den Kaufpreis deshalb nur dann, wenn sich dies aus dem Kaufvertrag selbst oder den Verkaufsunterlagen (z.B. Verhandlungsprotokolle, Vermerke über die Errechnung des Kaufpreises)

---

[357] S. Arbeitspapier der Treuhandanstalt zur Erlösauskehr, Bes. Teil A.I., abgedruckt a.a.O. (Fn. 275), S. 4; M. Keil/K. Pée/H. Scheidmann, a.a.O. (Fn. 207), S. 91.

[358] S. zum zweiten Schritt der Erlösbemessung sogleich unten C)V)4).

ausdrücklich ergibt.[359] Ist so ein entsprechender Preisnachlaß festzustellen, muß der Betrag dem vertraglichen Kaufpreis aufaddiert werden.[360]

bb) Abschläge vom vertraglichen Kaufpreis

Herauszurechnen sind die Erlösanteile, die Sonderleistungen des Verfügungsberechtigten entlohnen. Hat beispielsweise die Treuhandanstalt in einem investiven Vertrag alte Verbindlichkeiten übernommen oder sich für sie verbürgt, ist der Wert dieser Leistungen vom Kaufpreis abzuziehen.[361] Entsprechendes gilt z.B. für den Erlaß von Rückzahlungsverpflichtungen aus Zweckzuwendungen für Sozialpläne oder für die Übernahme von Kosten zur Beseitigung von ökologischen Altlasten.[362] Nicht abgezogen werden dürfen hingegen die im Zusammenhang mit der Veräußerung entstandene Aufwendungen des Verfügungsberechtigten, wie z.B. Verwaltungskosten, Notar- oder Maklergebühren, da das der Surrogatfunktion der Erlösauskehr widersprechen würde.[363]

cc) Bemessung der Zu- bzw. Abschlagsbeträge

Schwierig ist es u.U., die Zu- bzw. Abschlagsbeträge richtig zu bemessen.[364] Zu ermitteln ist zu welchem Betrag sich eine Zusage des Verfügungsberechtigten oder des Investors auf die Kaufpreisfindung ausgewirkt hat.[365] Sofern sich

[359] Arbeitspapier der Treuhandanstalt zur Erlösauskehr, Bes. Teil, A.I.1.a), abgedruckt a.a.O. (Fn. 275), S. 4.

[360] Veröffentlichung des Bundesministers der Justiz, Leitfaden für die Behandlung von Anträgen auf Rückübertragung von Unternehmen gem. § 6 sowie auf vorläufige Einweisung und Entflechtung gemäß §§ 6a, 6b VermG vom 8.12.1992 - Leitfaden Unternehmensrückübertragung -, 8.7.2, abgedruckt bei: Clemm/Etzbach u.a. (Hrsg.), Rechtshandbuch Vermögen und Investitionen in der ehemaligen DDR, Bd. 3, D 100.6, S. 83.

[361] Arbeitspapier der Treuhandanstalt zur Erlösauskehr, Bes. Teil A.I.2.a)b), abgedruckt a.a.O. (Fn. 275), S. 4.

[362] Arbeitspapier der Treuhandanstalt zur Erlösauskehr, Bes. Teil A.I.2.c)d), abgedruckt a.a.O. (Fn. 275), S. 5.

[363] S. H.-J. Rodenbach, a.a.O. (Fn. 280), § 16 Rdnr. 17.

[364] S. M. Keil/K. Pée/H. Scheidmann, a.a.O. (Fn. 207), S. 91.

[365] Arbeitspapier der Treuhandanstalt zur Erlösauskehr, Bes. Teil I. a.E, abgedruckt a.a.O. (Fn. 275), S. 5.

ein Wertansatz aus dem Kaufvertrag selbst oder den sonstigen Verkaufsunterlagen ergibt, ist die Bemessung danach vorzunehmen.[366] Denn für den zwischen beiden Vertragspartnern ausgehandelten Zu- oder Abschlag ist anzunehmen, daß er den jeweiligen Marktpreis widerspiegelt. Fehlt ein solcher Anhaltspunkt, muß die Leistung nach allgemeinen Grundsätzen bewertet werden.[367]

b) Nachträgliche Änderungen des Kaufpreises

Zu Änderungen des Kaufpreises kommt es inbesondere dann, wenn der investive Vertrag Nachbewertungsklauseln enthält.[368] Wird der Kaufpreis deshalb später heraufgesetzt, bestimmte schon § 3 II HS1 InvG i.d.F.-EVertr/-HemmnisbeseitigungsG, daß sich dann auch der Auskehranspruch des Berechtigten entsprechend erhöht.[369] § 16 I S.1 InVorG erweitert dies. Der Berechtigte kann nämlich Zahlung „aller" Geldleistungen aus dem Vertrag verlangen. Der Anspruch erstreckt sich mithin nicht nur auf Erhöhungen, die einer von vornherein vereinbarten Nachbewertungsklausel entspringen, sondern auch auf solche, die das Ergebnis freiwilliger Nachverhandlungen sind.[370] Kommt es umgekehrt später zu einer Senkung des Kaufpreises, schmälert das den zu beanspruchenden Erlös.[371] Denn Geldleistungen aus dem Vertrag fallen dann

---

366 S. Arbeitspapier der Treuhandanstalt zur Erlösauskehr, Bes. Teil, A.I.2.d), abgedruckt a.a.O. (Fn. 275), S. 5, wonach beispielsweise die Bewertung des Altlastenrisikos bei der Kaufpreisfindung oft aus den entsprechenden Vorstandsunterlagen der Treuhandanstalt zu entnehmen sein soll.

367 Das Arbeitspapier der Treuhandanstalt zur Erlösauskehr, Bes. Teil, A.I. a.E., abgedruckt a.a.O. (Fn. 275), S. 5, verweist als Arbeitshilfe auf die Bewertungsrichtlinien des Instituts für Wirtschaftsprüfer.

368 S. zu Mehrerlös- und Nachbewertungsklauseln in Treuhand-Musterverträgen K. Kiethe, VIZ, 1993, 471 ff.; zu Vertragsklauseln für den investiven Kaufvertrag s. B. Messerschmidt, VIZ 1992, 397 f.

369 § 3 II HS. 1 InvG i.d.F.-EVertr/-HemmnisbeseitigungsG: „Ist in dem Veräußerungsvertrag eine nachträgliche Erhöhung des Kaufpreises ausbedungen und wird der Kaufpreis aufgrund dieser Vereinbarung erhöht, so erhöht sich auch der Anspruch des Berechtigten nach Absatz 1 Satz 1 entsprechend;"

370 K. Racky, a.a.O. (Fn. 280), § 16 Rdnr. 5.

371 S. Arbeitspapier der Treuhandanstalt zur Erlösauskehr, Bes. Teil A.II, abgedruckt a.a.O. (Fn. 275), S. 5, wonach z.B. der Kaufpreis für ein Unternehmen und entsprechend dazu der Auskehranspruch nach unten berichtigt wird, wenn zunächst mitverkaufte Vermögenswerte wider Erwarten anderen Restitutionsberechtigten zurückzugeben sind.

letztlich nur in verminderter Höhe an. Für Änderungen des Kaufpreises, die nicht auf Parteivereinbarung beruhen, gilt das gleiche. Ermäßigt sich der Kaufpreisanspruch beispielsweise aufgrund Mängelgewährleistung (§§ 472, 465, 462, 459, 433 BGB) oder eines Wegfalls der Geschäftsgrundlage (§ 242 BGB), fällt parallel dazu der auszukehrende Erlös niedriger aus. Wenn dem Vermögensgegenstand selbst kein Mangel anhaftet, sondern die Kaufpreisminderung vorrangig in der Sphäre der Partner des investiven Vertrages wurzelt, bleibt es dem Berechtigten unbenommen, gem. § 16 I S.3 InVorG den Verkehrswert zu verlangen. Gem. § 16 I S.1 InVorG folgt der Anspruchsumfang jedoch der veränderlichen Höhe des Kaufpreises.

Allerdings kann eine gütliche Einigung über die Erlösauskehr entsprechend § 31 V VermG die Berücksichtigung nachträglicher Änderungen ausschließen.[372] Die gütliche Einigung dient als zivilrechtlicher Vertrag dazu, die vermögensrechtlichen Ansprüche zwischen Verfügungs- und Rückgabeberechtigtem abschließend zu erledigen. Ist der Vereinbarung zu entnehmen (§§ 133, 157 BGB), daß der Auskehranspruch durch das Geleistete umfänglich erfüllt sein soll, finden nachträgliche Änderungen des Kaufpreises keine Berücksichtigung mehr. Um dies zu vermeiden, sollten zumindest dann, wenn wesentliche Abweichungen vom ursprünglichen Preis abzusehen sind, entsprechende Öffnungsklauseln in die gütliche Einigung aufgenommen werden.[373]

3. Verkehrswert

Der Verkehrswert i.S.v. § 16 I S.3 InVorG ist der für den restitutionsbelasteten Vermögensgegenstand am Markt erzielbare Wert.[374]

a) Voraussetzungen für die Zahlung des Verkehrswertes

Bei Eigeninvestitionsmaßnahmen richtet sich der Anspruch von vornherein auf Zahlung des Verkehrswertes (§ 16 I S.3 Alt.3 InVorG). Demgegenüber

---

[372] Zur entsprechenden Anwendbarkeit von § 31 V VermG auf die einvernehmliche Abwicklung der Erlösauskehr s. unten C)VII)1).

[373] S. Arbeitspapier der Treuhandanstalt zur Erlösauskehr, Bes. Teil, A.II, abgedruckt a.a.O. (Fn. 275), S. 5.

[374] M. Keil/K. Pée/H. Scheidmann, a.a.O. (Fn. 207), S. 92.

enthält § 16 I S.3 Alt.1, 2 InVorG lediglich sekundär eine inhaltliche Änderung des ursprünglichen Auskehranspruchs, wenn „... ein Erlös nicht erzielt worden ist," oder der Erlös „... den Verkehrswert unterschreitet, den der Vermögenswert ... hat," (§ 16 I S.3 Alt.1, 2 InVorG). Der Verfügungsberechtigte trägt aufgrund von § 16 I S.3 Alt.1 InVorG insbesondere das Risiko der Bonität des Erwerbers (vgl. § 4 I S.1, II InVorG) - im Konkursfall wird „... ein Erlös nicht erzielt ...", der Berechtigte kann stattdessen den Verkehrswert vom Verfügungsberechtigten verlangen. § 16 I S.3 Alt.1, 2 InVorG sichert so dem Berechtigten den Gegenwert des Vermögensgegenstandes (vgl. amtliche Überschrift zu § 16 InVorG). Um aber statt schlichter Auskehr Zahlung des Verkehrswertes beanspruchen zu können, muß ein Fehlbetrag festgestellt werden. Dem liegt die Annahme zugrunde, daß bei Veräußerung an einen Dritten die vereinbarten Geldleistungen grundsätzlich den Verkehrswert widerspiegeln. § 16 I S.1 InVorG steht also gegenüber § 16 I S.3 Alt.1, 2 InVorG in einem Regel-/ Ausnahmeverhältnis.[375] Daraus folgt für die Beweislast, daß es dem Berechtigten obliegt, die Unterschreitung des Verkehrswertes darzulegen und notfalls zu beweisen, wenn er sich bei einer Veräußerung nicht mit dem Erlös begnügen will.[376] Der Anspruchsteller selbst muß also gegebenenfalls ein Verkehrswertgutachten einholen und vorlegen.[377]

b) Ermittlung des Verkehrswertes

Bei der Ermittlung des Verkehrswertes handelt es sich um eine Tatsachenfeststellung, die besondere Sachkunde erfordert, da der erzielbare Preis aus einer Vielzahl wertbildender Merkmale zu errechnen ist, die noch dazu einer veränderlichen Beurteilung durch den Markt unterliegen. Der Verkehrswert muß daher außer in ganz einfach gelagerten Fällen gutachtlich durch Bewer-

---

[375] M. Keil/K. Pée/H. Scheidmann, a.a.O. (Fn. 207), S. 92.

[376] S. Arbeitspapier der Treuhandanstalt zur Erlösauskehr, Bes. Teil B., abgedruckt a.a.O. (Fn. 275), S. 6; zu Beweislastregeln, die aus der Gesetzessystematik folgen, s. oben C)III)4).

[377] Arbeitspapier der Treuhandanstalt zur Erlösauskehr, Bes. Teil B., abgedruckt a.a.O. (Fn. 275), S. 6.

tungssachverständige festgestellt werden.[378] Gerade in den neuen Bundesländern bereitet die Grundstückswertermittlung besondere Schwierigkeiten, was überwiegend aus fehlenden Vergleichswerten und der anfänglichen spekulativen Überhitzung des Marktes herrührt.[379] Ähnliche Probleme stellen sich bei der Unternehmensbewertung.[380] Der letztendlich in dem Gutachten ermittelte Wert entspricht allerdings nicht notwendig dem nach § 16 I S.3 InVorG geschuldeten Betrag. Oft sind noch weitere Korrekturen erforderlich.[381]

---

378 S. Empfehlungen des Bundesjustizministeriums zur Anwendung von § 3a VermG und des InvG für Immobilien, abgedruckt bei: Rechtshandbuch Vermögen und Investitionen in der ehemaligen DDR, Bd. 3, D 130.1, Rdnr. 65 ff., wonach für die Ermittlung des für die Entschädigungsbemessung maßgeblichen Verkehrswertes zwar anhand von Erfahrungswerten vorgegangen werden könne, im Zweifel aber empfohlen wird, einen Sachverständigen einzuschalten.

379 Zur Grundstücksbewertung in den neuen Bundesländern eingehend J. Simon/K. G. Cors/M. Troll, Handbuch der Grundstückswertermittlung, 3. Aufl., B.2 Rdnr. 19 ff.; s. dazu auch B. Bischoff, Grundstückswertermittlung, Berlin 1992, S .94; ders., Grundstückswerte in den neuen Bundesländern, Berlin 1994, S. 139 ff.; W. Klumpe/U. Nastold, Rechtshandbuch Ost-Immobilien, Heidelberg 1991, Rdnr. 105, 113 ff.; K. P. Keunecke, Immobilienbewertung, Berlin 1994, 5.1, S.121 ff.; zum vereinfachten EDV-gestützten Bewertungsverfahren für Grundstücke, das von der Liegenschaftsgesellschaft der Treuhandanstalt entwickelt wurde, s. R. Jacobs, ZOV 1994, 32 f.; Für den Bereich der öffentlichen Verwaltung und der Gutachterausschüsse fußt die Grundstücksbewertung in den neuen Ländern auf dem Baugesetzbuch (§§ 192 bis 194 BauGB; BGBl. I 1986, S.2253, zuletzt geänd. durch das Investitionserleichterungs- und WohnbaulandG v. 22.4.1993, BGBl. I 1993, S.466), der dazu ergangenen Wertermittlungsverordnung (§ 199 I BauGB; BGBl. I 1988, S.2209), den Wertermittlungsrichtlinien 1991 (veröffentlicht im BAnz Nr.182a v. 27.9.1991; abgedruckt bei: A. v. Drygalski u.a. (Hrsg.), Immobilienhandbuch Ost, Berlin 1993, Anhang II,1.), den diese ergänzenden Hinweisen für das Gebiet der neuen Länder (abgedruckt bei: A. v. Drygalski u.a. (Hrsg.), Immobilienhandbuch Ost, Berlin 1993, Anhang II,2.), der Verordnung über wohnungswirtschaftliche Berechnungen (BGBl. I 1990, S. 2178) sowie auf den Rechtsverordnungen der Bundesländer über die Gutachterausschüsse für Grundstückswerte und Kaufpreissammlungen (H.-J. Rodenbach, a.a.O. (Fn. 280), § 16 Rdnr. 45).

380 Zur Bewertung von Unternehmen in den neuen Bundesländern s. B. Bellinger/G. Vahl, Unternehmensbewertung in Theorie und Praxis, 2. Aufl., S. 234 ff.

381 S. sogleich unten C)V)4)a) u. b).

4. Inhalt des Ausgleichsanspruchs

Sowohl der nach den dargestellten Grundsätzen errechnete Verkauferlös als auch der gutachtliche Verkehrswert sind nicht notwendig identisch mit der an den Berechtigten aufgrund von § 16 I S.1, 3 InVorG letztendlich zu leistenden Zahlung. Der Zweck des Ausgleichs kann in einem zweiten Schritt weitere Korrekturen verlangen. Bei der Bemessung ist nämlich davon auszugehen, daß der nach § 16 I S.1, 3 InVorG geschuldete Geldbetrag ein Surrogat für den sonst zurückzugebenden Vermögenswert ist.[382] Deshalb darf der Berechtigte durch die Auszahlung wirtschaftlich nicht besser oder schlechter stehen, als er bei Rückgabe des Vermögenswertes stünde.[383] Der aus Sicht des Altberechtigten zufällige Umstand einer investiven Inanspruchnahme rechtfertigt gegenüber der tatsächlichen Rückgabe keine Wertabweichung. Den zu zahlenden Ausgleich so zu bemessen, daß gegenüber der Rückgabe keine zufälligen Vor- oder Nachteile geschaffen werden, ist deshalb letztlich ein Postulat der Rechtsanwendungsgleichheit (Art. 3 I GG).

a) Zu zahlender Ausgleich bei Ansprüchen auf Rückübertragung von Grundstücken gem. § 3 I S.1 VermG

Bereits § 3 III InvG i.d.F.-EVertr berücksichtigte bei der Entschädigungsbemessung für die investive Inanspruchnahme von anmeldebelasteten Grundstücken das Prinzip der Vorteilsausgleichung.[384] Er schrieb vor, daß sowohl bei der Erlösauskehr, als auch bei Zahlung des Verkehrswertes aus Mitteln des Staatshaushalts finanzierte Werterhöhungen sowie die eingetragenen Wertminderungen festzustellen und auszugleichen waren, wobei für die Feststellung die

382 Arbeitspapier der Treuhandanstalt zur Erlösauskehr, Bes. Teil C., abgedruckt a.a.O. (Fn. 275), S. 7.

383 Arbeitspapier der Treuhandanstalt zur Erlösauskehr, Bes. Teil C., abgedruckt a.a.O. (Fn. 275), S. 7.

384 S. Erläuterungen der Bundesregierung zum Investitionsgesetz in der Fassung des Einigungsvertrages, Bt-Drucks. 11/7817, zu § 3, abgedruckt a.a.O. (Fn. 78), S. 3.

bewertungsrechtlichen Vorschriften gelten sollten.[385] Letzteres verwies auf das Bewertungsgesetz der früheren DDR und auf eine dazu ergangene unveröffentlichte Richtlinie des damaligen Ministeriums der Finanzen zur Vereinfachung des Bewertungsverfahrens und zur Ermittlung des Einheitswertes des Grundvermögens vom 3.10.1975.[386] Das Investitionsvorranggesetz hat dies nicht übernommen. Vielmehr läßt es die Frage des Vorteilsausgleichs ungeregelt. Das macht den Vorteilsausgleich jedoch nicht überflüssig. Nach wie vor ist bei der Bemessung des auszuzahlenden Betrages zu berücksichtigen, daß der Berechtigte im Fall der Rückgabe verpflichtet wäre Werterhöhungen auszugleichen (§§ 7, 7a, 18 VermG), was wirtschaftlich gesehen seinen Zufluß mindern würde. Damit durch die Zahlung des Ausgleichs in der Wertsumme das gleiche Ergebnis erzielt wird, sind diese Ersatzleistungen vom Erlös bzw. vom Verkehrswert abzuziehen. Dabei ist folgendes zu beachten.

aa) Festsetzung durch das Vermögensamt

Voraussetzung für den Abzug ist grundsätzlich, daß das zuständige Amt/Landesamt zur Regelung offener Vermögensfragen gesondert über die Zahlungs- bzw. Hinterlegungspflichten entschieden hat, die im Fall der Rückgabe entstanden wären.[387] Das kann in dem Bescheid geschehen, der die Berechtigung des Anspruchstellers feststellt (§ 11 VI InVorG), oder in dem Be-

---

[385] § 3 III InvG i.d.F.-EVertr: „In den Fällen des Absatzes 1 Satz 1 und 2 sowie des Absatzes 2 sind die seit Übergang in Volkseigentum aus Mitteln des Staatshaushalts finanzierten Werterhöhungen sowie die eingetragenen Wertminderungen festzustellen und auszugleichen. Für die Feststellungen von Wertveränderungen gelten die bewertungsrechtlichen Vorschriften."

[386] Bewertungsgesetz der DDR i.d.F.v. 18.10.1970, GBl. DDR Sonderdruck Nr. 674, abgedruckt bei: Clemm/Etzbach u.a. (Hrsg.), Rechtshandbuch Vermögen und Investitionen in der ehemaligen DDR, Stand Februar 1995, Bd. 1, A.972. S. zum wortgleichen Verweis in § 7 S.2 VermG i.d.F.-EVertr H. Kinne, ZOV 1993, 24, wonach zunächst die Bewertungsakten bei dem zuständigen Finanzamt hätten angefordert werden müssen, um dann in einen zweiten Schritt die Wertveränderung festzustellen, wozu zusätzlich Angaben zur Fläche des Grundstücks, zum Umfang des bebauten Raumes sowie eine Klassifizierung des Gebäudes notwendig waren. Da die Finanzakten hierzu nur ausnahmsweise Angaben enthielten, hätten in jedem Einzelfall die entsprechenden Daten neu ermittelt werden müssen. Ein Verfahren, das die Bearbeitung sehr erschwerte.

[387] S. M. Keil/K. Pée/H. Scheidmann, a.a.O. (Fn. 207), S. 96 u. Anhang III in der Fn.; Arbeitspapier der Treuhandanstalt zur Erlösauskehr, Bes. Teil C.III.3., abgedruckt a.a.O. (Fn. 275), S. 10.

scheid über den Auskehranspruch (§ 16 I S.3 InVorG). Ebenso wie beim Rückgabebescheid hat auch hier das Vermögensamt gesondert über die Ansprüche aus §§ 7, 7a, 18 VermG zu befinden.[388] Richtigerweisehandelt es sich dabei um eine Entscheidung, die ein vergangenes, erloschenes Rechtsverhältnis feststellt, das gleichwohl noch künftige Wirkungen auf die Bemessung des Ausgleichsanspruchs zeitigt. Denn die Erstattungsansprüche haben sich mit dem Ausschluß der Rückgabe wegen investiver Zwecke erledigt.[389] Sind die hypothetischen Ersatzleistungen nicht in dieser Weise verbeschieden, dürfen sie bei der Erlösauskehr bzw. bei der Verkehrswertzahlung grundsätzlich nicht abgezogen werden.[390] Das Erfordernis der gesonderten Feststellung gilt allerdings nicht, soweit ein Antrag nach § 16 I S.3 InVorG oder § 11 VI InVorG i.V.m. § 30 I S.1 VermG unterbleibt, weil sich die Beteiligten über die Erlösauskehr oder die Auszahlung des Verkehrswertes entsprechend § 31 V VermG gütlich einigen (§ 30 I S.2 VermG). In diesem Fall ist es Sache der Beteiligten, die damit zusammenhängenden Ersatzleistungen zu verhandeln und zutreffend bei der Anspruchsbemessung zu berücksichtigen.[391] Eine behördliche Festsetzung entfällt.

bb) Vorteilsausgleichung

Keine Voraussetzung für den Abzug der sich sonst aus §§ 7, 7a, 18 VermG ergebenden Zahlungspflichten ist hingegen, daß gerade der Verfügungsberechtigte Gläubiger der Ersatzleistung gewesen wäre. Denn es handelt sich bei dem Abzug nicht um eine Aufrechnung selbständiger Verbindlichkeiten aus

---

[388] S. Arbeitspapier der Treuhandanstalt zur Erlösauskehr, Bes. Teil C.III.3., abgedruckt a.a.O. (Fn. 275), S. 10; R. Kuhlmey/G. Wittmer, in: Rädler/Raupach/Bezzenberger (Hrsg.), Vermögen in der ehemaligen DDR, Stand April 1995, Bd. 1, § 18 VermG Rdnr. 8.

[389] S. sogleich unten C)V)4)a)bb).

[390] S. zum Erfordernis der Festsetzung der Ersatzleistungen J. Wasmuth, a.a.O. (Fn. 26), § 7 VermG Rdnr. 131, § 7a VermG Rdnr. 25 u. § 18 VermG Rdnr. 1; eine Ausnahme bildet wegen § 7 VIII VermG der Anspruch auf Ausgleich von Werterhöhungen nach § 7 II VermG, der privatrechtlicher Natur ist, und der deshalb nicht im Rückübertragungsbescheid festgesetzt wird (J. Wasmuth, a.a.O. (Fn. 26), § 7 VermG Rdnr. 56).

[391] Anders M. Keil/K. Pée/H. Scheidmann, a.a.O. (Fn. 207), S. 96 u. Anhang III in der Fn., die pauschal die Feststellung durch das Vermögensamt zur Voraussetzung für den Abzug erheben.

§§ 7, 7a, 18 VermG, sondern um eine rechnerische Vorteilsausgleichung.[392] Zu beachten ist nämlich, daß Erstattungsansprüche gegen den Berechtigten den materiellen Voraussetzungen nach überhaupt nur entstehen, wenn ihm der Vermögensgegenstand tatsächlich zurückgegeben wird.[393] Schließen investive Zwecke die Restitution hingegen aus, ist der Berechtigte nicht aus §§ 7, 7a, 18 VermG verpflichtet.[394] Die Nebenansprüche haben sich mit dem Rückgabeausschluß vielmehr erledigt, so daß über sie nur noch feststellend zu entscheiden ist. Gegen den ausdrücklichen Wortlaut den Altberechtigten für die mit der Rückgabe zusammenhängenden Ausgleichsansprüche haften zu lassen, obwohl er den Vermögensgegenstand wegen investiver Zwecke nicht zurückerhält, ist überdies für ein interessengerechtes Ergebnis gar nicht erforderlich. Der Wegfall der Erstattungsverbindlichkeiten stellt sich für den Altberechtigten nämlich als Vorteil dar, der ihm aus der investiven Inanspruchnahme erwächst. Die im Rückgabefall zu entrichtenden Beträge bilden folglich einen gedanklichen Abzugsposten im Rahmen der bei Bemessung des Ausgleichs vorzunehmenden Vorteilsausgleichung und werden so vollkommen ausreichend berücksichtigt.

---

392 Anders M. Keil/K. Pée/H. Scheidmann, a.a.O. (Fn. 207), S. 96 u. Anhang III in der Fn., die anscheinend vom materiellen Fortbestand der Ausgleichsansprüche ausgehen.

393 S. Wortlaut § 7a II S.1 VermG: „Ist dem Berechtigten aus Anlaß des Vermögensverlustes eine Gegenleistung oder Entschädigung tatsächlich zugeflossen, so hat er diese *nach Rückübertragung des Eigentums* (Hervorhebung durch den Verf.) an den Verfügungsberechtigten herauszugeben." und Wortlaut § 18 I S.1 VermG: „*Bei der Rückübertragung* (Hervorhebung durch den Verf.) von Eigentumsrechten an Grundstücken, die nicht nach § 6 erfolgt, hat der Berechtigte für die bei Überführung des Grundstücks in Volkseigentum untergegangenen dinglichen Rechte einen in dem Bescheid über die Rückübertragung festzusetzenden Ablösebetrag zu hinterlegen."; mit ähnlichem Ansatz wie hier die Empfehlungen des Bundesjustizministeriums zur Anwendung des InVorG für Immobilien, Infodienst Kommunal Nr. 57 v. 25.9.1992, Teil 2 VII.4., abgedruckt a.a.O. (Fn. 125), S. 49: „Aus dem Erlös muß der Alteigentümer Ansprüche begleichen, die im Falle der Rückgabe des Grundstücks *bestanden* (Hervorhebung durch den Verf.) (vgl. §§ 7, 18-18b VermG)." u. W. Rühl, in: Fieberg/Reichenbach/Messerschmidt/Neuhaus (Hrsg.), VermG, Komm., Stand Mai 1994, § 18 VermG Rdnr. 4.

394 Anders Arbeitspapier der Treuhandanstalt zur Erlösauskehr, Bes. Teil C.III.3., abgedruckt a.a.O. (Fn. 275), S. 10. u. R. Kuhlmey/G. Wittmer, a.a.O. (Fn. 388), § 18 VermG Rdnr. 8, die vom materiellen Fortbestehen der Zahlungspflichten aus §§ 7, 7a, 18 VermG ausgehen.

cc) Befriedigung der Gläubiger

Klärungsbedürftig ist, wie die Gläubiger zu befriedigen sind, die im Fall von Investitionsmaßnahmen ihre Ansprüche aus §§ 7, 7a, 18 VermG verlieren.[395] Zwar erhält der Altberechtigte nicht den Vermögenswert zurück, immerhin bekommt er jedoch einen wirtschaftlich gleichwertigen Ersatz in Form des Erlöses bzw. des Verkehrswertes. Überwiegend wird deshalb vom Fortbestehen der Ersatzverbindlichkeiten ausgegangen, obwohl es dafür an den Anspruchsvoraussetzungen fehlt.[396] Um ein angemessenes Ergebnis zu erreichen, ist es aber nicht nötig, gegen den Wortlaut der §§ 7, 7a, 18 VermG Zahlungspflichten anzunehmen. Soweit der Gläubiger der Ersatzleistung nämlich mit dem Verfügungsberechtigten identisch ist, erhält er den Wert des verlorenen Anspruchs durch den Abzug vom auszuzahlenden Erlös bzw. vom Verkehrswert im Rahmen der Vorteilsausgleichung ersetzt. Ist der Gläubiger bzw. der Begünstigte (§ 18b I S.1 VermG) des untergegangenen Ersatzanspruchs ausnahmsweise nicht gleichzeitig der Verfügungsberechtigte, muß letzterer die einbehaltenen Erlös- bzw. Verkehrswertanteile an den richtigen Gläubiger weiterleiten.[397] Er hat nämlich keinen Rechtsgrund dafür, die Posten endgültig zu behalten, die er durch die Durchführung der investiven Maßnahme erhalten hat, soweit sie letztlich anderen Gläubigern zugewiesen sind (§ 812 I S.1 Alt.2 BGB). Ihr Wert gebührt dem Entschädigungsfonds (§§ 7 V S.1, 7a II S.3 VermG) oder dem Inhaber eines früheren dinglichen Rechts (§§ 18 I S.1, 18b I S.1 VermG).[398]

---

[395] S. W. Rühl, a.a.O. (Fn. 393), § 18 VermG Rdnr. 5, der für den Fall des Rückgabeausschlusses wegen investiver Maßnahmen § 18 VermG nicht anwenden will, aber eine gesetzliche Regelung anmahnt, um die Rechte aus §§ 7, 7a, 18 VermG auch in diesem Fall berücksichtigen zu können.

[396] Arbeitspapier der Treuhandanstalt zur Erlösauskehr, Bes. Teil C.III.3., abgedruckt a.a.O. (Fn. 275), S. 10.; R. Kuhlmey/G. Wittmer, a.a.O. (Fn. 388), § 18 VermG Rdnr. 8.

[397] Anders M. Keil/K. Pée/H. Scheidmann, a.a.O. (Fn. 207), S. 96 u. Anhang III in der Fn., für die ein Einbehalt im Umfang der Erstattungsverbindlichkeit nur möglich ist, wenn diese Ansprüche vom Berechtigten gerade gegenüber dem Verfügungsberechtigten geschuldet werden. Im Ergebnis wie hier dagegen Arbeitspapier der Treuhandanstalt zur Erlösauskehr, Bes. Teil C.III.3., abgedruckt a.a.O. (Fn. 275), S. 10.

dd) Die einzelnen Ersatzverbindlichkeiten

Für die Bemessung des Ausgleichsanspruchs gilt folgendes.

(1) Wertausgleich und Herausgabe der Gegenleistung bzw. Entschädigung

Hätte der Berechtigte gem. § 7 I S.1 VermG Wertausgleich zu leisten gehabt, mindert der entsprechende Betrag seinen Anspruch.[399] Das gleiche gilt für den Anspruch auf Ausgleich von Werterhöhungen nach § 7 II S.1 VermG.[400] Nur unterbleibt letzterenfalls wegen § 7 VIII S.1 VermG die vorherige Feststellung durch das Vermögensamt.[401] In gleicher Weise mindert eine früher erhaltene Gegenleistung oder Entschädigung, die der Berechtigte andernfalls gem. § 7a II S.1 VermG nach Rückübertragung des Eigentums herauszugeben hätte, den errechneten Erlös bzw. Verkehrswert.[402] Mit Ausnahme von § 7 II S.1 VermG müssen die Ansprüche zuvor vom Vermögensamt festgestellt worden sein, es sei denn, die Beteiligten einigen sich gütlich über einen entsprechenden Abzug (§ 31 V VermG analog).[403] Soweit die Ersatzansprüche gem. §§ 7 V S.1, 7a II S.2 VermG dem Entschädigungsfonds zustehen, sind die einbehaltenen Abzugsposten an diesen weiterzuleiten.[404]

---

398 Die entsprechende Anwendung der §§ 7, 7a, 18 VermG ist nach der hier vorgeschlagenen Lösung deshalb nur im Sonderfall einer investiven Zuweisung an den Berechtigten gem. § 21 InVorG erforderlich, weil § 16 I S.1, 3 InVorG nicht eingreift und ein Vorteilsausgleich im Rahmen der Erlösauskehr bzw. der Verkehrswertzahlung entfällt. Da der Berechtigte den Vermögensgegenstand in diesem Fall zurückerhält, ist die analoge Anwendung gerechtfertigt (vgl. W. Rühl, a.a.O. (Fn. 393), § 18 VermG Rdnr. 5).

399 Zu Voraussetzungen und Umfang der Ersatzanspruchs aus § 7 I VermG s. J. Wasmuth, a.a.O. (Fn. 26), § 7 VermG Rdnr. 10 ff.

400 Zu § 7 II VermG s. J. Wasmuth, a.a.O. (Fn. 26), § 7 VermG Rdnr. 58 ff.

401 S. oben C)V)4)a)aa) Fn. 359; a.A. M. Keil/K. Pée/H. Scheidmann, a.a.O. (Fn. 207), S. 96, die eine Berücksichtigung ausnahmslos von der Festsetzung durch das Vermögensamt abhängig machen.

402 Zu Voraussetzungen und Umfang der Herausgabeverpflichtung aus § 7a II VermG s. R. Kuhlmey/G. Wittmer, a.a.O. (Fn. 388), § 7a VermG Rdnr. 13 ff.

403 Zur behördlichen Entscheidung über die Herausgabeverpflichtung nach § 7a II S.1 VermG s. R. Kuhlmey/G. Wittmer, a.a.O. (Fn. 388), § 7a VermG Rdnr. 22.

(2) Ablösebetrag für untergegangene dingliche Rechte

Ein Ablösebetrag, den der Berechtigte sonst für vormals erloschene Grundstücksbelastungen hinterlegen müßte (§ 18 I S.1 VermG), um wieder Eigentümer des Grundstücks zu werden (§ 18a VermG), ist ebenfalls nach seiner Feststellung durch das Vermögensamt vom Erlös bzw. Verkehrswert einzubehalten und zu hinterlegen. Das Hinterlegungsverfahren ist entsprechend den §§ 18 ff. VermG weiterzubetreiben, mit dem Ziel, den früheren Gläubigern der dinglichen Rechte den Erlös bzw. Verkehrswertanteil zufließen zu lassen, der ihnen gebührt (§ 812 I S.1 Alt.2 BGB) und für den Altberechtigten wirtschaftlich das gleiche Ergebnis wie bei der tatsächlichen Rückgabe herzustellen.[405] So ist gesichert, daß die früheren Rechte auch im Fall investiver Maßnahmen berücksichtigt werden.[406]

b) Zu zahlender Ausgleich bei Ansprüchen auf Rückübertragung von Unternehmen gem. § 6 I S.1 VermG

Ähnliche Ausgleichsansprüche fallen bei der Rückgabe von Unternehmen an. Um zu vermeiden, daß der Altberechtigte durch den Ausgleich nach § 16 I S.1, 3 InVorG besser oder schlechter steht, ist der ermittelte Erlös bzw. Verkehrswert um entsprechende Beträge zu korrigieren. Die Leitlinien für die Zu- bzw. Abschlagsrechnung sind die gleichen wie bei der Errechnung der Aus-

---

404 S. Arbeitspapier der Treuhandanstalt zur Erlösauskehr, Bes. Teil C.III.3., abgedruckt a.a.O. (Fn. 275), S. 10 u. H.-J. Rodenbach, a.a.O. (Fn. 280), § 16 Rdnr. 13.

405 S. H.-J. Rodenbach, a.a.O. (Fn. 280), § 16 Rdnr. 14 f.

406 W. Rühl, a.a.O. (Fn. 393), § 18 VermG Rdnr. 5, fordert eine Ergänzung der bestehenden Regelung, um sicherzustellen, daß die früheren Rechte auch dann berücksichtigt werden, wenn der Berechtigte statt der vorausgesetzten Rückgabe ein gleichberechtigtes Surrogat erhält (§ 16 InVorG). Die hier vertretene Lösung sichert de lege lata die früheren Inhaber dinglicher Rechte, indem im Anschluß an die Auszahlung des Erlöses bzw. Verkehrswerts über den einbehaltenen Abzugsbetrag das Verfahren entsprechend den §§ 18 ff. VermG mit dem Ziel weiterverfolgt wird, den den Altgläubigern gem. § 812 I S.1 Alt.2 BGB gebührenden Erlösanteil auszuzahlen.

gleichs für den Ausschluß einer Grundstücksrestitution: Das prinzipielle Erfordernis der gesonderten Feststellung im Erlösauskehrbescheid gem. § 16 I S.3 InVorG oder in dem Bescheid nach § 11 VI InVorG i.V.m. § 30 I S.1 VermG (vgl. § 6 I S.2 HS.1 VermG), der Grundsatz der Vorteilsausgleichung und ihm folgend gegebenenfalls die Weiterleitung der einbehaltenen Anteile an die richtigen Gläubiger.[407]

aa) Abzug vom Erlös bzw. vom Verkehrswert

Ein Abzug kommt in Frage, wenn bei Rückübertragung des Unternehmens Ausgleichsansprüche zu begleichen wären (§ 6 III, IV S.1, 3, Vc S.3 VermG; § 8 I, II URüV), oder wenn das Unternehmen durch Übertragung der einzelnen Gegenstände des Betriebsvermögens veräußert wurde (asset-deal).

(1) Abzug einer früher erbrachten staatlichen Einlage (§ 8 II URüV) entsprechend § 6 Vc S.3 VermG

War die öffentliche Hand bei der einstigen Schädigung an dem Unternehmen beteiligt, sind zwei Gestaltungen zu unterscheiden.

(a) Gesellschaft in Nachliquidation gem. § 6 Ia S.2 VermG

Wenn das gem. § 6 Ia S.2 VermG für die Rückgabe des Unternehmens nötige Quorum der früheren privaten Gesellschafter (§ 17 I S.1 URüV) zustande kommt und so die geschädigte Firma als in Auflösung befindlich fortbesteht, ist der Erlös bzw. der Verkehrswert an die wiederbelebte Gesellschaft auszu-

---

407 Anders M. Keil/K. Pée/H. Scheidmann, a.a.O. (Fn. 207), S. 94, 96 u. Anhang III in der Fn., die das grundsätzliche Erfordernis der vorherigen gesonderten Feststellung auf den Fall der Grundstücksrestitution beschränken, und die den Abzug von Ersatzansprüchen davon abhängig machen, daß sie gerade dem Verfügungsberechtigten zustehen. Zur Voraussetzung des Antrags, zum Erfordernis der behördlichen Entscheidung und zur Möglichkeit der gütlichen Einigung bei der Unternehmensrestitution s. dagegen J. Wasmuth, a.a.O. (Fn. 26), B 101, § 6 URüV Rdnr. 46 f.

zahlen.[408] Der für die investive Inanspruchnahme zu leistende Ausgleich steht der sog. „Lazarusgesellschaft" (§ 6 Ia VermG) als Berechtigter zu. Die folgende Auseinandersetzung ist eine Frage des gesellschaftlichen Innenverhältnisses. Das Vermögensgesetz regelt dies nicht. Eine Ausnahme bildet § 6 Vc S.2 VermG. Die Gesellschafter können verlangen, daß eine staatliche Beteiligung an der Gesellschaft gelöscht oder auf sie übertragen wird, wobei sie gem. § 6 Vc S.3 VermG die erbrachte staatliche Einlage oder Vergütung nach Umrechnung an den öffentlichen Anteilseigner zurückzahlen müßten. Dementsprechend ist eine erbrachte öffentliche Einlage mit dem zunächst ermittelten Erlös bzw. Verkehrswert analog § 6 Vc S.3 VermG i.V.m. § 8 II URüV zu verrechnen.[409] So kann der Ausgleich nach § 16 I S.1, 3 InVorG ohne gesonderte Auseinandersetzung mit den privaten Gesellschaftern unter Aufgabe der staatlichen Beteiligung voll ausgezahlt werden. Wenn allerdings wegen Verschlechterung der Vermögens- oder Ertragslage kein Rückzahlungsanspruch entstanden wäre, darf die staatliche Einlage nicht abgezogen werden (§ 8 II, I S.2 URüV i.V.m. § 6 II, IV VermG).[410]

(b) Kein ausreichendes Quorum nach § 6 Ia S.2 VermG

Fehlt es an den Voraussetzungen für den Fortbestand der alten Gesellschaft nach § 6 Ia S.2 VermG, weil das Quorum nicht erreicht wurde, ist § 16 I InVorG unanwendbar, da Rückgabe in natura von den Gesellschaftern nicht verlangt werden kann.[411] Denn sowohl der Rückgabeanspruch gem. § 6 I S.1 VermG als auch der gem. § 6 VIa S.1 VermG setzen bei einer Gesellschaft als ehemaliger Unternehmensträgerin das Erreichen des Quorums voraus.[412] Fehlt es daran, können die Gesellschafter lediglich Erlösherausgabe beanspruchen (§ 6 VIa S.4 VermG). Ohne Gesellschaft stellt sich also die Frage eines Vorwegabzugs der ansonsten zurückzuzahlenden staatlichen Einlage nicht. Der Erlös bzw. der Verkehrswert gebührt stattdessen den Gesellschaftern von vor-

---

408 S. Leitfaden Unternehmensrückübertragung, 8.9, abgedruckt a.a.O. (Fn. 360), S. 84 f.

409 M. Keil/K. Pée/H. Scheidmann, a.a.O. (Fn. 207), S. 94.

410 Leitfaden Unternehmensrückübertragung, 8.8, abgedruckt a.a.O. (Fn. 360), S. 84.

411 S. oben C)III)1).

412 S. W. Wellhöfer, a.a.O. (Fn. 67), § 6 VermG Rdnr. 59, 242.

neherein jeweils nur in Höhe ihrer ehemaligen Beteiligung an den geschädigten Unternehmen.[413]

(2) Abzug der wegen der Schädigung früher erhaltenen staatlichen Leistungen (§ 8 I URüV) entsprechend § 6 VII S.2 VermG

Gem. § 8 I URüV müssen die Gesellschafter oder ihre Rechtsnachfolger eine früher geleistete Entschädigung oder den aufgrund eines Zwangsverkaufs erhaltenen Kaufpreis an den Verfügungsberechtigten zurückzahlen, wenn ihnen das Unternehmen übertragen wird. Wenn wegen investiver Maßnahmen statt der Rückgabe Erlösauskehr oder Zahlung des Verkehrswertes geschuldet ist, entfällt diese Verpflichtung.[414] Um diesen Vorteil auszugleichen, ist entsprechend § 6 VII S.2 VermG der früher erhaltene Kaufpreis oder Ablösungsbetrag nach seiner Umrechnung vom Anspruch aus § 16 I S.1, 3 InVorG abzusetzen, soweit der Berechtigte gem. § 8 I S.1 URüV die staatliche Leistung hätte zurückzahlen müssen.[415] Wäre jedoch wegen Verschlechterung der Vermögens- oder Ertragslage gem. § 8 I S.2 URüV eine Rückzahlung ohnehin entfallen, unterbleibt der Abzug.[416] Steht der Anspruch aus § 16 I S.1, 3 InVorG einem Unternehmen in Nachliquidation zu und hätte sich der Rückzahlungsanspruch aus § 8 I URüV hingegen gegen die Gesellschafter selbst gerichtet, kann der Vorteilsausgleich vor Auszahlung an die Gesellschaft gleichwohl erfolgen. Das Unternehmen in Nachliquidation hat in diesem Fall in Höhe des verrechneten

---

[413] Vgl. Leitfaden Unternehmensrückübertragung, 8.8, abgedruckt a.a.O. (Fn. 360), S. 84.

[414] S. M. Keil/K. Pée/H. Scheidmann, a.a.O. (Fn. 207), S. 94; a.A. Leitfaden Unternehmensrückübertragung, 8.8, abgedruckt a.a.O. (Fn. 360), S. 84, der § 8 I URüV im Falle der Erlösauskehr entsprechend anzuwenden will, mit der Folge, daß die Rückzahlungsverplichtung ungeachtet des Ausschlusses der Rückgabe des Unternehmens fortbesteht. Eine solche, gegen den Gesetzeswortlaut gerichtete Auslegung (vgl. §§ 7 I S.1, 8 I S.3 URüV), ist jedoch für ein interessengerechtes Ergebnis nicht nötig, wenn die erloschene Rückzahlungsverpflichtung im Rahmen der Vorteilsausgleichung Berücksichtigung findet (s. oben C)V)4)a)bb) u. b)).

[415] § 6 VII S.2 VermG betrifft zwar unmittelbar nur die Regelentschädigung nach § 6 VII S.1 VermG, kann aber entsprechend angewandt werden, da für die Errechnung des gem. § 16 I S.1, 3 InVorG zu zahlenden Ausgleichs eine vergleichbare Regelung fehlt und ein Abzug in gleicher Weise geboten ist.

[416] Leitfaden Unternehmensrückübertragung, 8.8, abgedruckt a.a.O. (Fn. 360), S. 84.

Betrages einen Anspruch gegen seine Gesellschafter oder deren Rechtsnachfolger.[417]

(3) Abzug einer Ausgleichsverbindlichkeit wegen wesentlicher Verbesserung der Vermögenslage (§ 6 III VermG i.V.m. § 25 DMBilG) oder wegen wesentlicher Verbesserung der Ertragslage (§ 6 IV S.1, 3 VermG)

Ausgleichsverbindlichkeiten nach § 6 III VermG i.V.m. § 25 DMBilG und § 6 IV S.1, 3 VermG, die dazu dienen, wesentliche Verbesserungen der Vermögens- oder Ertragslage auszugleichen (§ 6 I S.2 VermG), müssen gegebenenfalls bei der Bemessung des Ausgleichs mit berücksichtigt werden.[418]

(a) Erlösabzug bei wesentlicher Verbesserung der Vermögenslage (§ 6 III VermG i.V.m. § 25 DMBilG)

Die zwischenzeitliche wesentliche Verbesserung der Vermögenslage eines Unternehmens wird unter den Voraussetzungen der §§ 6 I S.2, III VermG i.V.m. § 25 I DMBilG dadurch ausgeglichen, daß es mit einer Ausgleichsverbindlichkeit belastet wird.[419] Hätte diese Ausgleichsverbindlichkeit bei Rückgabe des Unternehmens getilgt werden müssen und wurde sie dem investiven Erwerber bei Veräußerung unter Erhöhung des Kaufpreises erlassen, ist sie vom Erlös abzuziehen.[420] Wäre das Unternehmen allerdings im Fall der Rückgabe gem. § 6 III S.3, S.4 VermG von der Ausgleichsverbindlichkeit befreit gewesen, darf sie nicht vom Erlös abgezogen werden.[421] Der Abzug beschränkt sich auf den Fall der investiven Veräußerung (§ 16 I S.1 InVorG), bei der dem

[417] So Leitfaden Unternehmensrückübertragung, 8.8, abgedruckt a.a.O. (Fn. 360), S. 84, allerdings trotz des investiven Rückgabeausschlusses ausgehend vom materiellen Fortbestand des Rückzahlungsanspruchs gem. § 8 I S.1 URüV.

[418] Gesetz über die Eröffnungsbilanz in Deutscher Mark und die Kapitalneufestsetzung, D-Markbilanzgesetz, DMBilG, i.d.F.v. 28.6.1994, BGBl. 1994 I, S. 1842.

[419] Zur Ermittlung der Ausgleichsverbindlichkeit s. Rechenbeispiele bei B. Czerwenka, Rückgabe enteigneter Unternehmen in den neuen Bundesländern, Sonderveröffentlichung des BB, Heidelberg 1991, S. 27 ff.

[420] Leitfaden Unternehmensrückübertragung, 8.7.3 (1), abgedruckt a.a.O. (Fn. 360), S. 84.

[421] Leitfaden Unternehmensrückübertragung, 8.7.3 (1), abgedruckt a.a.O. (Fn. 360), S. 84.

Erwerber die Ausgleichsverbindlichkeit erlassen wird, er dafür jedoch einen höheren Preis bezahlt. Nicht eigens angesetzt werden muß die Ausgleichsverbindlichkeit hingegen beim Verkehrswertanspruch (§ 16 I S.3 InVorG). Hier fließt sie nämlich richtigerweise bereits in die gutachtliche Bewertung des Unternehmens ein, da sie unabhängig von der Rückgabe unter den Voraussetzungen von § 25 I VermG prinzipiell alle ehemals volkseigenen Betriebe belastet (§§ 25 I S.1., 24 I S.1 DMBilG).

(b) Abzug wegen wesentlicher Verbesserung der Ertragslage (§ 6 IV S.1, 3 VermG)

Unter den Voraussetzungen von § 6 IV S.1, 3 VermG wird das zurückgegebene Unternehmen unabhängig von den Vorschriften des D-Markbilanzgesetzes mit einer Ausgleichsverbindlichkeit in Höhe der für eine wesentliche Verbesserung der Ertragslage notwendigen Entwicklungskosten belastet, soweit diese im Falle ihrer Aktivierung noch nicht abgeschrieben wären.[422] Soweit danach eine Ausgleichsverbindlichkeit bestehen würde, ist sie vom Erlös bzw. vom Verkehrswert abzuziehen.[423] Die gegenteilige Ansicht vernachlässigt den Grundsatz der Vorteilsausgleichung. Würde § 6 IV S.1, 3 VermG bei Bemessung des nach § 16 I S.1, 3 InVorG zu leistenden Ausgleichs nicht berücksichtigt, hätte dies eine Besserstellung des Berechtigten zur Folge, die allein auf dem aus seiner Sicht zufälligen Umstand der investiven Inanspruchnahme beruht. Der Gesetzgeber trägt mit der Ausgleichsregelung in § 6 IV VermG der Tatsache Rechnung, daß sich der Wert eines Unternehmens sowohl in seiner Vermögenssubstanz als auch in seiner Ertragslage widerspiegelt.[424] Deshalb läßt es sich nicht rechtfertigen, wesentliche Veränderungen der Ertragslage bei der Berechnung des zu zahlenden Ausgleichs außer acht zu las-

---

422 S. W. Wellhöfer, a.a.O. (Fn. 67), § 6 VermG Rdnr. 136 ff.; J. Wasmuth, a.a.O. (Fn. 26), B 101, § 6 URüV Rdnr. 45.

423 S. Leitfaden Unternehmensrückübertragung, 8.7.3 (1), abgedruckt a.a.O. (Fn. 360), S. 84.; a.A., insbesondere für den Fall eines Erstattungsanspruchs gem. § 6 IV S.2 VermG, Arbeitspapier der Treuhandanstalt zur Erlösauskehr, Bes. Teil C.I.2., abgedruckt a.a.O. (Fn. 275), S. 7 u. M. Keil/K. Pée/H. Scheidmann, a.a.O. (Fn. 207), S. 94, die hypothetische Ansprüche nach § 6 IV VermG bei Bemessung des Ausgleichs nicht berücksichtigen wollen, da diese ihrem Zweck nach die Fortführung des Unternehmens voraussetzen.

424 S. B. Messerschmidt, in: Fieberg/Reichenbach/Messerschmidt/Neuhaus (Hrsg.), VermG, Komm., Stand Mai 1994, § 6 VermG Rdnr. 360.

sen. Die für die konträre Auffassung vorgebrachte Begründung, die Ansprüche aus § 6 IV VermG hingen nach Sinn und Zweck des Vermögensgesetzes von der Fortführung des Unternehmens durch den Berechtigten ab, hat keinen ausreichenden Anhalt im Gesetz.[425] Im spiegelbildlichen Fall einer ungünstigeren Ertragslage setzt ein Erstattungsanspruch zugunsten des Berechtigten zwar voraus, daß das Unternehmen sanierungsfähig ist (§ 6 IV S.2 VermG), nicht aber, daß es durch den Berechtigten fortgeführt wird.[426] Bei besserer Ertragslage verzichtet der Gesetzgeber überhaupt auf ein entsprechendes Merkmal (§ 6 IV S.1, 3 VermG). Ausgleichsansprüche nach § 6 IV VermG bestehen also ebenso wie solche nach § 6 II, III VermG ohne Rücksicht darauf, ob der Berechtigte selbst das zurückgegebene Unternehmen fortführt oder nicht, sondern knüpfen allenfalls an die Sanierungsfähigkeit des Unternehmens an (§ 6 IV S.2 VermG; § 24 I S.2 DMBilG). Eine hypothetische Ausgleichsverbindlichkeit gem. § 6 IV S.1, 3 VermG muß daher bei Errechnung des auszuzahlenden Erlöses bzw. Verkehrswertes abgezogen werden.[427]

(4) Abzug vom Erlös beim Asset-Verkauf eines Unternehmens

Wenn das Unternehmen nicht insgesamt durch Anteilsübertragung privatisiert wird, sondern stattdessen die einzelnen Vermögensgegenstände des Unternehmens an den investiven Erwerber veräußert werden (asset-deal), ohne daß dieser sämtliche Schulden übernimmt, spiegelt der Erlös nicht den Wert

---

[425] Anders Arbeitspapier der Treuhandanstalt zur Erlösauskehr, Bes. Teil C.I.2., abgedruckt a.a.O. (Fn. 275), S. 7, das meint, § 6 IV S.2 VermG bezwecke, die Fortführung des Unternehmens durch den Berechtigten zu sichern.

[426] S. sogleich unten C)V)4)b)bb)(2); zum Begriff der Sanierungsfähigkeit s. B. Messerschmidt, a.a.O. (Fn. 424), § 6 VermG Rdnr. 395, wonach ein Unternehmen sanierungsfähig ist, wenn durch betriebsinterne oder betriebsexterne geeignete Maßnahmen die Überschuldung und Zahlungsunfähigkeit behoben und eine angemessene Rentabilität erzielt werden kann.

[427] S. Leitfaden Unternehmensrückübertragung, 8.7.2, abgedruckt a.a.O. (Fn. 360), S. 83 u. vgl. auch H.-J. Rodenbach, a.a.O. (Fn. 280), § 16 Rdnr. 20, 49, der der im Arbeitspapier der Treuhandanstalt vertretenen Ansicht anlastet, zu übersehen, daß der Berechtigte wider seinen Willen durch die Investitionsvorrangentscheidung an der Fortführung des Unternehmens gehindert wird und deshalb Ansprüche des Berechtigten nach § 6 II, IV VermG bei der Berechnung des Erlöses zu berücksichtigen sind.

des ansonsten zurückzugebenden Unternehmens wider.[428] Denn der Berechtigte würde das Unternehmen mit allen Aktiva und Passiva zurückerhalten.[429] Daher müssen die den veräußerten Vermögensgegenständen zuzuordnenden betrieblichen Schulden vom erzielten Kaufpreis abgezogen werden, um den auszukehrenden Erlös zu errechnen. Allerdings nur insoweit, als sie bei Rückgabe des Unternehmens mit übergegangen wären und nicht zu Ausgleichsansprüchen nach § 6 II VermG geführt hätten.[430]

bb) Hinzurechnung zum Erlös bzw. zum Verkehrswert

An eine Korrektur nach oben ist in den Fällen der §§ 6 II, 6 IV S.2 VermG und bei vorangegangenen Entnahmen aus dem Betriebsvermögen des anmeldebelasteten Unternehmens zu denken.

(1) Erlösaufschlag wegen wesentlicher Verschlechterung der Vermögenslage (§ 6 II VermG i.V.m. § 5 URüV)

Ist ein Unternehmen stark verschuldet (§ 6 II S.1 Alt.2 VermG) oder überschuldet (§ 6 II S.1 Alt.1 VermG), hat es nur einen geringen bzw. gar keinen Verkehrswert. Folglich fällt der Veräußerungserlös niedrig aus - oder es ist überhaupt kein Erlös zu erzielen.[431] Bei Rückgabe stünden dem Unternehmen allerdings wegen der wesentlichen Verschlechterung der Vermögenslage unter den Voraussetzungen von § 6 II S.1, 2 VermG i.V.m. §§ 24, 26 III, 28 DMBilG Ausgleichsansprüche zu. Gem. § 6 II VermG i.V.m. § 24 DMBilG wird die Überschuldung des Unternehmens durch eine Ausgleichsforderung in Höhe des nicht durch Eigenkapital gedeckten Fehlbetrags beseitigt.[432] Wenn trotz einer etwaigen Ausgleichsforderung nach § 24 DMBilG das Vermögen nicht zur Deckung des gesetzlich vorgeschriebenen Mindestkapitals ausreicht,

---

[428] Leitfaden Unternehmensrückübertragung, 8.7.3 (2), abgedruckt a.a.O. (Fn. 360), S. 84.

[429] M. Keil/K. Pée/H. Scheidmann, a.a.O. (Fn. 207), S. 93.

[430] Leitfaden Unternehmensrückübertragung, 8.7.3 (2), abgedruckt a.a.O. (Fn. 360), S. 84.

[431] S. M. Keil/K. Pée/H. Scheidmann, a.a.O. (Fn. 207), S. 92.

[432] S. zur Ausgleichsforderung nach § 24 DMBilG W. Wellhöfer, a.a.O. (Fn. 67), § 6 VermG Rdnr. 85.

also eine Unterdeckung vorliegt, steht dem Unternehmen gem. § 6 II VermG i.V.m. § 26 III DMBilG ein Anspruch auf Beseitigung der Unterdeckung durch Einräumung einer ausstehenden Einlage zu.[433] Schließlich kann das Unternehmen gem. § 6 II VermG i.V.m. § 28 DMBilG in Höhe der Differenz zwischen dem gem. § 5 I URüV ermittelten gezeichneten Kapital und dem gesetzlichen Mindestkapital auf der Aktivseite der Bilanz ein Kapitalentwertungskonto einstellen. § 5 II S.2 URüV begrenzt allerdings in diesem Fall den Ansatz des gezeichneten Kapitals auf das Zehnfache des gesetzlich vorgeschriebenen Mindestkapitals.[434] Schuldnerin der Forderungen bzw. zur Tilgung des Kapitalentwertungskontos verpflichtet ist gem. § 6 I S.2 HS.2, II S.3 VermG in erster Linie die Treuhandanstalt. Unter den Voraussetzungen von § 6 II VermG i.V.m. §§ 24, 26 III, 28 DMBilG spiegelt das zurückgegebene Unternehmen also geringstenfalls einen Gegenwert in Höhe des gesetzlich vorgeschriebenen Mindestkapitals zuzüglich eines eventuell gem. § 5 URüV zu errechnenden Kapitalentwertungskontos wider. Das so bilanzierte Eigenkapital bildet dem Surrogatsgedanken folgend auch den Mindestbetrag des nach § 16 I InVorG zu zahlenden Ausgleichs, da dem Berechtigten bei Rückgabe in natura der gleiche Wert zugeflossen wäre. Der Anspruch aus § 16 I S.1 InVorG richtet sich daher mindestens auf Zahlung eines Betrags in Höhe des gesetzlich vorgeschriebenen Mindestkapitals plus des gegebenenfalls festzustellenden Kapitalentwertungskontos.[435] Durch weitere Abzüge darf dieser Wert nicht unterschritten werden.[436] Das gilt gem. § 6 II S.4 VermG ausnahmsweise nur dann nicht, wenn die Eigenkapitalverhältnisse im Zeitpunkt der Enteignung nicht günstiger waren.

Eine gegenteilige Ansicht will § 6 II VermG bei der Erlösauskehr nicht berücksichtigen, da die §§ 24, 25 DMBilG bereits in die Kaufpreisfindung einge-

[433] S. zur Eigenkapitalsicherung nach § 26 III DMBilG B. Messerschmidt, a.a.O. (Fn. 424), § 6 VermG Rdnr. 259.

[434] Zum Kapitalentwertungskonto s. B. Messerschmidt, a.a.O. (Fn. 424), § 6 VermG Rdnr. 260.

[435] Leitfaden Unternehmensrückübertragung, 8.7.2, abgedruckt a.a.O. (Fn. 360), S. 83.

[436] M. Keil/K. Pée/H. Scheidmann, a.a.O. (Fn. 207), S. 92.

flossen seien.[437] Das ist aber bei einer Veräußerung zu einem geringerem Preis als dem des bilanzierten Eigenkapitals aber gerade nicht der Fall. Das Eigenkapital spiegelt unter Beachtung des kaufmännischen Vorsichtigkeitsprinzips den bilanziellen Mindestsubstanzwert des Unternehmens wider.[438] Bleibt der Erlös weit darunter, wird offenbar, daß in den Kaufpreis - aus welchen Gründen auch immer - nicht einmal der unterste Wert des Unternehmens eingegangen ist.

(2) Hinzurechnung wegen wesentlicher Verschlechterung der Ertragslage (§ 6 IV S.2 VermG i.V.m. § 6 URüV)

Bei einer nachteiligen Veränderung der Ertragslage i.S.d. § 6 IV S.1 VermG sieht § 6 IV S.2 VermG unter bestimmten Voraussetzungen einen Erstattungsanspruch für das Unternehmen vor: Müssen neue Produkte entwickelt werden, um einen vergleichbaren Umsatz zu erzielen, so besteht in Höhe der notwendigen Entwicklungskosten ein Anspruch, es sei denn, das Unternehmen ist nicht sanierungsfähig.[439] Die Anwendung von § 6 IV S.1, 2 VermG bereitete anfänglich besondere Schwierigkeiten, weil die Anknüpfung an erwartete Umsätze und an die Kosten für eine künftige Produktentwicklung eine diffizile Prognose verlangte. Dem hat der Verordnungsgeber in § 6 URüV durch eine Vermutungsregel auf der Basis einer Gewinn- und Verlustrechnung sowie durch die vorrangige pauschalierte Berechnung des Erstattungsanspruchs abgeholfen.[440] Bei der Ermittlung des auszuzahlenden Erlöses bzw. Verkehrswertes ist ein ansonsten bestehender Erstattungsanspruch demnach durch Hinzurechnung des nach § 6 II URüV errechneten Pauschbetrages oder eines darüber hinausgehenden gesondert nachgewiesenen Erstattungsanspruchs (§ 6 III URüV) zu

---

437 Vgl. B. Messerschmidt, a.a.O. (Fn. 424), § 6 VermG Rdnr. 635 u. s. S. Weimann, VIZ 1995, 262, 265: „Will man eine wirtschaftliche Gleichbehandlung des Erlösauskehrberechtigten sicherstellen, kann dies nur erreicht werden, wenn der Erlös ohne Einschluß des § 6 II VermG für das restituierende Unternehmen betrachtet wird.“, ders. jedoch wiederum einschränkend S. 266: „Unabhängig von der Frage, ob die Grundlage der Anwendung von § 6 II VermG überzeugt, dient die Anwendung der Vorschrift einer zügigen, einvernehmlichen Regelung mit dem Auskehrberechtigten. Dies kann dazu führen, daß zeitaufwendige Prozesse über die Höhe des Erlöses vermieden werden.“

438 Vgl. S. Weimann, a.a.O. (Fn. 437), S. 263 Fn. 11.

439 S. zum Streit über die Berücksichtigung von § 6 IV S.2 VermG im Rahmen von § 16 InVorG oben C)V)4)b)aa)(3)(b).

440 S. B. Messerschmidt, a.a.O. (Fn. 424), § 6 VermG Rdnr. 387.

berücksichtigen, wenn das Unternnehmen sanierungsfähig ist (§ 6 IV S.2 VermG).[441] Die gegenteilige Ansicht, die hypothetische Ansprüche des Berechtigten aus § 6 IV S.2 VermG generell nicht in die Berechnung einbeziehen will, würde im Ergebnis zu einer zufälligen Schlechterstellung führen, die der investive Ausschluß der Rückgabe nicht rechtfertigen kann.[442]

(3) Hinzurechnung wegen vorangegangener Entnahmen

Die unentgeltliche Entnahme von Gegenständen des Betriebsvermögens eines rückgabebelasteten Unternehmens vor einer investiven Maßnahme schmälert den Veräußerungserlös bzw. den Verkehrswert. Der Wert des entnommenen Gegenstands muß dem erzielten Preis bzw. dem Verkehrswert hinzugerechnet werden.[443] Der Zuschlag unterbleibt aber, wenn der aus einer Veräußerung von Betriebsvermögen erzielte Betrag nicht entnommen wird, sondern dem Unternehmen zufließt.[444] Soweit bei tatsächlicher Rückgabe wegen des entnommenen Gegenwertes eine Ausgleichsverbindlichkeit nach § 6 I S.2, III VermG i.V.m. § 25 DMBilG abzuziehen gewesen wäre, darf ebenfalls nicht hinzugerechnet werden.[445] Ebensowenig findet der Wert eines zuvor entnommenen oder veräußerten Gegenstands Berücksichtigung, wenn letzterer mit einem gesonderten Rückgabeanspruch eines anderen Altberechtigten belastet ist.[446] Das Vorhandensein des anmeldebelasteten Vermögensgegenstandes hatte nämlich dann keinen Einfluß auf den Unternehmenswert, da eine gleich hohe Rückgabeverbindlichkeit zu passivieren war.

---

441 S. Leitfaden Unternehmensrückübertragung, 8.7.2, 8.7.3 (1), abgedruckt a.a.O. (Fn. 360), S. 83 f. u. H.-J. Rodenbach, a.a.O. (Fn. 280), § 16 Rdnr. 49.

442 S. oben C)V)4)b)aa)(3)(b).

443 Leitfaden Unternehmensrückübertragung, 8.7.2, abgedruckt a.a.O. (Fn. 360), S. 83.

444 S. Leitfaden Unternehmensrückübertragung, 8.7.2, abgedruckt a.a.O. (Fn. 360), S. 83.

445 S. Leitfaden Unternehmensrückübertragung, 8.7.2, abgedruckt a.a.O. (Fn. 360), S. 83.

446 S. Arbeitspapier der Treuhandanstalt zur Erlösauskehr, Bes. Teil A.I.1.b), abgedruckt a.a.O. (Fn. 275), S. 4.

c) Zu zahlender Ausgleich bei Rückgabeansprüchen nach § 6 VIa S.1 VermG

Richtet sich der Rückgabeanspruch gem. § 6 VIa S.1 VermG auf einzelne Vermögensgegenstände des ehemaligen Unternehmens, sind bei der Bemessung des für ihre investive Inanspruchnahme gem. § 16 I S.1, 3 InVorG zu leistenden Ausgleichs die sich aus § 6 VIa S.1 HS.2, S.2 VermG ergebenden Verpflichtungen zu beachten. Stand der durch den investiven Rückgabeausschluß verlorene Anspruch aus § 6 VIa S.1 VermG einer Gesellschaft in Nachliquidation zu, gelten für einen Abzug die bereits beim Unternehmensrestitutionsanspruch dargestellten Grundsätze.[447]

aa) Abzug der vorrangigen Gläubigerverbindlichkeiten (§ 6 VIa S.2 VermG)

§ 6 VIa S.2 VermG dient dazu, das Herausgabeverlangen des Berechtigten im Interesse der Gläubiger des Verfügungsberechtigten zu begrenzen, damit zugunsten letzterer einem Entzug der vorhandenen Haftungsmasse vorgebeugt wird. Um die Rückgabe zu erreichen, ist der Berechtigte deshalb gezwungen, die Schulden des Verfügungsberechtigten zu übernehmen, was seinen Wertzufluß schmälert.[448] Bei der Auskehr des Erlöses oder vor Auszahlung des Verkehrswertes wegen einer investiven Maßnahme müssen daher die nach § 6 VIa S.2 zu berücksichtigenden vorgehenden Gläubigerforderungen abgezogen werden, soweit der Berechtigte sie hätte tilgen müssen, um die Rückgabe zu erreichen.[449] Sofern der investive Erwerber die den Vermögensgegenständen zuzuordnenden Schulden jedoch kaufpreismindernd übernommen hat, dürfen die vorrangigen Gläubigerforderungen von dem bereits geschmälerten Erlös nicht mehr abgesetzt werden.[450] Dem Sicherungsinteresse der Gläubiger läuft das nicht zuwider. Der Erwerber muß für die übernommenen Forderungen einstehen und in seinen Händen befindet sich die Haftungsmasse.

---

447 S. zum Abzug der staatlichen Einlage sowie erhaltener staatlicher Entschädigungsleistungen bei einer Gesellschaft in Nachliquidation als Ausgleichsberechtigter oben C)V)4)b)aa)(1).

448 S. B. Messerschmidt, a.a.O. (Fn. 424), § 6 VermG Rdnr. 615 u. W. Wellhöfer, a.a.O. (Fn. 67), § 6 VermG Rdnr. 246.

449 S. Leitfaden Unternehmensrückübertragung, 8.10, abgedruckt a.a.O. (Fn. 360), S. 85.

450 S. Leitfaden Unternehmensrückübertragung, 8.10, abgedruckt a.a.O. (Fn. 360), S. 85.

bb) Abzug der wegen der Schädigung früher erhaltenen staatlichen Leistungen (§ 6 VIa S.1 HS.2 VermG i.V.m. § 8 I URüV)

Von den Gesellschaftern oder deren Rechtsnachfolgern wäre im Fall der Rückgabe gem. § 6 VIa S.1 HS.2 VermG eine früher erhaltene Entschädigung insoweit zu erstatten, als sie dem Wert der jeweiligen privaten Beteiligung an dem stillgelegten Unternehmen im Zeitpunkt der Rückgabe entspricht. Der Wert der zurückgegebenen Vermögensgegenstände abzüglich der Schulden, die zu übernehmen gewesen wären (§ 6 VIa S.2 VermG) und nicht vom Erwerber übernommen wurden, bildet dabei die Obergrenze der Rückzahlungsverpflichtung (§ 6 VIa S.1 HS.2 a.E. VermG).[451] § 8 I URüV ist auch auf die Errechnung der gem. § 6 VIa S.1 HS.2 VermG bei Rückgabe zurückzuzahlenden früheren staatlichen Leistungen anzuwenden.[452] Von dem Erlös bzw. vom Verkehrswert ist die so ermittelte hypothetische Rückzahlungsverpflichtung abzuziehen.[453]

d) Aufteilung des Erlöses bzw. des Verkehrswertes bei teilumfänglicher oder gespaltener Rückgabebelastung

Der erzielte Erlös oder der Verkehrswert ist aufzuteilen, wenn die Restitution den Vermögensgegenstand nicht insgesamt erfaßt. Dazu kommt es insbesondere bei der Unternehmensrestitution, beispielsweise wenn ein Rückgabean-

---

[451] Leitfaden Unternehmensrückübertragung, 5.2, abgedruckt a.a.O. (Fn. 360), S. 71 f.

[452] Dabei ist jedoch zu beachten, daß die Rückzahlungsverpflichtung ungeachtet einer etwaigen früheren Verschlechterung der Vermögens- oder Ertragslage des erloschenen Unternehmens besteht, also § 8 I S.2 URüV i.V.m § 6 II, IV VermG nicht gilt (Arbeitspapier der Treuhandanstalt zur Erlösauskehr, Bes. Teil C.II., abgedruckt a.a.O. (Fn. 275), S. 8). Andernfalls liefe § 6 VIa S.1 HS.2 VermG leer, da eine vorausgegangene wesentliche Verschlechterung der Vermögens- oder Ertragslage die typische Ursache für die in § 6 VIa S.1 HS.1 VermG i.V.m. § 4 I S.2 VermG vorausgesetzte Einstellung des Unternehmens bildet. Überdies knüpft § 8 I S.2 URüV i.V.m § 6 II, IV VermG für die Feststellung einer ungünstigen Vermögens- oder Ertragsentwicklung nur an an ein lebendes Unternehmen an.

[453] Mit der Auszahlung des Ausgleichsanspruchs nach § 16 I S.1, 3 InVorG entfällt nicht der Entschädigungsanspruch nach § 6 VII VermG, jedoch ist der ausgezahlte Betrag auf diesen entsprechend § 6 VII S.3 VermG anzurechnen (Arbeitspapier der Treuhandanstalt zur Erlösauskehr, Bes. Teil C.II., abgedruckt a.a.O. (Fn. 275), S. 8).

spruch nur für einen Teilbetrieb eines Unternehmens angemeldet worden ist, oder wenn mehrere Ansprüche auf dem Unternehmen lasten, z.B. wenn für verschiedene früher selbständige Betriebsteile eines Unternehmens gesonderte Ansprüche mehrerer Berechtigter angemeldet sind (vgl. §§ 3 II, 6b I S.2 VermG).

aa) Aufteilung nach den Grundsätzen der Entflechtung

Um den auf den jeweiligen Anmelder entfallenden Teil zu errechnen, können die bei der Entflechtung eines Unternehmens maßgeblichen Leitlinien herangezogen werden (§ 6b VermG).[454] Denn statt des Betriebsteils, der zur Rückgabe aus dem Gesamtunternehmen hätte herausgelöst werden müssen (vgl. § 6b I S.1, 2 VermG), wird nunmehr nach dem investiven Rückgabeausschluß der Erlös- bzw. Verkehrswertanteil des Berechtigten ausgesondert. Den Prinzipien der Entflechtung folgend bemißt sich der zu beanspruchende Anteil grundsätzlich an dem Verhältnis zwischen dem Eigenkapital, das den mit dem einstmals entzogenen Unternehmen vergleichbaren Unternehmensteilen zuzuordnen ist, und dem Eigenkapital, das den anderen Betriebsteilen zugewiesen ist.[455] Dazu müssen das Vermögen und die Verbindlichkeiten des Unternehmens auf die gedanklich zu entflechtenden Teilbetriebe umgelegt werden.

bb) Hilfsrechnung bei undurchführbarer Vermögensaufteilung

Oft ist eine klare Zuweisung des Unternehmensvermögens jedoch nicht möglich, weil sich etwa das Produkt- oder Leistungsangebot verändert hat, oder weil einzelne Betriebsteile stillgelegt worden sind.[456] Wenn in diesen Fällen alle Betriebsteile zeitlich durch den gleichen Entziehungstatbestand betroffen wurden, nähert sich die Aufteilung des Erlöses bzw. des Verkehrswertes am ehesten einem zutreffenden Ergebnis, wenn sie nach dem Verhältnis des Eigenkapitals aus den damaligen Schlußbilanzen erfolgt.[457] Bei unterschiedli-

---

454 Arbeitspapier der Treuhandanstalt zur Erlösauskehr, Bes. Teil A.III., abgedruckt a.a.O. (Fn. 275), S. 5 f.

455 Vgl. W. Wellhöfer, a.a.O. (Fn. 67), § 6b VermG Rdnr. 24 f.

456 S. W. Wellhöfer, a.a.O. (Fn. 67), § 6b VermG Rdnr. 24.

457 S. H.-J. Rodenbach, a.a.O. (Fn. 280), § 16 Rdnr. 28.

chen Schädigungszeitpunkten oder Entziehungtatbeständen muß stattdessen auf die Bilanzwerte von Grund und Boden und Gebäude/bauliche Anlagen als Anhaltspunkt zurückgegriffen werden, die zur Zeit der investiven Maßnahme auf die jeweiligen Betriebsteile entfallen.[458] Ebenso ist bei investiver Inanspruchnahme eines Unternehmens mit stillgelegten Betriebsteilen oder der ausschließlichen Veräußerung stillgelegter Betriebsteile zu verfahren.[459] Wenn ausschließlich stillgelegte Betriebsteile veräußert werden, handelt es sich jedoch strenggenommen nur dann um einen Anwendungsfall des Investitionsvorranggesetzes, wenn ein Rückgabeanspruch nach § 6 VIa S.1 VermG besteht, der sich auf einzelne Gegenstände aus dem Vermögen des stillgelegten Teilbetriebes richtet, oder wenn ein anderer Berechtigter solche Vermögensgegenstände im Wege der Einzelrestitution beanspruchen kann (§ 3 I S.1 VermG). Ansonsten fehlt es nämlich an einer Rückgabebelastung (§ 4 I S.2 VermG), die durch einen Investitionsvorrangbescheid überwunden werden müßte (§ 11 II S.1, III InVorG). Vielmehr ist der Berechtigte von vornherein allein auf den in § 6 VIa S.4 VermG geregelten Geldausgleich verwiesen (vgl. § 3 I S.3 VermG).

cc) Abgrenzung zur Erlös- bzw. Verkehrswertaufteilung bei fehlendem Rückgabequorum (§§ 6 Ia, VIa S.4 VermG)

Der Ausgleichsanspruch nach dem Investitionsvorranggesetz verlangt also, daß der Anspruchsteller Rückgabe in natura der von einer investiven Maßnahme betroffenen Vermögensgegenstände hätte verlangen können.[460] Fehlt es an der in § 6 Ia VermG für die Unternehmensrestitution vorausgesetzten Anmeldung von mehr als der Hälfte der geschädigten Anteilseigner, ist § 16 I S.1, 3 InVorG letzteren gegenüber unanwendbar.[461] Bei Nichterreichen des Quorums sind die ehemaligen Gesellschafter also von vornherein lediglich auf einen Geldanspruch in Höhe des ihrem Anteil entsprechenden Erlöses aus der Veräu-

---

[458] S. H.-J. Rodenbach, a.a.O. (Fn. 280), § 16 Rdnr. 28.

[459] Arbeitspapier der Treuhandanstalt zur Erlösauskehr, Bes. Teil, A.III.2.3., abgedruckt a.a.O. (Fn. 275), S. 6.

[460] S. oben C)III)1).

[461] Auch § 6 VIa S.1 VermG, der sich auf Rückgabe einzelner Gegenstände des betrieblichen Vermögens richtet, gewährt in diesem Fall keine Restitution, da er genau wie § 6 I S.1 VermG des Erreichen des Quorums fordert (s. Leitfaden Unternehmensrückübertragung, 4.3.3, abgedruckt a.a.O. (Fn. 360), S. 67).

ßerung oder auf Zahlung des anteiligen Verkehrswertes verwiesen (§ 6 VIa S.4 VermG).[462] Ausgleich nach dem Investitionsvorranggesetz können sie nicht beanspruchen.

VI. Fälligkeit und Verzinsung

Gem. § 16 I S.1 InVorG kann der Berechtigte „... nach Feststellung oder Nachweis seiner Berechtigung Zahlung ... verlangen."[463] Die Fälligkeit des Ausgleichsanspruchs hängt also von der Feststellung oder dem Nachweis der Berechtigung ab. Daß für die Erlösauskehr überdies auch noch der Kaufpreis aus dem geschlossenen Privatisierungsvertrag fällig sein muß, bestimmt § 16 I S.1 InVorG nicht.[464] Die Vorschrift knüpft nur für die Höhe des auszukehrenden Geldbetrages an die vertragliche Vereinbarung zwischen Verfügungsberechtigtem und Erwerber an, regelt aber davon unabhängig die Fälligkeit, indem sie als maßgeblichen Zeitpunkt die Feststellung oder den Nachweises der Berechtigung bestimmt. Andernfalls hätten es die Parteien des investiven Vetrages in der Hand zu Lasten des Berechtigten die Ausgleichsleistung hinauszuschieben, obwohl der Rückgabeanspruch bereits mit Veräußerung untergegangen ist (§ 11 II S.1 InVorG). Die Verzinsung der Ansprüche aus § 16 I S.1, 3 InVorG beginnt nach Verzugsregeln (§§ 284, 285, 288 BGB) frühestens mit der Fälligkeit.[465]

VII. Geltendmachung des Ausgleichsanspruchs

Zur Geltendmachung des Ausgleichsanspruchs sind je nach Sachstand unterschiedliche Wege einzuschlagen.

---

[462] S. Leitfaden Unternehmensrückübertragung, 4.3.3, abgedruckt a.a.O. (Fn. 360), S. 67. Mißverständlich insoweit M. Keil/K. Pée/H. Scheidmann, a.a.O. (Fn. 207), S. 96, die die Erlös- bzw. Verkehrswertaufteilung bei Nichterreichen des nach § 6 Ia VermG erforderlichen Quorums im Rahmen des Anspruchumfangs von § 16 I InVorG behandeln.

[463] Zur Feststellung und zum Nachweis der Berechtigung s. oben C)III)2) u. 3).

[464] Anders M. Keil/K. Pée/H. Scheidmann, a.a.O. (Fn. 207), S. 97.

[465] A. v. Drygalski, a.a.O. (Fn. 158), § 16 InVorG Rdnr. 44.

1. Einvernehmlicher Ausgleich

Entsprechend § 31 V S.3 VermG können sich die Beteiligten ohne behördliches Eingreifen über den Ausgleich gütlich einigen.[466] Die Beteiligten vermögen dabei die Einigung ihrer Reichweite nach auf geklärte Punkte zu beschränken (s. Wortlaut § 31 V S.3 VermG). So kann z.B. der Grund des Ausgleichsanspruchs durch die Einigung weiterem Streit entzogen werden, wenn sich die Parteien nur noch über die Höhe uneins sind und allein diese Frage behördlich oder gerichtlich entscheiden lassen wollen. Ebenso sind die Beteiligten in der Lage, sich auf einzelne Zu- oder Abschlagsposten zu einigen, die sich aus hypothetischen Ausgleichs- oder Erstattungsansprüchen ergeben würden (§§ 6 II, III, IV, 7, 7a, 18 VermG; § 8 I URüV), andere Posten jedoch von der Einigung auszuklammern, um sie nach entsprechendem Antrag in dem Bescheid nach § 16 I S.2 InVorG oder nach § 11 VI InVorG feststellen zu lassen. Soweit die Einigung den Anspruch erledigt, stellt die zuständige Behörde dies auf Antrag fest (§ 31 V S.2 VermG analog).[467]

2. Entscheidung des Amtes oder Landesamtes zur Regelung offener Vermögensfragen über den Auskehranspruch (§ 16 I S.2 InVorG)

Über die Erlösauskehr (§ 16 I S.1 InVorG) entscheidet auf Antrag das zuständige Amt oder Landesamt zur Regelung offener Vermögensfragen (§ 16 I S.2 InVorG). Grundsätzlich umfaßt der Bescheid Grund und Höhe des Anspruchs.[468] Soweit allerdings zwischen den Beteiligten eine gütliche Einigung erzielt wurde, unterbleibt eine Entscheidung nach § 16 I S.2 InVorG mangels Sachbescheidungsinteresse. Dem Verfügungsberechtigten kann in dem Bescheid nur die Auszahlung des Erlöses, nicht jedoch eine etwaige darüber hinaus schießende Zahlung der Differenz zum Verkehrswert aufgegeben werden.[469] Das ergibt sich aus der Stellung von § 16 I S.2 InVorG, der mit „... die-

---

[466] S. zur gütlichen Einigung schon oben C)III)3)a) u. c) sowie C)V)4)a)aa) a.E.

[467] Zu Voraussetzungen und Wirkungen dieses Bescheides s. B. Schöneberg/A. Wessel-Terharn, in: Rädler/Raupach/Bezzenberger (Hrsg.), Vermögen in der ehemaligen DDR, Stand April 1995, Bd. 1, § 31 Rdnr. 43 ff.

[468] M. Keil/K. Pée/H. Scheidmann, a.a.O. (Fn. 207), S. 97.

[469] Empfehlungen des Bundesjustizministeriums zur Anwendung des InVorG für Immobilien, Infodienst Kommunal Nr. 57 v. 25.9.1992, Teil 2 VII.4., abgedruckt a.a.O. (Fn. 125), S. 49.

sen Anspruch ..." nur den Auskehranspruch anspricht (§ 16 I S.1 VermG), nicht jedoch den Differenzanspruch nach § 16 I S.3 InVorG.[470] Die Regelung bezweckt, das Vermögensamt nur mit der Erlöserrechnung zu belasten, nicht aber mit der Feststellung des Verkehrswertes.

3. Rechtsweg

Der aufgehobene § 5 I InvG i.d.F-HemmnisbeseitigungsG enthielt eine ähnliche gespaltene Rechtswegezuständigkeit, wie sie nunmehr § 23 I S. 1 InVorG vorsieht. Er wies Streitigkeiten über die Höhe der Entschädigung den ordentlichen Gerichten zu und leitete übrigen Rechtsstreit an die Verwaltungsgerichte.[471] Mangels einer dem § 5 I InvG i.d.F-HemmnisbeseitigungsG entsprechenden Vorschrift war hingegen im Bereich des Vermögensgesetzes unsicher, wie genau der Berechtigte seine Entschädigungsansprüche aus §§ 3 VII S.7, 3a V, VI, 6 VIa S.4, 5 VermG i.d.F.-HemmnisbeseitigungsG geltend zu machen hatte:[472] Entweder durch Antrag im vermögensrechtlichen Verfahren nach §§ 30 ff. VermG - dann wäre im Streitfall im Widerspruchsverfahren bzw. im Verwaltungsprozeß über die Entschädigung zu entscheiden (§§ 36 I S.1, IV, 37 I VermG) - oder im Zivilprozeß vor den ordentlichen Gerichten. Das Investitionsvorranggesetz bereinigt diese Unklarheit (§§ 16 I S.2, 23 I S.1 InVorG): Über den Erlösauskehrbescheid nach § 16 I S.2 InVorG und die damit zusammenhängenden Feststellungen wird gegebenenfalls nach Widerspruch im verwaltungsgerichtlichen Verfahren entschieden (§ 23 I S.1 InVorG); ein über den Erlös hinausgehender Anspruch sowie ein Anspruch auf Ersatz des Verkehrswertes ist dagegen vor den ordentlichen Gerichten geltend zu machen (§ 23 I S.1 InVorG).

---

470 Empfehlungen des Bundesjustizministeriums zur Anwendung des InVorG für Immobilien, Infodienst Kommunal Nr. 57 v. 25.9.1992, Teil 2 VII.4., abgedruckt a.a.O. (Fn. 125), S. 49.

471 § 5 I InvG i.d.F-HemmnisbeseitigungsG: „Streitigkeiten über die Höhe eines Anspruchs nach § 3 sowie in den Fällen des § 1a Abs. 5 entscheiden die ordentlichen Gerichte. Im übrigen ist für Streitigkeiten nach diesem Gesetz der Verwaltungsrechtsweg gegeben."

472 Vgl. Begründung zum Regierungsentwurf des 2. VermRÄndG, Bt.-Drucks. 227/92, A.II.5, abgedruckt a.a.O. (Fn. 133), S. 24.

VIII. Wahlrecht des Berechtigten

Bereits § 3 I S.3 InvG i.d.F.-EVertr sah ein Wahlrecht vor.[473] Wenn dem Berechtigten nach anderen Vorschriften eine Entschädigung zustand, sollte er sich hieran halten können. Eine andere Entschädigungsleistung alternativ zu beanspruchen, blieb dem Alteigentümer also unbenommen.[474] Das gleiche Wahlrecht enthält der geltende § 17 InVorG. Der Berechtigte, der seinen Rückgabeanspruch verliert, kann gem. § 17 InVorG anstelle der in § 16 InVorG bezeichneten Rechte eine ihm nach anderen Vorschriften zustehende Entschädigung in Anspruch nehmen. Voraussetzung für die Ausübung des Wahlrechts ist, daß gem. § 16 InVorG wirklich ein Ausgleichsanspruch besteht (s. Wortlaut § 17 InVorG: „... anstelle der in § 16 bezeichneten Rechte ...").[475] Da letzteres bedingt, daß Rückgabe in natura verlangt werden kann, sind mit „... anderen Vorschriften ..." die in den §§ 6 VI S.3 Alt.2, VII, 8 I VermG eingeräumten Wahlrechte angesprochen, die dem Berechtigten erlauben, sich auf eine Entschädigung zu verlegen, obwohl er auch Rückgabe hätte beanspruchen können.[476] Die §§ 6 VII, 8 I VermG wiederum verweisen für den Inhalt der gewählten Entschädigung auf das Entschädigungsgesetz.[477] Die danach zu beanspruchende Abfindung liegt in aller Regel weit unter dem derzeitigen Wert der verlorenen Vermögensgegenstände. Sie bestimmt sich nach einer Bemessungsgrundlage, die sich aus einer Multiplikation früherer Einheitswerte errechnet (§§ 3 bis 5 EntschG), und die dann um dinglich gesicherte Verbindlichkeiten (§§ 2 I Nr.1, 3 IV EntschG), um erhaltene Gegenleistungen und Entschädigungen (§§ 2 I Nr.2, 6 EntschG), um den Zeitwert von nach § 6 VIa VermG zurückerhaltenen Gegenständen (§§ 2 I Nr.3, 4 IV EntschG), um degressive Höchstbeträge (§§ 2 I Nr.4, 7 EntschG) und schließlich noch um einen erhaltenen Lastenausgleich (§§ 2 I S.2, 8 EntschG) gekürzt wird. Der Entschädigungsanspruch wird zudem nicht in Geld, sondern durch Schuldverschreibungen erfüllt, die erst ab

---

473 § 3 I S.3 InvG i.d.F.-EVertr: „Soweit ihm (dem Berechtigten; Anm.d.Verf.) nach anderen Vorschriften eine Entschädigung zusteht, kann er diese wahlweise in Anspruch nehmen."

474 S. Erläuterungen der Bundesregierung zum Investitionsgesetz in der Fassung des Einigungsvertrages, Bt-Drucks. 11/7817, zu § 3, abgedruckt a.a.O. (Fn. 78).

475 H.-J. Rodenbach, a.a.O. (Fn. 280), § 16 Rdnr. 4.

476 S. H.-J. Rodenbach, a.a.O. (Fn. 280), § 16 Rdnr. 3 u. A. v. Drygalski, a.a.O. (Fn. 158), § 17 InVorG Rdnr. 4; zur Voraussetzung der tatsächlichen Rückgabeberechtigung s. bereits oben C)III)1).

477 Gesetz über die Entschädigung nach dem Gesetz zur Regelung offener Vermögensfragen v. 27.8.1994, BGBl. I, S.2624 (Entschädigungsgesetz - EntschG).

Januar 2004 verzinst und getilgt werden (§ 1 I S.2 EntschG). Der wirtschaftliche Vergleich zwischen dem Ausgleich nach § 16 I InVorG und einer Entschädigung nach dem Entschädigungsgesetz wird deshalb nur ganz ausnahmsweise zugunsten der Entschädigung ausfallen. Denn die Abzugsbeträge, die den Erlösauskehr bzw. Verkehrswertanspruch mindern, kommen bei der Entschädigungsberechnung in gleicher Weise zum tragen (§ 2 I Nr.1 bis 4 EntschG) und in Gestalt des Lastenausgleichs tritt noch ein weiterer Abzugsposten hinzu (§ 2 I S.2 EntschG). Rechnerisch denkbar ist ein günstigeres Ergebnis nach dem Entschädigungsgesetz allenfalls bei Unternehmen. Ausgleichsverbindlichkeiten nach § 6 III, IV S.3 VermG werden nämlich nicht abgezogen (vgl. § 2 I Nr.1 bis 4 EntschG). Daher ist es möglich, daß der damalige Einheitswert des Unternehmens höher liegt als der heutige Rückgabewert.[478] Wählt der Berechtigte Entschädigung, so bestimmt sich weiteres sowohl materiell- als auch verfahrensrechtlich nach den Vorschriften der §§ 6 VII, 8 I VermG und der §§ 1 ff. EntschG.

---

[478] S. K. Racky, a.a.O. (Fn. 280), § 16 Rdnr. 19 u. H.-J. Rodenbach, a.a.O. (Fn. 280), § 16 Rdnr. 2.

D. Eigentumsgarantie und Rechtseingriff im Interesse investiver Zwecke

Der verfassungsrechtliche Rahmen, in dem sich die Ausgleichsvorschriften des Investitionsvorranggesetzes einfügen müssen, ist mehrschichtig. Er wird abgesteckt von den Art. 143 III, 135a II, 14 III, 3 I GG. Auf Ebene des Grundgesetzes bilden die Art. 143 III, 135a II GG vermögensrechtliche Sonderregeln, die den Spielraum des einfachen Gesetzgebers erweitern.[479] Schrittweise ist deshalb, zunächst orientiert am Vorrang der speziellen vor der allgemeinen Norm, festzustellen, inwieweit die Art. 143 III, 135a II GG die Anwendung anderer Grundgesetzbestimmungen ausschließen oder begrenzen. Erst nach Beantwortung dieser Vorfrage, die sich auf der Ebene der Konkurrenz der Verfassungsnormen stellt, erschließen sich die eigentums- und gleichheitsgrundrechtlichen Gebote, die tatsächlich an das Investitionsvorranggesetz gerichtet sind.[480] Soweit die Art. 143 III, 135a II GG nämlich grundrechtliche Bindungen zugunsten der legislativen Gestaltungsfreiheit lockern, stellt die Verfassung von vornherein keine Anforderungen an die Ausformung des für den Entzug des Rückgabeanspruchs zu leistenden Ausgleichs, die subjektiv-rechtlich geltend gemacht werden könnten. Zunächst ist also zu ermitteln, was das Grundgesetz den Entschädigungsvorschriften des Investitionsvorranggesetzes abverlangt, und erst danach kann beantwortet werden, ob die Bestimmungen den festgestellten Anforderungen gerecht werden. Eine verfassungsgerichtliche

---

[479] Zum erweiterten gesetzgeberischen Gestaltungsspielraum s. bereits oben A)IV)1).

[480] Anders W. Böhmer, AnwBl. 1991, 456, 459; N. Horn, Das Zivil- und Wirtschaftsrecht im neuen Bundesgebiet, Köln 1991, S. 263; B. Kempen, a.a.O. (Fn. 265), Rdnr. 67; O. Kimminich, in: Deutsche Wiedervereinigung, Eigentum - Neue Verfassung - Finanzverfassung, Köln 1991, Bd. I, S. 11; K. Kilian, ZOV 1991, 63, 65; E. Niederleitinger, ZIP 1991, 205, 213; B. Bischof, GrE 1991, 549, 552, die, ohne die Reichweite der verfassungsrechtlichen Exemtionen in den Art. 143 III, 135a II GG zu klären, vermögensrechtlichen Rückgabeansprüchen grundrechtlichen Eigentumsschutz zubilligen. Mit dem gleichen Ansatz wie hier dagegen W. Leisner, NJW 1991, 1569, 1574; E. Klein, DÖV 1991, 569, 574 f.; F. Ossenbühl, BB 1992, Beilage 6 zu Heft 11., 1, 6 ff.; K. Stern, DtZ 1990, 289, 292; R. Steinberg, NJ 1991, 1, 5.

Klärung dieser Frage steht bislang aus.[481] Den Ausgangspunkt für die Lösung bildet die Bestimmung der Reichweite der grundgesetzlichen Exemtionen in den Art. 143 III, 135a II GG.

I. Verfassungsrechtlicher Bestandsschutz (Art. 143 III GG)

Art. 143 III GG verweist auf „Art. 41 des Einigungsvertrages und Regelungen zu seiner Durchführung" und spricht aus, daß diese Vorschriften „auch insoweit Bestand haben, als sie vorsehen, daß Eingriffe in das Eigentum auf dem in Art. 3 dieses Vertrags genannten Gebiet nicht mehr rückgängig gemacht werden." Der Verweis in Art. 143 III GG schließt Art. 41 II EVertr mit ein. Soweit Regelungen zur Durchführung von Art. 41 II EVertr zur Folge haben, daß Eingriffe in das Eigentum im Gebiet der früheren DDR nicht mehr rückgängig gemacht werden, fallen diese Bestimmungen unter den durch Art. 143 III GG aufgerichteten Bestandsschutz.[482] Offen bleibt dabei, in welchem Sinn ein Bestandsschutz für notwendig gehalten wird und von welchen Verfassungsnormen abgewichen werden darf.[483] Art. 143 III GG gibt nicht an, wovon er befreit. Er gibt insbesondere keine Auskunft darüber, ob Art. 14 GG den Rückgabeanspruch des Berechtigten schützt oder nicht. Zu klären ist daher, wie weit die Ausnahme des Art. 143 III GG i.V.m. Art. 41 II EVertr überhaupt reicht und welchen Grundrechtsschutz sie den Alteigentümern versagt.

1. Reichweite des verfassungsrechtlichen Bestandsschutzes

Laut den Gesetzesmaterialien wollte der verfassungsändernde Gesetzgeber mit Art. 143 III GG „den verfassungsmäßigen Bestand der in und aufgrund Artikel 41 des Vertrages getroffenen Regelung" sichern.[484] Die Vorschrift wurde geschaffen, um vorsichtshalber - für den Fall einer Kollision mit Art. 14

[481] S. unten D)V).

[482] S. P. Badura, DVBl. 1990, 1256, 1259; H. v. Mangoldt/F. Klein/A. v. Campenhausen, GG, 3. Aufl., Art. 143 Rdnr. 36 Fn. 36 u. Rdnr. 60.

[483] R. Steinberg, a.a.O. (Fn. 480), S. 5.

[484] Denkschrift der Bundesregierung zum Einigungsvertrag, Bt.-Drucks. 11/7760, zu Art. 4 Nr.5, abgedruckt a.a.O. (Fn. 32), S. 10.

GG - die Abweichung vom Grundgesetz auf Dauer zuzulassen.[485] Art. 143 III GG i.V.m. Art. 41 II EVertr erfüllt bildlich gesprochen die Aufgabe eines Trapeznetzes, das dazu bestimmt ist, einen potentiellen Verstoß gegen Art. 14 GG aufzufangen. Wie weit die Sicherung reicht und ob sie für das Investitionsvorranggesetz überhaupt vonnöten ist, verrät die Begründung nicht.

a) Zeitliche Reichweite

Eine Stimme in der Literatur will Art. 143 III GG nur auf das Investitionsgesetz i.d.F.-EVertr anwenden.[486] Das dafür herangezogene Argument, daß nur verfassungsrechtlich abgesichert werden könne, was dem Gesetzgeber im Einigungsvertrag vor Augen gestanden habe, mit der Folge, daß die weitere Schmälerung des einmal geschaffenen Rückgabeanspruchs aufgrund des späteren Hemmnisbeseitigungsgesetzes oder des Investitionsvorranggesetzes uneingeschränkt an Art. 14 GG zu messen sei, ist allerdings wenig überzeugend.[487] Denn der Wortlaut von Art. 41 II S.1 EVertr, der als Rahmenvorschrift dient, verweist auf eine „... besondere(r) gesetzliche(r) Regelung ...“, ohne sich auf das in Anlage II EVertr aufgenommene Investitionsgesetz in seiner ursprünglichen Fassung festzulegen. Art. 143 II GG soll den Bestand der in Art. 41 EVertr beschriebenen Restitutionsausschlüsse über die in Art. 143 I S.1 und II GG genannten Zeitpunkte hinaus sichern.[488] Die Vorschrift wurde geschaffen, um vorsichtshalber - für den Fall einer Kollision mit Art. 14 GG - die Abweichung vom Grundgesetz auf Dauer zuzulassen, und um dem Gesetzgeber bei der zum damaligen Zeitpunkt z.T. erst anstehenden Regelung des Komplexes der offenen Vermögensfragen Gestaltungsspielraum zu verschaffen.[489] So kann schwerlich davon ausgegangen werden, daß sich Art. 143 III GG zeitlich starr nur auf Vorschriften bezieht, die bereits zusammen mit dem Einigungsvertrag galten.

---

[485] R. Steinberg, a.a.O. (Fn. 480), S. 5 u. oben A)IV)1).

[486] S. M. Schmidt-Preuß, Die Verwaltung 1992, 327, 359.

[487] Mit der dargestellten Begründung M. Schmidt-Preuß, a.a.O. (Fn. 486), S. 359.

[488] R. Steinberg, a.a.O. (Fn. 480), S. 5.

[489] S. R. Steinberg, a.a.O. (Fn. 480), S. 5 u. oben A)IV)1).

b) Sachliche Reichweite

Inhaltlich freilich betrifft Art. 143 III GG i.V.m. Art. 41 II EVertr dem strengen Wortlaut nach nur den investiven Rückgabeausschluß für *Immobilien*. Der Ausschluß der Unternehmensrestitution, den das Hemmnisbeseitigungsgesetz einführte und den das Investitionsvorranggesetz fortschreibt, ist in Art. 41 II EVertr nicht angesprochen. Eine teleologische Erweiterung der einigungsvertraglichen Klausel, die als Ausnahmebestimmung eng ausgelegt wird, gelingt nicht.[490] Ob der investive Ausschluß der Unternehmensrückgabe noch eine „Regelung zu(r) ... Durchführung" von Art. 41 II EVertr darstellt, die am Bestandsschutz von Art. 143 III GG teilhat, ist aus diesem Grunde unklar.[491] Hinter dem geschilderten Problem verbirgt sich die grundlegende Frage, wieweit Art. 143 III GG den Gesetzgeber zur Regelung einer Durchführung von Art. 41 II EVertr ermächtigt.

Zwar hinderte die einigungsvertragliche Bindung den Gesetzgeber nicht daran, den ursprünglichen Rahmen des Art. 41 II EVertr um die investive Inanspruchnahme von Unternehmen zu erweitern.[492] Die neuen Bundesländer haben nämlich stillschweigend darin eingewilligt, Unternehmen in den Investitionsvorrang einzubeziehen, indem sie die Novellen unbeanstandet ließen (Art. 44 EVertr).[493] Jedoch konnte der verfassungsrechtliche Bestandsschutz durch die späteren Gesetzesänderungen nicht ungeachtet des von Art. 41 II EVertr vorgegebenen Rahmens ausgebaut werden. Die „Regelungen zu(r) ... Durchführung" von Art. 41 II GG, die am Bestandsschutz teilhaben, müssen das in Art. 41 II EVertr vorgegebene Regelungsprogramm befolgen. Der Gesetzgeber hat es nicht in der Hand, die verfassungsrechtliche Exemtion, die ihm Art. 143 III GG gewährt, zu erweitern, ohne die Hürden zu nehmen, die für eine Verfassungsänderung vorgesehen sind (Art. 79 I S.1, II GG). Andernfalls könnte der einmal eingeräumte Freiraum durch die Durchführungsregelungen unbegrenzt ausgedehnt werden. Art. 143 III GG räumt deshalb nur solchen Regelungen Bestandsschutz ein, die den von Art. 41 II EVertr vorgegebenen Rahmen einhalten, nicht solchen, die diesen Rahmen sprengen. Daraus folgt aber nicht, daß

---

[490] S. oben A)IV)2).

[491] M. Schmidt-Preuß, a.a.O. (Fn. 486), S. 359, verneint dies und folgert daraus, daß der investive Ausschluß der Unternehmensrückgabe uneingeschränkt an Art. 14 GG zu messen sei.

[492] S. oben A)IV)2).

[493] S. oben A)IV)2).

die Investitionsvorrangregelungen, soweit sie Unternehmen betreffen, uneingeschränkt an Art. 14 GG zu messen sind.[494]

c) Reichweite des Bestandsschutzes im Verhältnis zu Art. 135a II GG

Neben Art. 143 III GG i.V.m. Art. 41 II EVertr enthält Art. 135a II GG eine weitere vermögensrechtliche Sonderbestimmung, die geeignet ist, die Regelung des Investitionsvorrangs verfassungsrechtlich abzusichern und grundrechtlichen Schutz zu versagen.[495] Nach der hier vertretenen Auffassung genießt der einfachgesetzliche Rückgabeanspruch des Altberechtigten wegen Art. 135a II GG keinen subjektiv-rechtlichen Eigentumsschutz und dem Alteigentümer steht kein aus Art. 14 GG abgeleiteter Rückgabeanspruch zu.[496] Da bereits Art. 135a II GG eigentumsrechtliche Abwehrrechte ausschließt, findet Art. 143 III GG insoweit keine Anwendung. Eine Kollision der Regelung des investiven Rückgabeausschlusses mit Art. 14 GG wird schon durch Art. 135a II GG vermieden. In bezug auf Art. 14 GG bedarf das Investitionsvorranggesetz folglich keines Bestandsschutzes nach Art. 143 III GG i.V.m. Art. 41 II EVertr.[497]

d) Grenze der Reichweite

Die Reichweite der verfassungsrechtlichen Exemtion endet bei den in Art. 79 III GG genannten Grundsätzen und der in Art. 19 II GG verbürgten Wesensgehaltsgarantie. In Art. 143 I S.2 GG wird klargestellt, daß Abweichungen nicht gegen die Art. 19 II, 79 III GG verstoßen dürfen. Obwohl Art. 143 III GG den Bestandsschutz „Unabhängig von Absatz 1 und 2“ gewährt, gilt die Klarstellung in Abs. 1 S.2 auch für den dritten Absatz. Denn systematisch bezieht sich die Formulierung „Unabhängig von Absatz 1 und 2“ nur auf die zeitlichen Grenzen, die in den ersten beiden Absätzen genannt sind.[498] Zudem kann sich auch der verfassungsändernde Gesetzgeber nicht von Art. 79 III GG befreien. Die in Art. 79 III GG normierten grundlegenden Gerechtigkeitspostulate bilden

[494] In diesem Sinne jedoch M. Schmidt-Preuß, a.a.O. (Fn. 486), S. 359.

[495] S. dazu unten D)II)3) u. M. Uechtritz, a.a.O. (Fn. 80), Einf InVorG Rdnr. 150.

[496] S. unten D)III)1).

[497] Vgl. M. Uechtritz, a.a.O. (Fn. 80), Einf InVorG Rdnr. 151.

[498] S. R. Steinberg, a.a.O. (Fn. 480), S. 5.

darum die äußerste Grenze, die der Investitionsvorrang trotz Art. 143 III GG nicht überschreiten darf. Zu diesen Gerechtigkeitspostulaten zählt insbesondere das Willkürverbot.[499] Art. 143 III GG entbindet daher den Gesetzgeber nicht davon, den investiven Entzug des Rückgabeanspruchs und den dafür zu leistenden Ausgleich gleichheitsgerecht auszugestalten.[500]

2. Wirksamkeit der Verfassungsänderung

In bezug auf den von Art. 41 I EVertr i.V.m. Nr. 1 S.1 GemErkl angeordneten Rückgabeausschluß für das vor 1949 enteignete Vermögen hat das BVerfG die formelle und materielle Rechtmäßigkeit dieser Verfassungsänderung in seinem sog. Bodenreformurteil bejaht. Danach ist die verfassungsändernde Neuregelung des Art. 143 III GG kompetenz- und verfahrensrechtlich wirksam zustande gekommen, und es tastet nicht die in Art. 79 III GG normierten grundlegenden Gerechtigkeitspostulate an, daß Art. 143 III GG die in Art. 41 I EVertr i.V.m. Nr. 1 S.1 GemErkl enthaltene Regelung, wonach Enteignungen auf besatzungsrechtlicher oder besatzungshoheitlicher Grundlage (1945 bis 1949) nicht mehr rückgängig gemacht werden, für bestandskräftig erklärt.[501]

Ebenso wie den Rückgabeausschluß für die sog. Bodenreformenteignungen in Art. 41 I EVertr i.V.m. Nr. 1 S.1 GemErkl zeichnet Art. 143 III GG den in Art. 41 II EVertr beschriebenen Investitionsvorrang von einem Verfassungsverstoß frei.[502] Nur handelt es sich bei Art. 41 II EVertr um eine anders geartete Regelung, die möglicherweise andere Anforderungen an die Verfassungsänderung stellt. Die Argumente des Bodenreformurteils begründen daher nicht ohne weiteres zugleich die Rechtmäßigkeit der Verfassungsänderung in bezug auf Art. 143 III GG i.V.m. Art. 41 II EVertr.

So ergeben sich zwar aus Art. 143 III GG i.V.m. Art. 41 II EVertr grundsätzlich keine neuen kompetenz- oder verfahrensrechtlichen Fragen, die nicht bereits im Bodenreformurteil beantwortet worden wären. Nur lassen sich beileibe nicht alle Argumente des Bodenreformurteils auf den Investitionsvorrang übertragen. So führt das BVerfG aus, daß Art. 143 III GG nicht gegen die for-

---

499 S. BVerfG 84, 90, 121.

500 S. dazu unten D)IV).

501 S. BVerfG 84, 90, 118 ff.

502 H. v. Mangoldt/F. Klein/A. v. Campenhausen, a.a.O. (Fn. 482), Art. 143 Rdnr. 60.

melle Anforderung der ausdrücklichen Textänderung (Art. 79 I S.1 GG) verstoße, obwohl er global auf „Art. 41 des Einigungsvertrags und Regelungen zu seiner Durchführung“ verweise, weil der Text, auf den verwiesen werde, keine von Art. 14 III GG abweichenden Enteignungsvoraussetzungen enthalte, und es jedenfalls für solche Fälle, die ihrer Natur nach konkrete Sachverhalte beträfen und vergangenheitsbezogen seien, ausreiche, wenn der verfassungsändernde Gesetzgeber im Text der Verfassung den Tatbestand, der nach Inkrafttreten des Grundgesetzes im Beitrittsgebiet unberührt bleiben soll, konkret bezeichne.[503] Art. 41 II EVertr kann damit kaum gemeint sein. Denn Art. 41 II EVertr bezieht sich als ausfüllungsbedürftige Rahmenvorschrift weder auf bereits feststehende Sachverhalte, noch ist er vergangenheitsbezogen, sondern ermöglicht zukunftsgerichtet den Entzug bestehender Rückgabeansprüche, der überdies von einem Verstoß gegen Art. 14 III GG vorsorglich freigezeichnet wird. Das Gebot der Verfassungsklarheit, dem Art. 79 I S.1 GG dient, befolgt Art. 143 III GG i.V.m. Art. 41 II EVertr insoweit nur sehr eingeschränkt.[504] Nur stand der verfassungsändernde Gesetzgeber, der grundgesetzlich verpflichtet war, die Chance zur Wiedervereinigung zu nutzen, vor einer historischen Ausnahmesituation, die ihn überdies unter Zeitdruck stellte.[505] Eingedenk dieser besonderen Lage erscheint es mit Art. 79 I S.1 GG noch vereinbar, wenn Art. 143 III GG bei Art. 41 II EVertr - anders als bei Art. 41 I EVertr i.V.m. Nr. 1 S.1 GemErkl - lediglich auf eine programmatische Norm verweist. Denn zum damaligen Zeitpunkt stand die Bewältigung des Konflikts zwischen Rückgabeinteresse und Investitionserleichterung gerade erst an, was eine detailgenauere textliche Beschreibung verhinderte.

Ausgehend von der formellen Rechtmäßigkeit der Verfassungsänderung bleibt zu beleuchten, ob Art. 143 III GG i.V.m. Art. 41 II EVertr auch die materiellen Voraussetzungen der Verfassungsänderung einhält (Art. 79 III GG). Art. 41 II EVertr ordnet nicht wie Art. 41 I EVertr i.V.m. Nr. 1 S.1 GemErkl einen unmittelbaren und generellen Rückgabeausschluß an, der lediglich mit „etwaige(n) staatliche(n) Ausgleichsleistungen“ (Nr. 1 S.4 GemErkl) kompensiert wird. Vielmehr erlaubt er als Rahmenvorschrift die Nichtrückgabe nur im Einzelfall, bindet sie an gemeinnützige Investitionszwecke und läßt sie ausschließlich gegen Entschädigung zu. Wegen der Bindung an bestimmte investive Zwecke und an eine Entschädigung beinhaltet er trotz des zukunftsgerich-

---

503 BVerfG 84, 90, 119.

504 Vgl. B.-O. Bryde, in: v. Münch, GG-K, Bd.2, 2. Aufl., Art. 79 Rdnr. 14.

505 Vgl. BVerfG 84, 90, 118 f.

teten Entzugs bereits bestehender Ansprüche (Art. 41 I EVertr i.V.m. Nr. 3, 7 GemErkl; § 3 I S.1 VermG i.d.F.-EVertr) eine weit weniger belastende Regelung. Wenn Art. 143 III GG i.V.m. Art. 41 I EVertr und mit Nr. 1 S.1 GemErkl die materiell rechtlichen Schranken der Verfassungsänderung nicht sprengt und die in Art. 79 III GG enthaltenen grundlegenden Gerechtigkeitspostulate unangetastet läßt, dann vermag dies folglich erst recht nicht die verfassungsrechtliche Absicherung von Art. 41 II EVertr. Der für Art. 41 II EVertr gewährte Bestandsschutz stellt daher die materielle Rechtmäßigkeit der Verfassungsänderung nicht erneut in Frage.

3. Konklusion

Im Ergebnis ist festzustellen, daß der von Art. 143 III GG vermittelte Bestandsschutz für die Ausgleichsregelung des Investitionsvorranggesetzes weit weniger Bedeutung hat, als nach erstem Anschein anzunehmen war. So entbindet Art. 143 III GG insbesondere nicht von einer gleichheitsgerechten Ausgestaltung der Entschädigung. Er verkürzt nicht den subjektiven Eigentumsschutz des Alteigentümers, da ihm dieser bereits durch den insoweit spezielleren Art. 135a II GG genommen ist. Dazu, welche Voraussetzungen von Verfassungs wegen bei der Nichtrückgabe aufgrund investiver Zwecke konkret zu beachten sind, trifft Art. 143 III GG also letzlich keine Aussage. Er gibt insbesondere keine Auskunft darüber, ob Art. 14 GG den Rückgabeanspruch des Berechtigten schützt oder nicht. Die Antwort auf die Frage nach der Geltung der Eigentumsgarantie für den vermögensrechtlichen Rückgabeanspruch enthält vielmehr erst der etwas versteckt neu eingefügte Art. 135a II GG, der sie allerdings nur bei genauerem Hinsehen preisgibt.[506]

II. Grundgesetzliche Erlaubnis zur Aufhebung oder Kürzung von vermögensrechtlichen Rückgabeansprüchen (Art. 135a II GG)

Art. 135a II GG ist seinem Wortlaut und seinem Zweck nach auf die schuldrechtlichen Rückgabeansprüche anzuwenden. Es handelt sich bei ihnen näm-

---

[506] Zur Auslegung von Art. 135a II GG, der für den Komplex der offenen Vermögensfragen eine Befreiung von den Bindungen des Art. 14 III GG nahelegt, s. sogleich unten D)II).

lich letztlich um „... Verbindlichkeiten, die auf Maßnahmen der Deutschen Demokratischen Republik oder ihrer Rechtsträger beruhen." (Art. 135 II Alt.3 GG).[507] Art. 135a II GG hat zum Ziel, den gesamtdeutschen Gesetzgeber unabhängig von Art. 14 GG bei der Regelung von Eigentums- und Vermögensfragen Gestaltungsfreiheit einzuräumen.[508] Mit dem Verweis auf Art. 135a I GG parallelisiert Art. 135a II GG die mit der Herstellung der Einheit Deutschlands verbundene Neuordnung und Bereinigung der durch das sowjetische Besatzungsregime und die DDR herbeigeführten Vermögensfragen mit dem Komplex der Kriegs- und Kriegsfolgelasten und dem Staatsbankrott des Reiches.[509] Um die Grenzen des Gestaltungsspielraums abzustecken, den Art. 135a II GG dem Gesetzgeber verleiht, gilt es daher, die verfassungsrechtlichen Grundlagen des Kriegsfolgen- und Lastenausgleichssrechts zu beleuchten und klarzulegen, inwieweit sie auf das Vermögensrecht übertragbar sind.

1. Grundlagen des Kriegsfolgen- und Lastenausgleichsrechts

Die Begriffe Lastenausgleich (Art. 120a GG) und Kriegsfolgelasten (Art. 120 I GG) lassen sich, um unklare Überschneidungen und Abgrenzungen im Detail zu umgehen, unter dem Oberbegriff des Lastenausgleichs i.w.S. zusammenfassen.[510] Der kann allgemein umschrieben werden als Leistungsgewährung wegen materieller Kriegs-, Kriegsfolge und unmittelbarer Nachkriegsschäden mit dem Ziel, solche Schäden und Verluste abzugelten oder abzumildern, die während des Zweiten Weltkrieges oder als dessen Folge, im Zuge der Neuordnung des Geldwesens oder im Zuge der mitteldeutschen Nachkriegsentwicklung eingetreten sind.[511] Das Grundgesetz behandelt die Bewältigung von Kriegsfolgelasten und Lastenausgleich zunächst in kompentenz- und organisationsrechtlichen Normen (Art. 74 Nr.6, 9, 10, 10a; 106 I Nr.5, 120 I, 120a GG). Materiell befaßte sich damit Art. 135a GG a.F. i.V.m. Art 134 IV GG. In seiner Rechtsprechung zu Art. 135a GG a.F. i.V.m. Art 134 IV GG er-

---

507 M. Uechtritz, a.a.O. (Fn. 80), Einf InVorG Rdnr. 150 m.w.N.; G. Fieberg/H. Reichenbach, a.a.O. (Fn. 123), S. 1979; a.A. M. Herdegen, Die Verfassungsänderungen im Einigungsvertrag, Heidelberg 1991, S. 16, der die Regelung nicht auf Rückübertragungsansprüche anwenden will, sondern nur auf Entschädigungsfragen.

508 Th. Maunz, in: Maunz-Dürig, Komm. z. GG, Stand Mai 1994, Art. 135a Anm. III.

509 P. Badura, a.a.O. (Fn. 482), S. 1261; s. auch H. Weis, a.a.O. (Fn. 56), S. 28.

510 S. K. H. Friauf/M. Horscht, a.a.O. (Fn. 45), S. 183 f.

511 K. H. Schaefer, in: v. Münch, GG-K, Bd. 3, 2. Aufl., Art. 120a Rdnr. 10.

streckte das BVerfG zunehmend den sinngemäßen Anwendungsbereich der Vorschriften über die benannten Reichsverbindlichkeiten hinaus zunächst auf den Komplex der Kriegs- und Kriegsfolgeschäden und schließlich auf sämtliche Regelungen, die der Bewältigung der außergewöhlichen Probleme dienten, welche ihren Ursprung in historischen Vorgängen aus der Zeit vor Entstehung der Bundesrepublik hatten.[512] Die gem. Art. 135a GG a.F. zulässige Kürzung oder Erfüllungsverweigerung galt demnach für den Gesamtkomplex des Kriegsfolge- und Lastenausgleichsrechts.

a) Sozial- und Rechtsstaatsprinzip als Wurzeln des Lastenausgleichs

Systematisch knüpfte das BVerfG das grundsätzliche Gebot, eine Lastenausgleichsregelung zu schaffen, in erster Linie an das Sozialstaatsprinzip. Der Gedanke der Kompensation für erlittene Verluste trat daneben zurück. Die Wertordnung des Grundgesetzes verlange im Hinblick auf das in Art. 20 I GG zum Ausdruck gekommene Sozialstaatsprinzip, daß die staatliche Gemeinschaft in der Regel Lasten mittrage, die aus einem von der Gesamtheit zu tragenden Schicksal, namentlich durch Eingriffe von außen entstanden seien und mehr oder minder zufällig nur einige Bürger oder bestimmte Gruppen getroffen habe.[513] Vorrang habe das Ziel, die von Schäden betroffenen Menschen, soweit notwendig, wirtschaftlich und sozial wieder einzugliedern und ihnen die zum Wiederaufbau ihrer persönlichen und wirtschaftlichen Existenz unbedingt erforderliche Hilfe zu gewähren, während der Gedanke einer Kompensation für die in der Vergangenheit eingetretenen Schäden zurücktrete.[514] Das BVerfG sah keinen Gegensatz zwischen dem Wesen der „Sozialleistung" und dem Wesen der „Entschädigung", vielmehr werde die Entschädigungsleistung gerade in Erfüllung der großen sozialen Aufgabe des Lastenausgleichs bewirkt.[515]

---

512 BVerfG 41, 126, 153; 45, 83 ff.; 53, 164, 176.

513 BVerfG 27, 253, 283.

514 BVerfG 41, 126, 176.

515 BVerfG 11, 64, 70 f.

b) Weder originäre Ersatzansprüche aus Art. 14 GG noch grundrechtlicher Eigentumsschutz für Lastenausgleichsansprüche zugunsten der Geschädigten

Originäre, aus Art. 14 GG hergeleitete Ersatzansprüche der Geschädigten, die die Gesetzgebung hätte berücksichtigen müssen, verneinte das BVerfG, da die Eigentumsgarantie bei ihrem Inkrafttreten noch kein konkretes Schutzobjekt vorgefunden habe.[516] Der Schutz des Art. 14 GG könne überhaupt erst wirksam werden, wenn und soweit die gesetzliche Wiedergutmachungsregelung die Leistungspflicht der Bundesrepublik Deutschland oder eines anderen öffentlichen Rechtsträgers begründet habe.[517] Das BVerfG verweigerte im Ergebnis jedoch auch den vom einfachen Gesetzgeber geschaffenen Lastenausgleichsansprüchen einen grundrechtlichen Eigentumsschutz, da es sich um Ansprüche handele, die der Staat in Erfüllung seiner Fürsorgepflicht eingeräumt habe.[518] Ungeachtet der denkbaren Eigentumsqualität öffentlich-rechtlicher Positionen, gehörten Ansprüche, die der Staat seinen Bürgern in Erfüllung seiner Fürsorgepflicht einräume, sicherlich nicht zum verfassungsrechtlichen Begriff des Eigentums.[519]

c) Verfassungsrechtliche Vorgaben für die Ausgestaltung des Lastenausgleichs

Für die Ausgestaltung und Bemessung der Wiedergutmachungs- und Ausgleichsansprüche nach Art und Höhe räumte das BVerfG dem Gesetzgeber ein sehr weites Gestaltungsermessen ein.[520] Denn angesichts des Ausmaßes der zu bewältigenden Schäden seien die geschaffenen Regelungen nicht mit der gleichen Elle zu messen wie Gesetze über Sozialleistungen unter normalen Verhältnissen.[521] Es bleibe lediglich zu prüfen, ob die getroffene Auswahl und Differenzierung vor dem allgemeinen Gleichheitssatz (Art. 3 I GG) Bestand haben kann.[522]

---

516 BVerfG 15, 126, 143.
517 BVerfG 23, 153, 166.
518 BVerfG 11, 64, 70 f.; 19, 354, 370; 32, 111, 128.
519 BVerfG 11, 64, 70.
520 BVerfG 27, 253, 283.
521 BVerfG 41, 125, 175.
522 BVerfG 27, 253, 285.

2. Projektion der Grundsätze des Wiedergutmachungs- und Kriegsfolgenrechts auf das Recht der offenen Vermögensfragen im Bodenreformurteil des BVerfG

In seinem sog. Bodenreformurteil mußte sich das BVerfG mit der Verfassungsmäßigkeit des Restitutionsausschlusses für Vermögenswerte befassen, die auf besatzungsrechtlicher bzw. besatzungshoheitlicher Grundlage von 1945 bis 1949 in der sowjetischen Zone konfisziert wurden. Die Gründe der Entscheidung beschränken sich allerdings nicht allein auf diesen Komplex, sondern enthalten auch inhaltliche Aussagen zur verfassungsrechtlichen Einordnung des Vermögensrechts insgesamt.

a) Rückgabe als über den Lastenausgleich hinausgehende Wiedergutmachung

Das BVerfG projiziert unter ausdrücklicher Bezugnahme auf seine frühere Rechtsprechung zum Lastenausgleichs- und Kriegsfolgenrecht die dazu entwickelten Leitlinien auf das Recht der offenen Vermögensfragen. So führt es aus, daß sich der dem Grundgesetz verpflichtete Gesetzgeber veranlaßt sehen könne, nach Übernahme der Staatsgewalt von einem auf andere Ordnungsvorstellungen gegründetem politischen System dessen frühere Maßnahmen, die sich als rechtsstaatlich nicht hinnehmbar erweisen, durch eine über den allgemeinen Lastenausgleich hinausgehende Wiedergutmachung auszugleichen.[523] Auf diesem Grundgedanken beruhe die im Einigungsvertrag geschaffene Regelung für die entschädigungslosen Enteignungen, die nicht unter den in Nr. 1 der Gemeinsamen Erklärung angeordneten Rückgabeausschluß fielen.[524] Beim vermögensrechtlichen Rückgabeanspruch handelt es sich also gleichsam um eine freiwillige staatliche Dreingabe zum bereits geleisteten Lastenausgleich.[525] Inwieweit deshalb der Restitutionsanspruch verfassungsrechtlich so einzuordnen ist wie der vormalige Lastenausgleichsanspruch, bleibt zu beleuchten.

---

[523] BVerfG 84, 90, 126.

[524] BVerfG, a.a.O. (Fn. 523).

[525] S. W. Leisner, a.a.O. (Fn. 480), S. 1574: „Das Bodenreform-Urteil führt hier übrigens zu einer erstaunlichen Konsequenz: Alle Restitutions- und Rückgaberegelungen, für die vor 1949 wie für die nach 1949 Geschädigten sind ‚Lastenausgleich', sie gewähren nicht etwa Ansprüche nach Eigentums- und Enteignungsgrundsätzen. Nun hat aber der Verfassungsgesetzgeber, nicht etwa nur das einfache Gesetz, eindeutig eine Eigentumsregelung treffen wollen."

b) Rechts- und Sozialstaatsprinzip als Wurzel der vermögensrechtlichen Wiedergutmachung

Das BVerfG ortet die verfassungsrechtlichen Wurzeln für die Wiedergutmachung des während des sozialistischen Regimes gesetzten Unrechts wie beim Lastenausgleich im Rechts- und Sozialstaatsprinzip.[526] Die Wiedergutmachung sei nicht Ausfluß einzelner Grundrechte, sondern habe ihre Wurzeln ausschließlich im Rechts- und Sozialstaatsgedanken.[527]

c) Offengelassene Geltung der Eigentumsgarantie

In seiner Entscheidung konnte es das BVerfG offen lassen, ob darüber hinaus aus der Eigentumsgarantie eine grundgesetzliche Pflicht zur Einführung einer Wiedergutmachungsregelung für die sozialistischen Enteignungen folgt.[528] Da gegenständlich lediglich die Enteignungen auf besatzungsrechtlicher bzw. besatzungshoheitlicher Grundlage waren (1945 bis 1949), konnte das Gericht sich damit begnügen, festzustellen, daß jedenfalls nach Art. 79 III GG eine Wiedergutmachung durch Rückgabe der enteigneten Objekte in Natur nicht geboten sei.[529] Die apodiktische Anknüpfung an das Rechts- und Sozialstaatsprinzip deutet jedoch an, daß das Gericht nicht geneigt ist, die einfachgesetzlichen vermögensrechtlichen Rückgabensprüche einem eigentumsrechtlichen Kontext zuzuordnen.

d) Gebot der gleichheitskonformen Ausgestaltung der vermögensrechtlichen Wiedergutmachung

Die grundgesetzlichen Vorgaben für die Ausgestaltung der Wiedergutmachung entnimmt das BVerfG dem Gleichbehandlungsgebot des Art. 3 I GG. Zwar habe er bei der Wiedergutmachung früheren, von einer anderen Staatsgewalt zu verantwortenden Unrechts schon allgemein einen besonders weiten Gestaltungsspielraum, was auch hinsichtlich der Art der Wiedergutmachung

---

[526] BVerfG, a.a.O. (Fn. 523).

[527] BVerfG, a.a.O. (Fn. 523).

[528] BVerfG, a.a.O. (Fn. 523).

[529] BVerfG, a.a.O. (Fn. 523).

gelte.[530] Doch befreie Art. 135a II GG den Gesetzgeber nicht von der Bindung an den allgemeinen Gleichheitssatz.[531] Der Gesetzgeber müsse bei der gesamten Wiedergutmachungsregelung Art. 3 I GG beachten.[532]

3. Die Reichweite der verfassungsrechtlichen Exemtion in Art. 135a II GG

Die dargestellten Passagen des Bodenreformurteils lassen beim ersten Hinsehen annehmen, daß das Grundgesetz an den investiven Rückgabeausschluß materiell im wesentlichen nur gleichheitsrechtliche Anforderungen stellt.[533] Denn, wenn die Rückgabe als Wiedergutmachungsleistung ausschließlich auf dem Rechts- und Sozialstaatsprinzip beruht, spielen folgegerecht für ihren Ausschluß aus Art. 14 GG abgeleitete Vorgaben keine Rolle. Das Lastenausgleichsrecht unterscheidet sich jedoch in wesentlichen Punkten vom Vermögensrecht. Angesichts der grundlegend verschiedenen Zielsetzung - und ihr folgend der ganz unterschiedlichen Konzeption beider Regelungen - ist es ohne fühlbaren systematischen Bruch nicht möglich, die zu Art. 135a GG a. F. gewonnene Auslegung unverändert auf Art. 135a II GG zu übertragen.

a) Unterschiede zwischen dem Kriegsfolgen- bzw. Lastenausgleichsrecht und dem Vermögensrecht

Der Blick auf die Ziele der einfachgesetzlichen Regelungen verdeutlicht die sachlichen Divergenzen, die eine abweichende Auslegung einfordern. Art. 135a II GG selbst stellt anheim, diesen Unterschieden Rechnung zu tragen, indem er lediglich die *entsprechende* Anwendung des Absatzes 1 vorschreibt.[534]

---

530 BVerfG, a.a.O. (Fn. 523).

531 BVerfG 84, 90, 131 f.

532 BVerfG 84, 90, 131.

533 S. F. Ossenbühl, a.a.O. (Fn. 480), S. 13.

534 Th. Maunz, a.a.O. (Fn. 508), Anm. III: „Da die Sachverhalte in den zu vergleichenden Vorgängen aber doch beachtliche Unterschiede aufweisen, muß der Satz mit Zurückhaltung angewendet werden. ‚Entsprechend' heißt nicht gleich, sondern bedeutet, daß die Unterschiede ... sorgsam berücksichtigt werden müssen."; H. Maurer, JZ 1992, 183, 190: „Die Einordnung .... in das allgemeine *Kriegsfolgenrecht* ist im Prinzip richtig, darf aber nicht zu nivellierenden Fehldeutungen führen."

aa) Endgültige Bereinigung rechtsstaatswidrigen Vermögensentzugs durch Privatisierung statt nur vorläufiger Eingliederungshilfe

Die Zwecke, die die jeweiligen Regelungen verfolgen, weichen entscheidend voneinander ab. Ausweislich der Präambel des Lastenausgleichsgesetzes enthalten die Lastenausgleichsleistungen keinen Verzicht auf die Geltendmachung von Ansprüchen auf Rückgabe des zurückgelassenen Vermögens und berühren weder die Vermögensrechte des Geschädigten, noch beinhalten sie einen Verzicht auf die Wiederherstellung der unbeschränkten Vermögensrechte oder auf Ersatzleistungen.[535] Die Lastenausgleichsgesetze haben also nur vorläufigen Charakter und wollen ihrer Zielsetzung nach einen als zeitlich begrenzt erachteten Entzug der Vermögensnutzung ausgleichen, nicht aber den endgültigen Verlust des Vermögens.[536] Dagegen strebt das Vermögensrecht danach die aus der Teilung Deutschlands und der Bevölkerungswanderung von Ost nach West entstandenen Vermögensfragen abschließend zu bereinigen und das Recht auf Eigentum der Geschädigten zu verwirklichen (s. Präambel zur GemErkl). Das Vermögensrecht will unter das im Beitrittsgebiet geschehene Unrecht einen endgültigen Schlußstrich ziehen und dadurch gleichzeitig den Beginn einer marktwirtschaftlichen Ordnung einleiten.[537]

---

[535] Gesetz über den Lastenausgleich v. 1.10.1969 (Lastenausgleichsgesetz.- LAG -) BGBl. I S.1909, Präambel: „In Anerkennung des Anspruchs der durch den Krieg und seine Folgen besonders betroffenen Bevölkerungsteile auf einen die Grundsätze der sozialen Gerechtigkeit und die volkswirtschaftlichen Möglichkeiten berücksichtigenden Ausgleich von Lasten und auf die zur Eingliederung der Geschädigten notwendige Hilfe sowie unter dem ausdrücklichen Vorbehalt, daß die Gewährung und die Annahme von Leistungen keinen Verzicht auf die Geltendmachung von Ansprüchen auf die Rückgabe des von den Vertriebenen zurückgelassenen Vermögens bedeutet, und unter dem weiteren ausdrücklichen Vorbehalt, daß die Gewährung und Annahme von Leistungen für Schäden im Sinne des Beweissicherungs- und Feststellungsgesetzes weder die Vermögensrechte der Geschädigten berühren noch einen Verzicht auf die Wiederherstellung der unbeschränkten Vermögensrechte oder auf Ersatzleistungen enthalten, ..."

[536] K. H. Friauf/M. Horscht, a.a.O. (Fn. 45), S. 187.

[537] S. zur Funktion der Rückgabe als Instrument der Privatisierung E. Niederleithinger VIZ 1992, 55, 56.

bb) Fehlende soziale Zielrichtung des Vermögensrechts

Die Lastenausgleichs- und Kriegsfolgenregelungen waren von einer sozialen Grundkonzeption geprägt.[538] Die soziale Zielrichtung kam vor allem darin zum Ausdruck, daß speziell auf Wiedereingliederung ausgerichtete Leistungen im Vordergrund standen, die maßgebend nach Bedürftigkeit und weniger nach der Höhe des jeweiligen Schadens bemessen wurden.[539] Soziale Gesichtspunkte hatten darüber hinaus sogar bei der stärker von der Schadenshöhe abhängigen Hauptentschädigung erhebliche Bedeutung, da eine soziale Degression vorgesehen war und das vorhandene Restvermögen Berücksichtigung fand.[540] Demgegenüber sind dem Vermögensrecht soziale Gesichtspunkte vollkommen fremd. Die Wiedergutmachung der vom sozialistischen Regime angerichteten Schäden bezweckt die Kompensation des geschehenen Unrechts und den marktwirtschaftlichen Aufbau. Die Bedürftigkeit der Rückgabeberechtigten spielt überhaupt keine Rolle.

b) Folgerungen für die Auslegung von Art. 135a II GG

Die fehlende soziale Ausrichtung und das Ziel, den rechtsstaatswidrigen Vermögensentzug im Zuge des marktwirtschaftlichen Aufbaus auszugleichen, verdeutlichen den besonderen eigentumsrechtlichen Ansatz der Restitution. Der Gesetzgeber gewährt den Rückgabeanspruch in Rechtsfortsetzung zu dem früher verlorenen Vermögensgegenstand und behauptet dadurch letztlich die in Art. 14 GG enthaltene grundgesetzliche Wertentscheidung gegen geschichtlich gesetztes Unrecht. Die anschaulich hervortretende Verschiedenartigkeit von sozial gebotenem Lastenausgleich einerseits und der Wiedergutmachung für den endgültigen Verlust von Eigentumsrechten andererseits würde nivelliert, erachtet man beides als gutwillige staatliche Fürsorgemaßnahme.[541] Die eingeräumten Rückgabeberechtigungen dienen dazu, den grundgesetzlichen Auftrag

---

538 BVerfG 41, 126, 176, 179.

539 BVerfG, a.a.O. (Fn. 538).

540 BVerfG, a.a.O. (Fn. 538).

541 Mit der gleichen Begründung will F. Ossenbühl, a.a.O. (Fn. 480), S. 13 f., die Kriegsfolgenrechtsprechung des BVerfG nicht unverändert auf die Ausgleichsregelung für die sowjetischen Konfiskationen anwenden. Einen weiteren Grund für eine abweichende Einordnung sieht er in der ganz anderen historischen Regelungssituation, die der Gesetzgeber nach dem Ende des Zweiten Weltkrieges zu bewältigen hatte.

der Eigentumsgarantie zu verwirklichen (s. Abs. 2 der Präambel zur GemErkl). Indem der Gesetzgeber Restitutionsansprüche gewährt hat, ist er der Wertentscheidung des Art. 14 GG gefolgt. Die neu geschaffenen Ansprüche genießen zwar wegen der verfassungsrechtlichen Exemtion in Art. 135a II GG keinen subjektiv-rechtlichen Eigentumsschutz, können aber andererseits als gesetzgeberisches Bekenntnis zur eigentumsrechtlichen Wertentscheidung des Grundgesetzes nicht lediglich als sozialstaatliche Wiedergutmachung charakterisiert werden.[542] Die Restitution will das in der sozialistischen Ordnung rechtsstaatswidrig entwertete Recht auf Eigentum als Grundlage individuellen Freiraums und damit als Voraussetzung für eine marktwirtschaftliche Wirtschaftsordnung wiedererstarken lassen (s. Abs. 2 der Präambel zur GemErkl). Dem stünde es schlecht an, die einfachgesetzliche Rechtsposition, die gleichsam eine öffentlich-rechtliche Vorstufe der verlorenen privaten Eigentumsrechte darstellt, nicht im Lichte der in Art. 14 GG enthaltenen Wertentscheidung auszulegen und anzuwenden. Letzteres gebietet vielmehr der grundlegende Zweck des Vermögensrechtes. Das Bodenreformurteil des BVerfG versperrt einer Auslegung, die den eigentumsrechtlichen Gehalt der Rückgabe befriedigend berücksichtigt, nicht abschließend den Weg (§ 31 I BVerfGG).[543] Denn in einem obiter dictum läßt die Entscheidung ausdrücklich offen, inwieweit eine aus der Eigentumsgarantie abgeleitete objektiv-rechtliche Wiedergutmachungspflicht besteht, um sich mit der Feststellung zu begnügen, daß jedenfalls nach Art. 79 III GG eine Wiedergutmachung durch Rückgabe in Natur nicht geboten sei.[544] Dennoch bleibt aufgrund der einseitigen Verknüpfung der Wiedergutmachung mit dem Rechts- und Sozialstaatsprinzip zu befürchten, daß bei der Auslegung von Art. 135a II GG nicht genügend beachtet wird, daß die Rückgabeansprüche bezwecken, eine Eigentumsordnung heranzubilden, die der Wertentscheidung des Grundgesetzes entspricht.

[542] Zum fehlenden subjektiv- rechtlichen Eigentumsschutz des Rückgabeanspruchs s. sogleich unten D)III)1).

[543] Zur Bindungswirkung des Bodenreformurteils s. ausführlich G. Biehler, a.a.O. (Fn. 18), D., S. 102 ff.

[544] BVerfG 84, 90, 126.

III. Die in Art. 14 III GG enthaltenen Wertentscheidungen beim investiven Entzug des einfachgesetzlichen Rückgabeanspruchs

Daß sich der Gesetzgeber im Vermögensrecht der objektiv-rechtlichen Dimension der Eigentumsgarantie verpflichtet sieht, zeigt die gesetzliche Ausgestaltung des Rückgabeausschlusses wegen investiver Zwecke.

1. Keine Rechtsposition im subjektiv-rechtlichen Schutzbereich der Eigentumsgarantie

Vorauszuschicken ist, daß sich gegen den Verlust des Rückgabeanspruchs kein subjektiv-rechtlicher Eigentumsschutz aktivieren läßt. Das gilt unabhängig von der diffizilen Frage, inwieweit subjektiv-öffentliche Positionen Eigentumsschutz genießen.[545] Denn das Grundgesetz selbst nimmt in der lex specialis des Art. 135a II GG für Restitutionsansprüche die Antwort vorweg, indem es den Entzug unter Befreiung von eigentumsrechtlichen Voraussetzungen zuläßt.[546] Dem Rückgabeberechtigten steht also keine von Art. 14 I S.1 GG geschützte Rechtsposition zu.[547] Der Rückgabeanspruch ist auf die öffentlich-rechtliche Neubegründung von Eigentum zwecks Wiedergutmachung eines früheren Eigentumsentzugs gerichtet, verschafft aber dem Berechtigten nicht die Rechtsstellung eines Eigentümers.[548] Demgemäß setzt der Schutz des Art. 14 I GG erst ein, wenn der jeweilige Vermögensgegenstand in Erfüllung des Restitutionsanspruchs an den Berechtigten zurückübertragen ist.[549] Das Ziel, das Unrecht auszugleichen, kann die Eigentumsgarantie bis dahin nicht als Abwehrrecht aktivieren, sondern nur als Verfassungsauftrag.[550] Der investive Rückga-

---

545 Zur öffentlich-rechtlichen Natur des Restitutionsanspruchs s. oben A)V)2).

546 S. B. Schmidt-Bleibtreu/F. Klein, GG, Komm., 8. Aufl., Art. 135a Rdnr. 2; G. Fieberg/H. Reichenbach, a.a.O. (Fn. 123), S. 1979; J. Schmidt-Räntsch, a.a.O. (Fn. 43), S. 169.

547 BVerwG ZOV 1995, 304, 305; M. Uechtritz, a.a.O. (Fn. 80), Einf InVorG Rdnr. 144 ff. m.w.N.; anders W. Böhmer, a.a.O. (Fn. 480), S. 459; N. Horn, a.a.O. (Fn. 480), S. 263; K. Kilian, a.a.O. (Fn. 480), S. 65; E. Niederleitinger, a.a.O. (Fn. 480), S. 213; B. Bischof, a.a.O. (Fn. 480), S. 552, die, ohne die Reichweite der verfassungsrechtlichen Exemtionen in den Art. 143 III, 135a II GG geklärt zu haben, vermögensrechtlichen Rückgabeansprüchen pauschal grundrechtlichen Eigentumsschutz zubilligen.

548 S. BVerwG, a.a.O. (Fn. 547).

549 BVerwG, a.a.O. (Fn. 547).

550 S. P. Badura, a.a.O. (Fn. 482), S. 1262.

beausschluß erfüllt mithin nicht den Tatbestand einer Enteignung i.S.d. Art. 14 III S.1 GG. Die zu leistende Kompensation nennt sich folgegerecht nicht Entschädigung, sondern „Ausgleich“ (§ 1 S.2 InVorG; Abschnittsüberschrift zu 5.), um von enteignungsrechtlich besetzten Begriffen abzugrenzen.[551] Die Terminologie zeigt, daß sich der Gesetzgeber zutreffenderweise nicht unmittelbar an die Bindungen geklammert sah, die ihm sonst bei der Gestaltung von Enteignungsvorschriften auferlegt wären. Zu Recht versteht sich das Investitionsvorranggesetz selbst nicht als originäres Enteignungsgesetz. Begrifflich, systematisch und inhaltlich regelt es den Entzug des vermögensrechtlichen Rückgabeanspruchs und den dafür dem Betroffenen zu leistenden Augleich eigenständig und lehnt sich an enteignungsrechtliche Vorgaben lediglich an. Das kommt beispielsweise deutlich in der von Art. 14 III S.4 GG abweichenden gespaltenen Rechtswegezuständigkeit zum Ausdruck (§ 23 I InVorG), die wegen der Höhe des auszukehrenden Erlöses den Verwaltungsrechtsweg vorschreibt, soweit darüber durch Bescheid entschieden wurde.[552]

2. Geltung von Art. 14 GG in Gestalt bindender Wertvorgaben für den Entzug des vermögensrechtlichen Rückgabeanspruchs

Art. 14 I S.1 GG gewährleistet das Privateigentum sowohl als Rechtsinstitut wie auch in seiner konkreten Gestalt in der Hand des einzelnen Eigentümers.[553] Das Grundrecht des Einzelnen setzt das Rechtsinstitut „Eigentum“ voraus; es wäre nicht wirksam gewährleistet, wenn der Gesetzgeber an die Stelle des Privateigentums etwas setzen könnte, was den Namen „Eigentum“ nicht mehr verdient.[554] Art. 14 I S.1 GG schützt die Existenz der privaten Eigentumsordnung als Rechtseinrichtung und verbietet ihre Abschaffung.[555] Aus dem Verbot einer Abschaffung des Privateigentums entspringt spiegelbildlich ein verfassungsrechtlicher Auftrag. Die Gewährleistungswirkung des Eigentums-Grundrechts als Einrichtungs- oder Institutsgarantie verpflichtet den Gesetzgeber, einen Kernbestand von Normen zur Verfügung zu stellen, welche die Existenz und Funktionstüchtigkeit privatnützigen Eigentums ermöglichen und

---

[551] S. oben C)I)1).

[552] S. oben C)I)1) u. C)VII)3).

[553] BVerfG 24, 367, 389; 42, 263, 294; 58, 300, 339.

[554] BVerfG 24, 367, 389.

[555] S. H.-J. Papier, in: Maunz-Dürig, Komm. z. GG, Stand Mai 1994, Art. 14 Rdnr. 11.

ordnen.[556] Für die Regelung der Eigentumsfragen in den neuen Bundesländern folgt daraus eine Verpflichtung des Gesetzgebers, eine rechtsstaatliche und sozial gerechte Eigentumsordnung zu schaffen und zu sichern. Dieser Verfassungsauftrag bindet die Legislative bei der Übernahme und Gestaltung der eigentumsrechtlichen Wirkungen der früheren Rechtsentziehungen, die mit der Wiedervereinigung in den zeitlichen und räumlichen Geltungsbereich des Grundgesetzes gelangt sind.[557] Der Verfassungsauftrag der Eigentumsgarantie ist eine aus der grundrechtlichen Schutz- und Gewährleistungsfunktion abzuleitende verfassungsrechtlich bindende Pflicht des Gesetzgebers und eine zu beachtende Direktive für den Inhalt der gebotenen rechtlichen Regelung.[558] Ungeachtet der fehlenden Eigentumsqualität des Rückgabeanspruchs handelt es sich bei ihm folglich um eine Rechtsposition, die als Vorstufe - oder anders ausgedrückt - als öffentlich-rechtliche Anwartschaft den Verfassungsauftrag der Eigentumsgarantie umzusetzen sucht. Die Gestaltung und Bemessung des Ausgleichs im Investitionsvorranggesetz muß daher die objektiven eigentumsrechtlichen Bindungen widerspiegeln, denen der investive Entzug des Rückgabeanspruchs unterliegt.[559]

a) Gemeinwohlzweck und Kompensation

Art. 41 II EVertr betrifft zwar keinen Fall der Enteignung, gleichwohl nimmt der investive Rückgabeausschluß hoheitlichen Zugriff auf eine privatnützige Rechtsposition, die als Vorstufe den Verfassungsauftrag der Eigentumsgarantie umzusetzen sucht. Der vermögensrechtliche Gesetzgeber, der den hoheitlichen Entzug des Rückgabeanspruchs gestaltet, unterliegt den Vorgaben des aus Art. 14 GG abgeleiteten Verfassungsauftrags. Die Regelungen des Vermögensgesetzes und des Investitionsvorranggesetzes bezwecken, den in den neuen Bundesländern vorgefundenen Rechtszustand, der Ergebnis einer vorrechtsstaatlichen und eigentumsfeindlichen Ordnungsvorstellung war, in eine Eigentumsordnung zu überführen, die den Wertgedanken des Grundgesetzes entspricht. Bereits diese „Transformationsgesetze" sind der grundlegenden Wertentschei-

556 Vgl. P. Badura, in: Handbuch des Verfassungsrechts, 2. Aufl., § 10 Rdnr. 33.

557 P. Badura, a.a.O. (Fn. 556), § 10 Rdnr. 49.

558 P. Badura, a.a.O. (Fn. 482), S. 1262.

559 Anders M. Uechtritz, a.a.O. (Fn. 80), Einf InVorG Rdnr. 151, der schon die grundsätzliche Anwendbarkeit des Art. 14 GG auf die Restitutionsansprüche des VermG verneint.

dung des Grundgesetzes zugunsten des Privateigentums verpflichtet.[560] Daher muß sich der Entzug des Rückgabeanspruchs, der zwar kein Eigentum i.S.v. Art. 14 I S.1 GG beinhaltet, sich jedoch gleichsam als Vorstufe dazu darstellt, an den rechtsstaatlichen Mindestanforderungen messen lassen, die das Grundgesetz für den konkreten und individuellen Entzug subjektiver Rechtspositionen bereitstellt. Da der Rückgabeanspruch keinen eigentumsrechtlichen Schutz genießt, findet Art. 14 III GG freilich weder unmittelbar noch entsprechend Anwendung, sondern nur die in ihm enthaltene objektive Wertentscheidung, die von einem hoheitlichen Entzug privatnütziger Rechte zumindest zweierlei fordert: die Bindung an einen Gemeinwohlzweck (Art. 14 III S.1 GG) und eine angemessene Kompensation (Art. 14 III S. 2, 3 GG). Das Investitionsvorranggesetz hält sich hieran. Die Inanspruchnahme des rückgabebelasteten Vermögenswertes zu investiven Zwecken (§ 1 S.1 InVorG) dient dem dringend notwendigen wirtschaftlichen Aufbau in den neuen Bundesländern und der Berechtigte erhält vollen Wertausgleich (§§ 1 S.2, 16 InVorG).

b) Das Investitionsvorranggesetz als unvollkommenes Modell einer gesetzlichen Regelung der privatnützigen Enteignung

Das Investitionsvorranggesetz begnügt sich nicht allein damit, dem Destillat der eigentumsrechtlichen Wertentscheidung des Grundgesetzes zu entsprechen, sondern geht weiter. Ohne sie genau einzuhalten, folgt es grob den Leitlinien, die das BVerfG in seinem sog. Boxbergurteil für eine zulässige Enteignung zugunsten Privater entworfen hat. Das spiegelt das Konzept des Investitionsvorranggesetzes wider: Es bemüht sich, soweit als möglich eigentumsrechtlichen Voraussetzungen gerecht zu werden, nutzt gleichzeitig jedoch die eingeräumten Freiräume, um das gesteckte Ziel - Investitionserleichterung in den neuen Bundesländern - zu erreichen. Das Investitionsvorranggesetz kann daher zwar nicht als Muster für eine Regelung der Enteignung zugunsten Privater die-

560 Vgl.. BVerfG 21, 150, 155.

nen.[561] Im Ansatz verwirklicht es aber die dafür dem Art. 14 III GG entnommenen Vorgaben.[562]

aa) Genaue gesetzliche Beschreibung des Enteignungszwecks

Das BVerfG verlangt für die Zulässigkeit einer Enteignung, die privates Gewinnerzielungs- und Innovationspotential mehrt und dadurch der Verbesserung der Wirtschaftsstruktur oder der Bekämpfung der Arbeitslosigkeit nützt, zunächst eine so genaue gesetzliche Beschreibung des Enteignungszwecks, daß die Entscheidung über die Zulässigkeit der Enteignung insoweit nicht in die Hand der Verwaltung gegeben wird.[563] § 3 I, II InVorG nennt die investiven Zwecke, die den Rückgabeausschluß ermöglichen. Die Merkmale sind bewußt weit gefaßt, um möglichst vielen Vorhaben den Weg zu bahnen.[564] Die Verwaltungsentscheidung über den Investitionsvorrang ist also nicht im einzelnen determiniert. Insoweit nähert sich das Investitionsvorranggesetz an enteignungsrechtliche Voraussetzungen zwar an, erfüllt sie aber im Interesse eines zügigen wirtschaftlichen Aufbaus nicht vollständig.

bb) Materiell- und verfahrensrechtliche Regelungen für einen angemessenen Ausgleich der Interessen

Über die genaue Beschreibung des Enteignungszwecks hinaus bedarf es für eine Enteignung zugunsten Privater differenzierter materiell- und verfahrensrechtlicher Regelungen, die sicherstellen, daß den Grundsätzen der Verhältnismäßigkeit und der Gleichbehandlung vor dem Gesetz im Interessendreieck Gemeinwohl - Enteigneter - Begünstigter im Einzelfall Rechnung getragen und

561 Zu den Anforderungen, die von Verfassungs wegen an eine gesetzliche Regelung einer Enteignung zugunsten Privater zu stellen sind, s. BVerfG 74, 264, 284; W. Schmidbauer, Enteignung zugunsten Privater, Diss. Regensburg 1988, Berlin 1989 S. 55 ff.

562 Weitergehend H.-Ch. John, LKV 1992, 119, 122 ff., wonach die Regelungen des InvG i.d.F.-HemmnisbeseitigungsG allesamt den im sog. Boxbergurteil beschriebenen Voraussetzungen genügen, also das InvG i.d.F.-HemmnisbeseitigungsG selbst dann verfassungsmäßig ist, wenn es unmittelbar an Art. 14 III GG gemessen wird.

563 BVerfG 74, 264, 286.

564 S. oben B)II).

insbesondere die Erforderlichkeit der Enteignung sorgfältig geprüft wird.[565] Im Investitionsvorranggesetz bemühen sich die materiell- und verfahrensrechtlichen Vorschriften in den §§ 3, 5, 7, 8 f., 13 ff., 21 InVorG um einen angemessenen Ausgleich zwischen dem Allgemeinwohlinteresse an zügigen Investitionen, dem Rückgabeinteresse des Altberechtigtem und dem Erwerbsinteresse des Investors. Die genannten Bestimmungen können durchaus Vorbild sein für eine gesetzliche Regelung, die das Interessendreieck gleichheitsgerecht und in verhältnismäßiger Weise auszubalancieren sucht. Abstriche sind allerdings bei den zu Lasten des Altberechtigten sehr kurz bemessenen Fristen (§ 5 II, III InVorG) zu machen, die dem besonderen öffentlichen Interesse an zügigen Investitionen in den neuen Bundesländern Rechnung tragen.[566]

cc) Dauernde Sicherung des Gemeinwohlbezugs

Schließlich ist für eine zulässige Enteignungsregelung zugunsten Privater unabdingbar, daß der Gemeinwohlbezug kein bloßer tatsächlicher Reflex bleibt, sondern auf Dauer garantiert ist.[567] Die §§ 8, 13 InVorG sichern vorbildhaft die tatsächliche Durchführung des Vorhabens und die zweckentsprechende Verwendung des Vermögenswertes.[568] Daß es darüber hinaus nicht möglich ist, den langfristigen Erhalt der geschaffenen Arbeitsplätze zu garantieren, entspringt den Risiken der marktwirtschaftlichen Ordnung, die durch die Gestaltung des Vorrangregelung nicht aufgefangen werden können.

IV. Die Rechtfertigung des vollen Wertausgleichs bei der Nichtrückgabe wegen investiver Zwecke vor dem allgemeinen Gleichheitssatz (Art. 3 I GG)

Die gleichheitsrechtlichen Bindungen sind weitaus weniger locker als die eigentumsrechtlichen. Art. 135a II GG befreit den Gesetzgeber nicht von der

---

565 BVerfG, a.a.O. (Fn. 563).

566 Die Versäumung der gesetzlichen Fristen in § 5 II, III InVorG hat eine materielle Präklusion zur Folge (s. oben B)IV)2)).

567 BVerfG, a.a.O. (Fn. 563).

568 M. Uechtritz, a.a.O. (Fn. 80), Einf InVorG Rdnr. 152.

Bindung an den Gleichheitssatz.[569] Die Wiedergutmachung muß gleichheitskonform ausgestaltet sein.

§ 16 InVorG privilegiert den Berechtigten insofern, als er für den investiven Entzug des Rückgabeanspruchs vollen Wertausgleich erhält. Ist die Restitution hingegen bereits wegen der vermögensgesetzlichen Tatbestände in den §§ 4, 5 ausgeschlossen, verweist § 9 VermG i.V.m. dem Entschädigungs- und Ausgleichleistungsgesetz den Berechtigten auf eine sehr viel geringer bemessene Entschädigung.[570] Hier ließe sich eine willkürliche Bevorzugung der von einem investiven Rückgabeausschluß betroffenen Berechtigten vermuten.[571] Wäre dies tatsächlich der Fall, bliebe zu beachten, daß Art. 3 I GG dem Einzelnen weder eine Teilhabe an willkürlich gewährten Begünstigungen verbürgt, noch ihre Beseitigung.[572] Das Gleichheitsgebot kann daher in bezug auf die Ausgleichsvorschriften des Investitionsvorranggesetzes nur in seiner Qualität als objektives Recht aktiviert werden, nicht aber als subjektives Recht. Prozessual ausgedrückt bedeutet das, daß zwar einer Verfassungsbeschwerde die Erfolgsaussicht fehlen würde, aber nicht einer abstrakten oder konkreten Normenkontrolle.[573]

1. Vergleichbarkeit der Ausschlußtatbestände

Gemeinsam ist beiden Fällen, daß die Rückgabe verwehrt wird, obwohl die nach § 1 VermG erforderlichen Voraussetzungen „an sich" erfüllt sind. Die Vergleichbarkeit beider Sachverhalte läßt sich also aus der gemeinsamen Kategorie der Entschädigung für die Nichtrückgabe des Vermögenswertes herleiten.

---

[569] S. BVerfG 84, 90, 128.

[570] Gesetz über die Entschädigung nach dem Gesetz zur Regelung offener Vermögensfragen und über staatliche Ausgleichsleistungen für Enteignungen auf besatzungsrechtlicher oder besatzungshoheitlicher Grundlage (Entschädigungs- und Ausgleichsleistungsgesetz - EALG) v. 27.9.1994, BGBl. I, S. 2624; s. zum System der Entschädigungsbemessung nach dem EALG für Enteignungen nach 1949 M. Schmidt-Preuß, NJW 1994, 3249 ff. u. zu den verfassungsrechtlichen Vorgaben bei der Ersatzbemessung für die Kategorie der bloß Entschädigungs- und Ausgleichsberechtigten s. W. Leisner, NJW 1992, 1409, 1411 ff.; ders., NJW 1995, 1513, 1514 ff.

[571] S. W. Försterling, a.a.O. (Fn. 82), Rdnr. 677 ff., der für die Privilegierung der Alteigentümer, die mit ihrem Rückübertragungsanspruch wegen eines Vorrangs von Investitionen nicht durchdringen, keinen sachlich gerechtfertigten Grund sieht.

[572] S. B. Pieroth/B. Schlink, Grundrechte Staatsrecht II, 10. Aufl., Rdnr. 544 a.E.

[573] S. B. Pieroth/B. Schlink, a.a.O. (Fn. 572), Rdnr. 544.

2. Sachlicher Grund für die Ungleichbehandlung

Die festgestellte Ungleichbehandlung ist keineswegs zufällig. Ihr liegt die gesetzgeberische Annahme zugrunde, daß für investive Veräußerungen eine selbständige, von der allgemeinen Entschädigungsregelung des Entschädigungs- und Ausgleichleistungsgesetzes unabhängige Lösung zu bilden war.[574] Im Gegensatz zu den nach dem Entschädigungs- und Ausgleichleistungsgesetz zu kompensierenden vergangenen Eigentumsverletzungen würden investive Veräußerungen erst in Zukunft erfolgen und die betroffenen Alteigentümer müßten dann wegen eines gegenwärtigen aktuellen Interesses der Allgemeinheit im Vergleich zu anderen Berechtigten zurückstehen.[575] Man unterschied also in Hinblick auf die Gestaltung und Bemessung der Entschädigung zwischen der künftigen Veräußerung zu investiven Zwecken und den vergangenen abgeschlossenen Vorgängen, an die erst eine neue Regelung eine Entschädigungspflicht knüpft. Nach Ansicht der Entwurfsverfasser handelt es sich im Fall des Investitionsvorrangs um einen erneuten Eingriff in eine bestehende Rechtsposition aus Gründen des Allgemeinwohls. Der von einem investiven Vorhaben betroffene Berechtigte sollte daher wertmäßig so stehen, wie ein Alteigentümer der den verlorenen Vermögenswert zurückerhält.

Die zu regelnden Sachverhalte unterscheiden sich also wesentlich darin, daß der investive Rückgabeausschluß auf einem gegenwärtigen Eingriff der grundgesetzlich gebundenen öffentlichen Gewalt beruht, hingegen die in den §§ 4, 5 VermG normierten Ausschlußtatbestände in der Vergangenheit einer fremden Hoheitsgewalt wurzeln.[576] An einen vom grundgesetzlich gebundenen Gesetzgeber selbst geschaffenen Ausschlußtatbestand, der zukunftsgerichtet den Entzug des Rückgabeanspruchs ermöglicht, stellt die Verfassung weit höhere Anforderungen an den zu leistenden Ausgleich, als es Ausschlußgründe vermögen, die vergangenen Entwicklungen unter einer fremden Herrschaftsgewalt

---

[574] S. Erläuterungen der Bundesregierung zum Investitionsgesetz in der Fassung des Einigungsvertrages, Bt-Drucks. 11/7817, zu § 3, abgedruckt a.a.O. (Fn. 78).

[575] S. Erläuterungen der Bundesregierung zum Investitionsgesetz in der Fassung des Einigungsvertrages, Bt-Drucks. 11/7817, zu § 3, abgedruckt a.a.O. (Fn. 78).

[576] Vgl. F. Schniewind, BB 1991, Beilage 21 zu Heft 30, 1, 12, Fn. 63.

Rechnung tragen.[577] Weiterhin entziehen die §§ 4, 5 VermG keinen staatlicherseits bereits eingeräumten Anspruch. Vielmehr gehört das Nichtvorliegen von Ausschlußtatbeständen schlechthin zu den Anspruchsvoraussetzungen der Rückgabe (§ 3 I S.1 VermG). Dies ist nicht lediglich ein Ergebnis schlichter Gesetzestechnik, sondern fußt auf dem Gesamtkonzept der vermögensrechtlichen Wiedergutmachung (Nr.3 GemErkl). Diese sachlichen Unterschiede sind geeignet, eine unterschiedliche Entschädigungshöhe zu rechtfertigen.[578] Es erschiene umgekehrt sogar verfassungsrechtlich bedenklich, den gegenwärtigen Entzug eines bestehenden Wiedergutmachungsanspruchs unter der Herrschaft des Grundgesetzes genauso zu entschädigen wie einen tatbestandlichen Rückgabeausschluß, der vergangene Entwicklungen berücksichtigt, die vom bundesrepublikanischen Gesetzgeber nicht zu verantworten sind. Deshalb ist zumindest in diesem Fall eine Wertschere von Verfassungs wegen nicht zu beanstanden. Solange die Wertdifferenz nicht evident den Boden einer sachlichen Unterscheidung verläßt, was nicht anzunehmen ist, gehört es zum weiten Gestaltungsspielraum, der dem Gesetzgeber im Wiedergutmachungsrecht eingeräumt ist, die Entschädigungshöhe höher als sonst zu bemessen. Die Gestaltung und Bemessung der Entschädigung bei dem Ausschluß einer Rückübertragung von Eigentumsrechten wegen investiver Zwecke im Investitionsvorranggesetz ist daher gleichheitskonform.

V. Investitionsvorrang vor dem Bundesverfassungsgericht

Zwar hat sich das BVerfG mit dem investiven Rückgabeausschluß mehrfach befassen müssen, dies vor allem in Antragsverfahren auf Erlaß einer einstweiligen Anordnung (§ 32 I BVerfGG), doch enthalten die Beschlußbegründungen

[577] S. P. Badura, Regelung offener Vermögensfragen in den neuen Ländern, überarbeitete Fassung eines Vortrages bei der rechtspolitischen Tagung in Wustrau am 25.5.1991, S. 23: „Für die Bemessung der Entschädigung ist in den Fällen des Ausschlusses der Rückgabe wegen der Inanspruchnahme zu besonderen Investitionszwecken zu beachten, daß hier der Eingriff erst mit dieser Inanspruchnahme erfolgt. Die Entschädigung orientiert sich deshalb nach der allgemeinen Regel des § 3 InvestG an dem Verkehrswert."

[578] Anders M. Herdegen, Jura 1992, 21, 25, der meint, daß, wenn sich der Gesetzgeber bei einer bestimmten Kategorie von Enteignungen überhaupt für eine Rückübertragung entscheide, seien keine sachlichen Gründe dafür ersichtlich, daß in den anderen Fällen weniger als der volle Wertausgleich geleistet werden dürfe.

allenfalls andeutungsweise eine Aussage zu den verfassungsrechtlichen Anforderungen an die zu leistende Entschädigung.

In einem ersten Fall hatte der beschwerdeführende Rückgabeberechtigte den Investitionsvorrangbescheid angefochten und die Anordnung der aufschiebenden Wirkung beantragt, blieb aber mit diesem Antrag im einstweiligen Rechtsschutzverfahren auch in zweiter Instanz vor dem OVG erfolglos. Gegen den Investitionsvorrangbescheid und die im vorläufigen Rechtsschutzverfahren ergangenen Entscheidungen erhob er daraufhin mit der Rüge der Art. 2 I, 3 I, 19 IV, 103 I GG Verfassungsbeschwerde und beantragte, die Wirkung der angegriffenen Entscheidungen einstweilen auszusetzen. Das BVerfG lehnte den Erlaß einer einstweiligen Anordnung ab.[579] Die Beschlußbegründung geht ausdrücklich nicht auf die Erfolgsaussicht der Verfassungsbeschwerde ein. Das BVerfG beschränkt sich vielmehr darauf, festzustellen, daß die Folgenabwägung zuungunsten des Beschwerdeführers ausfalle, da die Gewährung einstweiligen Rechtsschutzes geeignet sei, die Investitionstätigkeit in den neuen Bundesländern insgesamt zu hemmen, weil dadurch eine erhebliche Unsicherheit über die Durchsetzbarkeit von investiven Veräußerungen entreten könne, was zu vermeiden im öffentlichen Interesse liege.[580]

Der zweiten Entscheidung des BVerfG lag ein ähnlich gelagerter Sachverhalt zugrunde.[581] Doch diesmal erließ das BVerfG die von der Beschwerdeführerin beantragte einstweilige Anordnung, da die Abwägung der Entscheidungsfolgen anders als im ersten Fall zugunsten der Beschwerdeführerin ausfiel.[582] Zu den materiell-rechtlichen Fragen, die die Verfassungsbeschwerde aufwirft, kündigt die Entscheidungsbegründung lediglich an, daß angesichts des Umstands, daß die Ablehnung des vorläufigen Rechtsschutzes gem. § 12 III InVorG das Erlöschen des in der Hauptsache verfolgten Rückübertragungsanspruchs zur Folge haben könne, insbesondere die Vereinbarkeit einer lediglich summarischen Prüfung mit Art. 19 IV S.1 GG zu prüfen sei.[583]

---

579 BVerfG 85, 130 ff.

580 BVerfG, a.a.O. (Fn. 579), S. 133.; zu dieser Entscheidung s. M. Uechtritz, BB 1992, 217 ff.

581 BVerfG VIZ 1993, 111 f.

582 Zu dieser Entscheidung s. M. Uechtritz, VIZ 1993, 142 ff. u. J. Hoffmann, 1993, 265 f.

583 BVerfG, a.a.O. (Fn. 581), S. 111.

Im dritten Fall nahm das BVerfG eine Verfassungsbeschwerde nicht zur Enscheidung an (§ 93b BVerfGG), mit der sich die Beschwerdeführerin gegen einen Beschluß des VG wandte, der den Antrag auf Anordnung der aufschiebenden Wirkung der Anfechtungsklage gegen einen Investitionsvorrangbescheid ablehnte.[584] Das VG stützte seinen Beschluß vor allem darauf, daß der Anmelder die künftige Durchführung seines eigenen Vorhabens nicht hinreichend glaubhaft gemacht habe (§ 7 I S.2 InVorG). Die Begründung zu dem Nichtannahmebeschluß legt dar, daß es sich hierbei um eine Frage der Auslegung und Anwendung einfachen Rechts handele, nämlich von § 7 I S.2 InVorG, die einer Nachprüfung durch das BVerfG entzogen sei.[585] Da die Beschwerdeführerin im Ausgangsverfahren vor dem VG nicht einmal die Finanzierung ihres Vorhabens konkret dargelegt habe, bedürfe es keiner Prüfung, was als ausreichende Glaubhaftmachung „... von Verfassungs wegen - sei es unter dem Gesichtspunkt des Willkürverbots oder auch des Art. 14 GG, dessen Anwendbarkeit auf den vermögensrechtlichen Rückgabeanspruch hier unterstellt werden kann - zuzulassen ist.“.[586]

Ganz ähnlich lag schließlich der vierte bislang vom BVerfG behandelte Fall.[587] Das VG hatte gegen einen Investitionsvorrangbescheid keinen vorläufigen Rechtsschutz gewährt, weil die Berechtigung des Beschwerdeführers nicht hinreichend dargelegt wurde. Die dagegen gerichtete Verfassungsbeschwerde nahm das Gericht nicht zur Entscheidung an. Es führte dazu aus, daß auch wenn man davon ausginge, „daß Ansprüche nach dem VermG durch Art. 14 I 1 GG geschützt sind,“ es von Verfassungs wegen nicht geboten sei, im Investitionsvorrangverfahren die Berechtigung eines Anmelders entgegen § 5 II 4 InVorG ohne weiteres zu unterstellen.

Das Gericht avisiert mit den beiden letzten Entscheidungen, daß es beim investiven Rückgabeausschluß die Geltung eigentumsrechtlicher Anforderungen zumindest zu prüfen beabsichtigt. Danach bleibt abzuwarten, ob das BVerfG künftig den investiven Entzug des Rückgabeanspruchs im Lichte der in Art. 14 GG enthaltenen Wertentscheidung beurteilen will, oder ob es bei der einseiti-

---

584 BVerfG DtZ 1994, 149 f.

585 BVerfG, a.a.O. (Fn. 584), S. 150.

586 BVerfG, a.a.O. (Fn. 584), S. 150.

587 BVerfG VIZ 1994, 473.

gen Sicht des sog. Bodenreformurteils verharrt, das die vermögensrechtliche Wiedergutmachung ausschließlich beim Sozial- und Rechtsstaatsgedanken angesiedelt sah.

Zusammenfassung

Am Ende sind folgende Ergebnisse festzuhalten:

Das Investitionsvorranggesetz wurzelt entstehungsgeschichtlich im Staatsvertrag zur Schaffung einer Währungs-, Wirtschafts- und Sozialunion vom 18. Mai 1990. Dieser erste Vereinigungsvertrag widmet sich ausführlich dem investiven Erwerb von Grund und Boden und unterstreicht den Stellenwert der privaten Investitionstätigkeit für den Aufbau der Sozialen Marktwirtschaft.

Die Gemeinsame Erklärung vom 6. Juni 1990 markierte ursprünglich den politischen Ausgangspunkt für die eigentumsrechtliche Wiedergutmachung. Sie erfüllt nunmehr die Funktion einer gesetzlichen Auslegungsrichtlinie. Zwar sprechen die Eckwerte der Gemeinsamen Erklärung den investiven Rückgabeausschluß nicht an, doch gelten die in der Präambel formulierten Leitsätze auch für ihn. Diese Grundsätze gebieten, die einander widerstreitenden Interessen der Vermögensrückgabe und des ungehinderten Erwerbs von Investitionsgütern einem verträglichen Ausgleich zuzuführen.

Mit der programmatischen Vereinbarung in Art. 41 II skizziert der Einigungsvertrag einen Rahmen für die Ausgestaltung des investiven Rückgabeausschlusses. Der Gesetzgeber hat das vorgegebene Regelungsmodell verwirklicht und den vom Wortlaut abgesteckten Spielraum sogar überschritten. Ein Verstoß gegen einigungsvertragliche Bindungen liegt darin nicht. Denn wie jeder Vertrag läßt auch der Einigungsvertrag eine einvernehmliche Änderung zu.

Das Investitionsgesetz i.d.F.-EVertr formte den Regelungsauftrag des Art. 41 II EVertr aus. Es erstellte das Grundmuster für die investive Inanspruchnahme von Vermögenswerten und deren Entschädigung. Angesichts der enttäuschenden wirtschaftlichen Entwicklung wurde die Ursprungsfassung schnell als unzureichend empfunden und hastig durch das Hemmnisbeseitigungsgesetz novelliert. Die inhaltlichen Verbesserungen des Hemmnisbeseitigungsgesetzes gingen einher mit einigen Unstimmigkeiten und einer unübersichtlichen Aufsplitterung der Materie. Das geltende Investitionsvorranggesetz hat diese Fehler beseitigt und eine effektive Regelung geschaffen.

Grundstücke, Gebäude und Unternehmen, die Gegenstand von Rückübertragungsansprüchen nach dem Vermögensgesetz sind oder sein können, dürfen unter den Voraussetzungen des Investitionsvorranggesetzes für besondere Investitionszwecke verwendet werden. Der Berechtigte verliert dadurch i.d.R. seinen Rückübertragungsanspruch und erhält stattdessen einen Ausgleich.

Der Ausgleichsanspruch, der dem Alteigentümer nach § 16 InVorG zusteht, wenn er seinen Rückübertragungsanspruch verliert, fußt auf Art. 3 I GG. § 16 InVorG normiert, der begrifflichen Systematik des Rechts der staatlichen Ersatzleistungen folgend, einen spezialgesetzlichen Anspruch auf Aufopferungsentschädigung.

§ 16 InVorG verkörpert einen Rechtsfortsetzungsanspruch zur verlorenen Restitution. Die Geldleistung ist ein Surrogat für die Rückgabe in natura. Der Zweck von § 16 InVorG besteht darin, den Berechtigten mittels der Geldleistung so zu stellen, wie er stünde, wenn er die Rückübertragung in natura erhalten hätte. Dieses Surrogatsprinzip, das aus dem Gebot der Rechtsanwendungsgleichheit folgt (Art. 3 I GG), beherrscht die Entschädigung.

Der auszuzahlende Ausgleich wird in zwei Schritten bemessen. Zunächst ist der für den Vermögenswert erzielte Erlös bzw. sein Verkehrswert festzustellen. Danach sind die vermögensgesetzlichen Nebenansprüche zu berücksichtigen, die im Falle der Rückübertragung den Wertzufluß für den Alteigentümer vermindert oder erhöht hätten. Zusammen mit dem investiven Rückgabeausschluß sind diese Nebenansprüche untergegangen. Ihr Fortfall führt auf seiten des Berechtigten zu einer zufälligen Wertverschiebung nach oben oder unten, die nicht gerechtfertigt ist. Im Rahmen einer gedanklichen Vorteilsausgleichung werden daher entsprechende Beträge vom erzielten Erlös bzw. vom ermittelten Verkehrswert abgerechnet oder aufgeschlagen. Wenn der Gläubiger des erloschenen Nebenanspruchs und der nach § 16 InVorG Ausgleichspflichtige nicht personengleich sind, ist letzterer bereicherungsrechtlich verpflichtet, die einbehaltenen Erlös- bzw. Verkehrswertanteile an den richtigen Gläubiger weiterzuleiten.

Der von Art. 143 III GG i.V.m. Art. 41 II S.3 EVertr vermittelte Bestandsschutz hat für die Ausgleichsregelung des Investitionsvorranggesetzes weit weniger Bedeutung, als es zunächst scheint. Art. 143 III GG entbindet nicht von einer gleichheitsgerechten Ausgestaltung der Entschädigung und verkürzt nicht den subjektiven Eigentumsschutz des Alteigentümers, da ihm dieser bereits durch den insoweit spezielleren Art. 135a II GG genommen ist.

Art. 135a II GG parallelisiert im Grundsatz die eigentumsrechtliche Wiedergutmachung mit dem Kriegsfolgen- und Lastenausgleichsrecht der Nachkriegszeit. Da sich aber Lastenausgleich und Wiedergutmachung wesentlich voneinander unterscheiden, kann die vormalige verfassungsgerichtliche Auslegung von Art. 135a GG nicht unbesehen übernommen werden. Der Wortlaut von Art. 135a II GG weist auf die beachtenswerten Unterschiede hin, indem er lediglich eine *entsprechende* Anwendung des Absatzes 1 vorschreibt. Für den vermögensrechtlichen Rückgabeanspruch und seinen investiven Entzug folgt aus der Verschiedenheit von sozial geprägtem Lastenausgleich und eigentumsrechtlich bestimmter Vermögensrückgabe zweierlei: Der Rückgabeanspruch genießt zwar wegen der verfassungsrechtlichen Exemtion in Art. 135a II GG keinen subjektiv-rechtlichen Eigentumsschutz, kann aber als gesetzgeberisches Bekenntnis zur eigentumsrechtlichen Wertentscheidung des Grundgesetzes nicht lediglich als sozialstaatliche Wiedergutmachung charakterisiert werden. Der investive Entzug des einfachgesetzlichen Rückgabeanspruchs, der gleichsam eine öffentlich-rechtliche Vorstufe der verlorenen privaten Eigentumsrechte darstellt, muß im Lichte der in Art. 14 GG enthaltenen Wertentscheidung ausgelegt und angewandt werden.

Art. 14 I S.1 GG richtet überdies einen Verfassungsauftrag an den Gesetzgeber, in den neuen Bundesländern eine rechtsstaatliche und sozial gerechte Eigentumsordnung zu schaffen und zu sichern. Die Regelungen des Vermögensgesetzes und des Investitionsvorranggesetzes bezwecken, den vorgefundenen Rechtszustand, der Ergebnis einer eigentumsfeindlichen Ordnungsvorstellung war, in eine Eigentumsordnung zu überführen, die den Wertgedanken des Grundgesetzes entspricht. Bereits diese „Transformationsgesetze" sind der Wertentscheidung des Grundgesetzes zugunsten des Privateigentums verpflichtet. Daher muß sich der Entzug des Rückgabeanspruchs, der zwar kein Eigentum i.S.v. Art. 14 I S.1 GG beinhaltet, sich jedoch gleichsam als Vorstufe dazu darstellt, an den rechtsstaatlichen Mindestanforderungen messen lassen, die das Grundgesetz für den konkreten und individuellen Entzug subjektiver Rechtspositionen bereitstellt. Der investive Rückgabeausschluß und seine Entschädigung wird diesen Anforderungen gerecht.

Zuletzt verstößt es nicht gegen Art. 3 I GG, daß § 16 InVorG den Alteigentümer insofern privilegiert, als er für den Rückgabeausschluß vollen Wertausgleich erhält. Denn anders als die sonstigen Ausschlußgründe, die vergangenen Entwicklungen Rechnung tragen, gleicht § 16 InVorG einen gegenwärtigen Eingriff in eine bestehende Rechtsposition aus.

Quellen- und Literaturverzeichnis

1. Quellen

Arbeitsanleitung des Bundesjustizministeriums zur Bearbeitung der nach der Anmeldeverordnung angemeldeten vermögensrechtlichen Ansprüche v. 24.10.1990

Arbeitspapier der Treuhandanstalt zur Erlösauskehr

Bericht und Beschlußfassung des Rechtsausschusses, Bt.-Drucks. 12/2944

Denkschrift zum Staatsvertrag, Bt.-Drucks. 11/7350

Denkschrift der Bundesregierung zum Einigungsvertrag, Bt.-Drucks. 11/7760

Empfehlung der Bundesregierung zur Anwendung des Gesetzes über besondere Investitionen (InvestG) - Hinweise für Gemeinden, Städte und Landkreise v. 11.12.1990

Empfehlungen des Bundesjustizministeriums zur Anwendung von § 3a Vermögensgesetz und des Investitionsgesetzes für Immobilien v. 21.8.1991

Empfehlungen des Bundesjustizministeriums zur Anwendung des Investitionsvorranggesetzes für Immobilien v. 25.9.1992

Erläuterungen der Bundesregierung zum Investitionsgesetz in der Fassung des Einigungsvertrages, Bt.-Drucks. 11/7817

Merkblatt des Bundesjustizministeriums über die Anmeldung vermögensrechtlicher Ansprüche v. 3.10.1990

Regierungsentwurf des Hemmnisbeseitigungsgesetzes mit Begründung v. 7.3.1991, Bt.-Drucks. 12/103

Regierungsentwurf eines Gesetzes zur Änderung des Vermögengesetzes und anderer Vorschriften (2. VermRÄndG) mit Begründung v. 4.3.1992, Bt.-Drucks. 227/92

Unterrichtung durch die Bundesregierung zum Entwurf eines Gesetzes zu dem Vertrag vom 18. Mai 1990 über die Schaffung einer Währungs-, Wirtschafts- und Sozialunion zwischen der Bundesrepublik Deutschland und der DDR, Bt.-Drucks. 11/7351

Verhandlungen des Deutschen Bundestages, 11. Wahlperiode 1987, Stenographische Berichte, Bd. 153 und 154, 212. Sitzung, 217. Sitzung und 222. Sitzung

Veröffentlichung des Bundesministers der Justiz, Leitfaden für die Behandlung von Anträgen auf Rückübertragung von Unternehmen gemäß § 6 sowie auf vorläufige Einweisung und Entflechtung gemäß § 6a, 6b des Vermögensgesetzes (Leitfaden Unternehmensrückübertragung) - URüL -, 2. überarbeitete Auflage v. 8.12.1992

2. Literatur

Aust, Manfred/*Jakobs*, Rainer: Die Enteignungsentschädigung, 3. Aufl., Berlin 1991

Badura, Peter: Staatsrecht, München 1986

- Der Verfassungsauftrag der Eigentumsgarantie im wiedervereinigten Deutschland, DVBl. 1990, 1256 ff.

- Regelung offener Vermögensfragen in den neuen Ländern, überarbeitete Fassung eines Vortrages bei der rechtspolitischen Tagung in Wustrau am 25.5.1991

Bährwald, Roman/*Kraffel*, Jörg: Die Unternehmensrückgabeverordnung, DtZ 1991, 336 ff.

Baumbach, Adolf/*Lauterbach*, Wolfgang/*Albers*, Jan/*Hartmann*, Peter: Zivilprozeßordnung, Komm., 52. Aufl., München 1994 (zit.: Bearbeiter, in: ...)

Bellinger, Bernhard/*Vahl*, Günter: Unternehmensbewertung in Theorie und Praxis, 2. Aufl., Wiesbaden 1992

Benda, Ernst/*Maihofer*, Werner/*Vogel*, Hans-Jochen (Hrsg.): Handbuch des Verfassungsrechts der Bundesrepublik Deutschland, 2. Aufl., Berlin 1994 (zit.: Bearbeiter, in: ...)

Biehler, Gernot: Die Bodenkonfiskationen in der Sowjetischen Besatzungszone Deutschlands 1945 nach der Wiederherstellung der gesamtdeutschen Rechtsordnung 1990, Berlin 1994, zugl. Speyer, Hochsch. für Verwaltungswissenschaften, Diss. 1993

Bischoff, Bernhard: Vorfahrt für Investitionen: Rechte der Alteigentümer werden beschnitten, GrE 1991, 549 ff.

- Grundstückswertermittlung, Berlin 1992

- Beschleunigung von Investitionen - Forderungen an Änderungen des Vermögens- und Investitionsgesetzes, ZOV 1992, 68 ff.

- Das öffentliche Bieterverfahren des InVorG, ZOV 1992, 348 ff.

- Grundstückswerte in den neuen Bundesländern, Berlin 1994

Böhmer, Werner: Verfassungsrechtliche Fragen der Enteignung nach der Vereinigung der beiden deutschen Staaten, AnwBl. 1991, 456 ff.

Brachmann, Ronald (Hrsg.): Die Wiedervereinigung und die damit zusammenhängenden Rechtsprobleme, Heidelberg 1991 (zit.: Bearbeiter, in: ...)

Brandt, Adelhaid/*Kittke*, Horst-Dieter: Rechtsprechung und Gesetzgebung zur Regelung offener Vermögensfragen, Baden-Baden 1991, Stand März 1995

Busche, Jan: Das Verhältnis der Unterlassungsverpflichtung nach § 3 III VermG zu den Regelungen über die Investitionsförderung, VIZ 1991, 48 ff.

- Die Unterlassungsverpflichtung nach § 3 III VermG, DtZ 1991, 294 f.

Clemm, Hermann/*Etzbach*, Ernst u.a. (Hrsg.): Rechtshandbuch Vermögen- und Investitionen in der ehemaligen DDR. Band 1 bis 3. Losebl.-Ausg. München, Grundwerk Stand März 1993, Stand Februar 1995 (zit.: Bearbeiter, in: Rechtshandbuch ...)

Czerwenka, Beate: Rückgabe enteigneter Unternehmen in den neuen Bundesländern, Sonderveröffentlichung des BB, Heidelberg 1991

Dornberger, Gerhard/*Dornberger*, Ute: Das Gesetz zur Regelung offener Vermögensfragen und das Gesetz über besondere Investitionen, DB 1990, 3154 ff.

-/- Zur Änderung des Gesetzes über offene Vermögensfragen und des Gesetzes über besondere Investitionen, DB 1991, 897 ff.

-/- Zum Zweiten Vermögensrechtsänderungsgesetz, DB 1992, 1613 ff.

v. *Drygalski*, Andrea u.a. (Hrsg.): Immobilienhandbuch Ost, Berlin 1993

Eckert, Lucia: Die Zuordnung früheren Reichsvermögens nach Art. 21 Einigungsvertrag, VIZ, 1995, 78 ff.

Fastenrath, Ulrich: Die Bindungswirkung des Einigungsvertrages am Beispiel der Richterüberprüfung in Mecklenburg-Vorpommern, DtZ 1991, 429 ff.

Fieberg, Gerald/*Reichenbach*, Harald: Vermögensgesetz: u.a. mit Einigungsvertrag, Unternehmensrückgabeverordnung, Investitionsvorranggesetz, Anmmeldeverordnung ...; Textausgabe mit ausführlichem Sachregister und einer Einführung von Gerhard Fieberg und Harald Reichenbach. 5. Aufl., Stand Februar 1994, München 1994 (zit.: Fieberg/Reichenbach, dtv-Textausgabe: Vermögensgesetz ...)

-/- Zum Problem der offenen Vermögensfragen, NJW 1991, 321 ff.

-/- Offene Vermögensfragen und Investitionen in den neuen Bundesländern, NJW 1991, 1977 ff.

-/- u.a. (Hrsg.): Vermögensgesetz, Komm., 2. Aufl., München 1994, Stand Mai 1994 (zit.: Bearbeiter, in: Fieberg/Reichenbach/Messerschmidt/Neuhaus ...)

Försterling, Wolfram: Recht der offenen Vermögensfragen, München 1993

- Rechtsprobleme der Investitionsförderung und der Regelung der Eigentumsordnung in den neuen Bundesländern, DVBl. 1992, 497 ff.

Friauf, Karl Heinrich/*Horscht*, Michael: Rechtsfolgen der Enteignung von Grundbesitz und Wohngebäuden in der ehemaligen DDR zwischen 1949 und 1990, Stuttgart 1993

Gimmy, Marc André: Die „neue" Treuhandanstalt, VIZ 1995, 19 ff.

Groth, Klaus-Martin/ *Gassner*, Hartmut/*Karnetzki*, Martin: Neue Möglichkeiten und Probleme bei der Veräußerung von Volkseigentum in den neuen Bundesländern, ZOV 1991, 27 ff.

Hardtke, Frank: Zur Einordnung der gesetzlichen Fristen in § 5 II und III InVorG als materiell-rechtliche Ausschlußfristen, VIZ 1993, 422 ff.

Herdegen, Matthias: Die Verfassungsänderungen im Einigungsvertrag, Heidelberg 1991

- Die Eigentumsregelungen des Einigungsvertrages vor dem Bundesverfassungsgericht, Jura 1992, 21 ff.

Höch, Thomas: Der Einigungsvertrag zwischen völkerrechtlichem Vertrag und nationalem Gesetz: Untersuchungen zur Bestandskraft des Vertrags über die Herstellung der Einheit Deutschlands, Berlin 1995, zugl., Freiburg (Breisgau), Diss. 1994

Hofert, Stephan/*Neupert*, Marcus: Der Berechtigte bei der Erlösherausgabe und der Entschädigung für Unternehmensverluste, VIZ 1995, 266 ff.

Hoffmann, Jürgen: Anmerkung zu BVerfG Beschl. v. 12.1.1993 - 1 BvR 1474/92, DB 1993, 265 f.

Horn, Norbert: Das Zivil- und Wirtschaftsrecht im neuen Bundesgebiet. 1. Aufl., Köln 1991

Horst, Hans Reinhold: Reprivatisierungs- und Investitionshemmnisse in der ehemaligen DDR, DWW 1991, 206 ff.

Hübner, Jürgen: Das Gesetz über besondere Investitionen in der DDR und seine Novellierung, DtZ 1991, 161 ff.

Jacobs, Erwin: Vereinfachtes Verfahren zur Wertermittlung von Grundstücken in den neuen Bundesländern, ZOV 1994, 32 ff.

Jesch, Volkmar/*Ley*, Nikolaus/*Racky*, Klaus/*Winterstein*, Ingo/*Kuhn*, Berhard: Investitionsvorranggesetz, Komm., Berlin 1993 (zit.: Bearbeiter, in: ...)

John, Hans-Christian: Offene Vermögensfragen, besondere Investitionen und Eigentumsgarantie, LKV 1992, 119 ff.

Jung, Susanne/*Vec*, Milos: Einigungsvertrag und Eigentum in den fünf neuen Bundesländern, JuS 1991, 714 ff.

Keil, Martin: Ungeklärte Eigentumsverhältnisse als praktische Probleme bei der Privatisierung von Treuhandunternehmen, VIZ 1992, 121 ff.

- Investitionsvorrang in der Praxis, VIZ 1993, 89 ff.

Keil, Martin/*Pée*, Klaus/*Scheidmann*, Hartmut: Rechts- und Praxisprobleme bei der Anwendung des Investitionsvorranggesetzes, Köln 1994

Kempen, Bernhard: Der Eingriff des Staates in das Eigentum, Köln 1991

Keunecke, Klaus P.: Immobilienbewertung, Berlin 1994

Kiethe, Kurt: Mehrerlösklauseln und Nachbewertungsklauseln in Treuhand Musterverträgen, VIZ 1993, 471 ff.

Kilian, Klaus: Die Stellung des Alteigentümers im Wettbewerb um Grundstücke zu Investitionszwecken, ZOV 1991, 63 ff.

Kimme, Johannes (Hrsg.): Offene Vermögensfragen, Komm., Bd. 1 u. 2, Köln 1993

Kinne, Harald: Aktuelle Neuerungen nach dem 2. Vermögensrechtsänderungsgesetz, ZOV 1992, 235 ff.

- Wertausgleich bei Restitution des Vermögenswerts, ZOV 1993, 24 ff.

Kittke, Horst Dieter: Zur Regelung der offenen Vermögensfragen zwischen der Bundesrepublik Deutschland und der DDR, DtZ 1990, 179 ff.

Klein, Eckart: Der Einigungsvertrag. Verfassungsprobleme und Aufträge, DÖV 1991, 569 ff.

Klumpe, Werner/*Nastold*, Ulrich: Rechtshandbuch Ost-Immobilien: Eigentumserwerb, Immobilienrückerwerb und Grundstücksverkehr in den neuen Bundesländern, Heidelberg 1991

Knüpfer, Werner: Neue gesetzliche Regelungen für die Investitionsförderung, doch kein neues Privatisierungsrecht, Wirtschaftsrecht 1991, 137 ff.

Kohler, Jürgen: Zivilrechtliche Sicherung der Rückerstattung von Grundstücken in den neuen Bundesländern, NJW 1991, 465 ff.

Kopp, Ferdinand: Verwaltungsgerichtsordnung, Komm., 10. Auflage, München 1994

- Verwaltungsverfahrensgesetz, Komm., 5. Aufl., München 1991

Körner, Hans: Offene Vermögensfragen in den neuen Bundesländern, München 1991

Leo, Hubertus: § 3a VermG - Vorfahrt für Investitionen?, DB 1991, 2 ff.

Leisner, Walter: Das Bodenreform-Urteil des Bundesverfassungsgerichts, NJW 1991, 1569 ff.

- Die Höhe der Enteignungsentschädigung - Unterschreitung des Verkehrswerts?, NJW 1992, 1409 ff.

- Das Entschädigtungs- und Ausgleichsleistungsgesetz - ein Gleichheitsverstoß, NJW 1995, 1513 ff.

Liebs, Rüdiger/*Preu*, Peter: Probleme der Rückgabe enteigneter Unternehmen in der früheren DDR, DB 1991, 145 ff.

-/- Ein Gesetz zur Beseitigung der restlichen Investitionsmöglichkeiten in der früheren DDR?, ZIP 1991, 216 ff.

v. Mangoldt, Hermann/*Klein*, Friedrich/*Frhr. v. Campenhausen*, Axel: Das Bonner Grundgesetz, Komm., Bd. 14: Art. 136 bis 146, 3. Aufl., München 1991

Maunz, Theodor/*Dürig*, Günter/*Herzog*, Roman/*Scholz*, Rupert/*Lerche*, Peter/*Papier* u.a.: Grundgesetz, Komm., Bd. IV, Art. 91a bis 146, München 1994, Stand 31. Erg.-Lfg. Mai 1994

Maunz, Theodor: Der Rechtsstaat und die Aufarbeitung der vor-rechtsstaatlichen Vergangenheit, BayVBl. 1991, 545, 549 f.

Maurer, Hartmut: Allgemeines Verwaltungsrecht, 9. Aufl., München 1994

- Die Eigentumsregelung im Einigungsvertrag, JZ 1992, 183 ff.

Messerschmidt, Burkhard: § 3a VermG - Investitionsvorfahrt oder Investitionsbremse?, VIZ 1991, 2 ff.

- Vertragsklauseln zum Investitionsvorranggesetz, VIZ 1992, 397 ff.

- Die Entwicklung des Vermögens- und Investitionsrechts 1990-1992, NJW 1993, 1682 ff.

- Die Entwicklung des Vermögens- und Investitionsrechts 1992-1993, NJW 1993, 2490 ff.

Meyer-Gossner, Lutz (Hrsg.): Creifelds Rechtswörterbuch, 10. Aufl., München 1990

Motsch, Richard: Vom Sinn und Zweck der Regelung offener Vermögensfragen, VIZ 1993, 41 ff.

von Münch, Ingo: Die Verträge zur Einheit Deutschlands, Textausgabe mit Sachverzeichnis und einer Einführung von Ingo von Münch, Stand 15. Oktober 1990; Sonderausgabe München 1990

- (Hrsg.): Grundgesetz-Komm., Bd. 3, Art. 70 bis 146, 2. Aufl., Mümchen 1983 (zit.: Bearbeiter, in: v. Münch, GG-K, ...)

- Deutschland gestern - heute - morgen, Verfassungsrechtliche und völkerrechtliche Probleme der deutschen Teilung und Vereinigung, NJW 1991, 865 ff.

Niederleithinger, Ernst: Die Reprivatisierung der zwischen 1949 und 1972 in der DDR enteigneten Unternehmen, ZIP 1991, 62 ff.

- Beseitigung von Hemmnissen bei der Privatisierung und Förderungen von Investitionen in den neuen Bundesländern, ZIP 1991, 205 ff.

- Restitution als Grundsatz, VIZ 1992, 55 f.

Ossenbühl, Fritz: Ausschluß juristischer Personen von der Entschädigung bei Enteignungen von 1945 bis 1949, BB 1992, Beilage 6 zu Heft 11., 1 ff.

Palandt, Otto: Bürgerliches Gesetzbuch, Komm., 52. Aufl., München 1993

Papier, Hans-Jürgen: Verfassungsrechtliche Probleme der Eigentumsregelung im Einigungsvertrag, NJW 1991, 193 ff.

Pieroth, Bodo/*Schlink*, Bernhard: Grundrechte Staatsrecht II, 10. Aufl., Heidelberg 1994

Preu, Peter: Wie wirksam schützt der Investitionsvorrangbescheid den Käufer eines Treuhandunternehmens vor Rückgabeansprüchen?, DB 1993, 521 ff.

Rädler/Raupach/Bezzenberger (Hrsg.): Vermögen in der ehemaligen DDR, Handbuch zur Durchsetzung und Abwehr von Ansprüchen, Bd. I bis III, Berlin 1991, Stand April 1995

Rebmann, Kurt/*Säcker*, Franz Jürgen (Hrsg.): Münchener Kommentar zum Bürgerlichen Gesetzbuch. Zivilrecht im Einigungsvertrag. Ergänzungsband zur 2. Aufl., Sonderausgabe München 1991 (zit.: Bearbeiter, in: MünchKomm.-ErgBd., Zivilrecht im EVertr)

-/- (Hrsg.): Münchener Kommentar zum Bürgerlichen Gesetzbuch, Band 2, 3. Aufl, München 1994 (zit: Bearbeiter, in: MünchKomm. ...)

Redeker, Konrad: Verwaltungsgerichtlicher Rechtsschutz bei „Vorfahrtsregelungen" des VermG und des BInvG, VIZ 1991, 81 ff.

Rodenbach, Hermann-Josef/*Söfker*, Wilhelm/*Lochen*, Hans-Hermann (Hrsg.): Kommentar zum Investitionsvorranggesetz, Berlin, Grundwerk Stand 1993 (zit.: Bearbeiter, in: Rodenbach/Söfker/Lochen, Komm. ...)

Scheidmann, Hartmut: Anmerkung zu OVG Berlin, Beschl. v. 11.8.1992 - OVG 8 S 199.92, VIZ 1992, 476 ff.

- Die neuere Rechtsprechung zum Investitionsvorrangrecht, VIZ 1995, 681 ff.

Scheifele, Bernd: Zur Anwendung des § 3a Vermögensgesetz durch die Treuhandanstalt, BB 1991, 1350 ff.

Schmidbauer, Wilhelm: Enteignung zugunsten Privater, Berlin 1989, zugl. Diss. Univ. Regensburg 1988

Schmidt-Bleibtreu, Bruno/*Klein*, Franz: Kommentar zum Grundgesetz, 8. Aufl., Berlin 1995

Schmidt-Preuß, Matthias: Die Treuhandanstalt und ihr gesetzlicher Auftrag, Die Verwaltung 1992, 327 ff.

- Das Entschädigungs- und Ausgleichsleistungsgesetz, NJW 1994, 3249 ff.

Schmidt-Räntsch, Jürgen: Zum sogenannten Enthemmungsgesetz, DtZ 1991, 169 ff.

- Das Gesetz über besondere Investitionen in der DDR, ZIP 1991, 125 ff.

- Rechtliche Regelungen zu Investitionen in den neuen Bundesländern, NJ 1991, 250 ff.

- Zum Entwurf des Zweiten Vermögensrechtsänderungsgesetzes, VIZ 1992, 169 ff.

- Das Zweite Vermögensrechtsänderungsgesetz, VIZ 1992, 297 ff.

Schniewind, Friedrich: Rückgabe enteigneter Unternehmen nach dem Vermögensgesetz (VermG), BB 1991, Beilage 21. zu Heft 30, 1 ff.

Schulz, Thorsten: Die Glaubhaftmachung der Berechtigung im Verfahren nach dem Investitionsvorranggesetz, VIZ 1994, 1 ff.

Schweisfurth, Theodor: Entschädigungslose Enteignungen von Vermögenswerten (Betrieben) auf besatzungsrechtlicher oder besatzunghoheitlicher Grundlage in der sowjetischen Besatzungszone Deutschlands, BB 1991, 281 ff.

Simon, Jürgen/*Cors*, Klaus G./*Troll*, Max: Handbuch der Grundstückswertermittlung, 3. Aufl., München 1992

Stapenhorst, Hermann: Die Verfolgung vermögensrechtlicher Ansprüche ehemaliger Grundstückseigentümer vor den ordentlichen Gerichten, VIZ 1991, 85 ff.

Steinberg, Rudolf: Die Verfassungsmäßigkeit des Restitutionsausschlusses sowjetzonaler Enteignungen im Einigungsvertrag, NJ 1991, 1 ff.

Stern, Klaus: Der verfassungsändernde Charakter des Einigungsvertrages, DtZ 1990, 289 ff.

- (Hrsg.): Deutsche Wiedervereinigung, Eigentum - Neue Verfassung - Finanzverfassung, Bd. I, Köln 1991 (zit.; Bearbeiter, in: ...)

Stern, Klaus/*Schmidt-Bleibtreu*, Bruno: Der Staatsvertrag zur Währungs- Wirtschafts- und Sozialunion, München 1990 (zit.: Bearbeiter, in: ...)

Strohm, Gottfried: Beratungspraxis zu Ost-Immobilien nach dem Zweiten Vermögensrechtsänderungsgesetz, NJW 1992, 2849 ff.

Thomas, Heinz/*Putzo*, Hans: Zivilprozeßordnung, Komm., 18. Aufl., München 1993

Uechtritz, Michael: Das Zweite Vermögensrechtsänderungsgesetz, BB 1992, 1649 ff.

- Keine einstweilige Anordnung des BVerfG gegen Veräußerungsentscheidungen nach § 3a VermG, BB 1992, 217 ff.

- „Gebremste Vorfahrt"? - der Investitionsvorrang und der vorläufige Rechtsschutz vor dem BVerfG, VIZ 1993, 142 ff.

- Der Vorhaben- und Erschließungsplan nach dem Investitionsvorranggesetz, DVBl. 1993, 181 ff.

Vogel, Roland: Zur Ermittlung von Grundstückswerten (Bodenpreisen) in der DDR, BB 1990, 3057 ff. (= Beilage zu Heft 26, S. 8 ff.)

Weimann, Stephan: Erlösauskehr in der Praxis, VIZ 1995, 262 ff.

Weimar, Robert/*Alfes* Jochen: Der Entwurf des Zweiten Vermögensrechtsänderungsgesetzes, DB 1992, 1075 ff.

Weimar, Robert: Der Vorrang der Investition und seine Grenzen, DB 1991, 2527 ff.

Weis, Hubert: Verfassungsrechtliche Fragen im Zusammenhang mit der Einheit Deutschlands, AöR 1991 (116), 1 ff.

Wente, Jürgen K.: Die Bedeutung des Begriffs „Verfügungsberechtigten" für die Anwendung des VermG, VIZ 1992, 125 ff.

Wittmann, Eckart: Öffentlich-rechtliche Fragen zum Gesetz über besondere Investitionen im Bereich der neuen Bundesländer, Dtz 1991, 174 ff.

Sachwortverzeichnis

Kolibri 360 GmbH
Ferdinand-Jühlke-Straße 7
99095 Erfurt, Deutschland
produktsicherheit@kolibri360.de

Druck:
CPI Druckdienstleistungen GmbH
im Auftrag der
Kolibri 360 GmbH
Ferdinand-Jühlke-Str. 7
99095 Erfurt